鑑古推今、幽默評論、深入剖析，
二十四堂歷史課讓你不只博學多聞，還能使你不再身無分文！

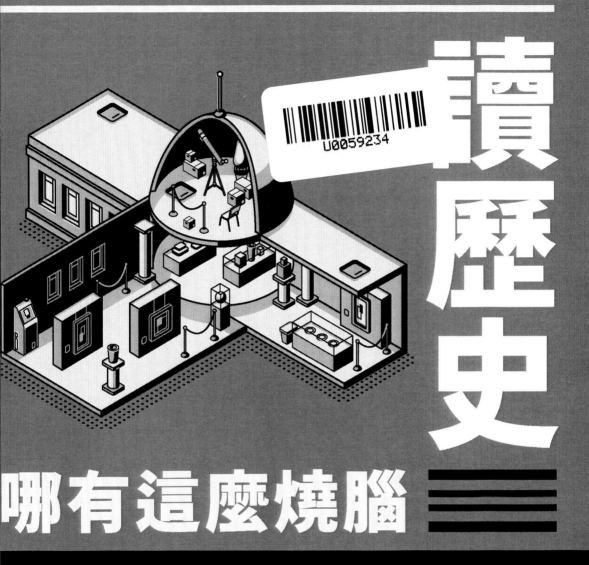

讀歷史

哪有這麼燒腦

歷史小說之所以傳唱千百年不衰，因它們爲老百姓所喜聞樂見

你可以說它不嚴謹，但它仍在傳達著正義並昭示著傳統的美德

春秋五霸之首，最終卻演了齣「英雄難過小人關」的悲劇？
范蠡向勾踐請求退隱，竟避開了「鳥盡弓藏」的經典橋段？
陳琳罵曹操連祖宗都不放過，被擒後曹軍檄文皆出自他手？
唐伯虎除了裝窮人進華府點秋香，還會裝瘋賣傻避禍保命？

山陽，高春天 著

目 錄

目錄 ────────────────────

目錄 ━━━━━━━━━━━━━━━━━━━━━━━━━

目錄

前言

我們從小就是聽著《封神演義》、《三國演義》、《隋唐演義》等歷史小說長大的，即使是大字不識的老百姓，也知道關公不能戰秦瓊，也知道很多諸如西方的漢學家都未必知道的歷史典故，可以說，歷史早已成為中華民族的基因，滲透進了我們的血液裡。與其說這是一種懷舊情懷，倒不如說是不敢忘本。

然而這種普遍意義上的對歷史的喜好卻往往為人詬病，除了某些不知天高地厚的外國人，經常有人本著或諷刺或警示或攻擊的態度發言著文，其論點主要有二：其一，人們大多喜歡歷史故事，或者古代四大美女、四大太監一類，而不是《二十四史》等正史，這種態度很要不得；其二，很多人喜歡歷史，為的是學習歷史人物們的權謀之術，學以致用，這不利於社會的和諧與穩定。

明代的馮夢龍說過：下下人往往有上上智。說得就是智慧這玩意是不認人的，它從不會因為宿主是小人就不發揮作用；但是智慧有什麼罪過呢？智慧是把雙面刃，只有在那些居心不良的人手裡，它才會既傷害別人又貽害自己。再者說，中國歷史上是不乏與權謀、陰謀有關的橋段，但也同樣不乏陽謀與大道。可見，上述「第二論點」，明顯多餘。

至於「第一論點」，亦應辯證看待。如果站在贊同的角度，那麼讀點正史沒有什麼不好，但問題是，對於一般讀者來說，大家並不喜歡像考古隊員研究出土文物一樣研究中國歷史，前述《三國演義》、《隋唐演義》等歷史小說之所以傳唱千百年而不衰，就在於它們是老百姓喜聞樂見的。你可以說它不嚴謹，但它也在傳達著正義，昭示著忠誠、見義勇為等中華民族的傳統美德。包括被人們視作「禍水」的四大美女、被視為「陰險

前言

代名詞」的太監們中也不乏可歌可泣者。因此，筆者認為，只要不是專業學者，對待歷史完全沒必要斤斤計較。也因此，本書在創作過程中做到了靈活機變——以始終執歷史研究之牛耳的各位歷史學家們的思路為指導，以讀者所喜歡的通俗易懂的方式為載體，將歷史重新封包，以最具時代氣息的方式呈現於讀者面前。

歷史的教訓尤其是最近一百餘年的歷史教訓也一再地提醒我們：歷史儘管殘酷，但歷史必須正視。只有正視歷史，才不會重蹈覆轍，才能演繹好接下來的歷史！黑格爾也曾經說過：「歷史的唯一教訓就是人們從來沒有好好吸取過歷史教訓。」因此，我們在寫作過程中尤其注重於歷史案例的選擇與歷史成敗的深入剖析。儘管我們不可能做到面面俱到，人人滿意，但我們也在力所能及的程度內，在這本書的廣度上下了足夠的功夫——這也正是本書分為 24 個章節的初衷。

自吹自擂一向不是筆者的強項，它也是歷史留給我們的教訓之一。因此更多的想法，只能留待正文中與您一起探討。

第 01 堂課

生存 —— 活下去，才有機會活得好

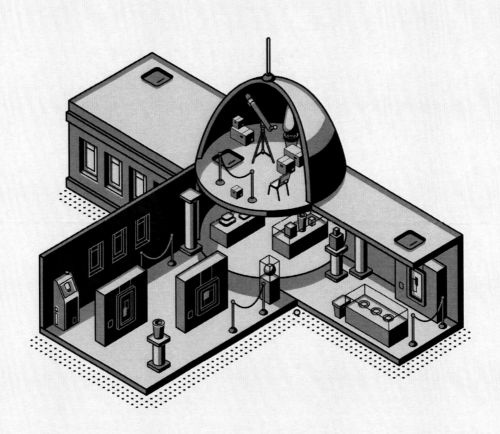

殘酷是歷史的常態，忍耐是人生的必需

有的人自殺了，就是因為覺得愛情沒有了。其實沒有必要，愛情的
壽命只有大半年，何必如此較真？功名利祿也是這樣的，有固然好，
沒有，你也可以生存。

歷史充滿殘酷，往往不以人們喜聞樂見的方式推進。

項羽破釜沉舟，一戰亡秦，但也殘忍地坑殺了 20 萬降卒；成吉思汗馬踏歐亞，卻動輒不留一個活口；清廷前腳還在為崇禎發喪，後腳便導演了「嘉定三屠」和「揚州十日」……這是社會的悲哀、時代的殘酷；而秦相范雎的早年遭遇，則是個人命運不確定性的殘酷。

西元前 283 年，燕國大將樂毅率五國聯軍攻破齊都臨淄，齊國 70 餘城皆入燕國版圖，僅剩即墨與莒兩座城池。不久，在聯軍的強大攻勢下，齊湣王（也就是喜歡聽獨奏，導致南郭先生無法濫竽充數的那位）逃亡並死在了逃亡路上，齊襄王於內外交困之際倉促登基。後齊將田單力挽狂瀾，用火牛陣大敗聯軍，力復 70 餘城，齊國僥倖得以存繼。齊國本是大國，不死便不難復興。齊國蒸蒸日上的國勢，不可避免的引起了當初隨聯軍破齊的近鄰魏昭王的擔憂，為恐齊襄王將來尋機報復，他先行一步，遣中大夫須賈出使齊國，希望「化干戈為玉帛」。這兩者豈是那麼好「化」的？齊襄王對須賈很不禮貌，他指責魏國反覆無常，並說正是因為魏國的反覆，才導致先王死於非命。須賈自知理虧，不能應對，這時他身後及時站出一個年輕人，與齊襄王針鋒相對道：「齊湣王驕暴不仁，自取其禍！五國同仇，豈獨魏國？今大王英明神武，應考慮重振恒公之霸業、威王之餘烈，怎能斤斤計較於恩怨，且只知責人不知責己？」這番話不卑不亢、鞭辟入裡，齊襄王聽在耳裡，思在心上，不由暗自讚嘆。

　　這個年輕人便是范雎，當時的身分是須賈的門客兼中書舍人，說白了就是因為跟隨主人出使，才臨時當了個小官。他的雄辯維護了魏國與主人的尊嚴，但也為他帶來了災禍。因為齊襄王直接把對范雎的欣賞化為了實際行動，他支使左右找到范雎，表示非常希望范雎加盟齊國，並許以客卿之職，贈以黃金、牛、酒等禮物。但范雎很不「識相」，當場謝絕不說，還把這件事報告了須賈。如今看來，這是多麼難能可貴的高風亮節，可是這種高風亮節在須賈看來卻另有隱情：肯定是范雎把魏國的祕密出賣給了齊國！為坐實這一想法，他指示范雎退回黃金，只收下牛、酒等。回到魏國，須賈便把這件事報告給了魏國宰相魏齊。魏齊當時正在宴飲賓客，喝得七葷八素的他也不辨真假，當即命人把范雎拿住，推出門外，板子猛打，荊條狠抽，不一會兒，范雎便血肉模糊，肋折齒斷。范雎想申訴，沒人聽；想硬撐，說不定會被打死……為了保命，范雎只好慘叫一聲，然後直挺挺地躺在血泊中，假裝已被打死。打手們也沒檢查，就直接報告魏齊，魏齊便命人將范雎卷在葦席中扔到廁所裡。不一會兒，魏齊又心血來潮，帶著一幫喝醉了的賓客，輪流往范雎身上撒尿，以戒後人。范雎咬牙強挺，一動不動。待魏齊等人離去後，范雎悄悄從葦席中偷看，見旁邊只有一個小卒，便悄悄對他說：「我傷得這麼重，絕對撐不了多久。你如果能讓我死在自己家裡，我定當重謝。」小卒見他說得可憐，又貪小便宜，便請示魏齊說乾脆把范雎的屍體扔到荒郊野外，魏齊已喝得酩酊大醉，隨口就答應了，范雎這才僥倖撿了條性命。

　　之後，范雎化名張祿，在好友鄭安平等人的幫助下，歷盡驚險，終於來到了秦國都城咸陽，成功地說服秦昭王並以功勞贏得了信任，秦昭王將應城這個地方封給范雎，封號稱「應侯」。此時的范雎，雖說聲名遠播，但對外仍稱張祿。西元前 266，魏國打聽到日益強大的秦國有向東攻

打韓、魏的計畫，派須賈出使秦國，打探虛實。范雎得到消息後，便隱蔽身分，扮成一個落魄的差役，故意在須賈下榻的客館門前走來走去，得以「偶遇」須賈。初見范雎，須賈不禁非常驚愕，但見范雎混得並不如意，也便放下了心，假作關心道：「范叔原來沒有災禍啊！您這次是來秦國遊說的吧？」范雎答道：「不。我是流落至此，哪敢遊說？」須賈又問：「那你現在如何營生？」范雎說：「我給人家當差役。」須賈聽後竟有些憐憫范雎，不僅留范雎一起吃飯，還把自己的一件袍子送給了范雎。

　　這個難能可貴的舉動救了他一命。不久，范雎見火候已到，把須賈誆騙到自己的相府，亮明身分，嚇得須賈當場脫掉上衣光著膀子，雙膝跪地而行，向范雎認罪。范雎將他「適當」羞辱後，本想將他處死，以報當年之仇。但想到須賈雖是小人，但一不是直接加害自己的人，二來也不是大惡之人 —— 前者見自己落魄贈衣贈食便是明證，便將須賈放回了魏國，只是讓他帶信給魏王，要他把魏齊的腦袋送至秦國，否則便要屠平大梁！

　　須賈猶如驚弓之鳥般逃回魏國，及時把情況告訴了魏齊，魏齊大為驚恐，便逃到了趙國平原君家中。還沒等范雎有所動作，秦昭王便打著交好的名義，寫了一封信給平原君，邀他來咸陽。平原君一來畏懼秦國，二來又覺得秦昭王是真心交好，便來了秦國。但當秦昭王向平原君提出必須送魏齊的腦袋來秦國，不答應就不讓他出函谷關的強硬條件時，平原君卻說什麼也不答應。秦昭王倒也沒有過多難為平原君，而是寫了一封信給他的哥哥（即趙國國君趙孝成王），讓他派人拿著魏齊的腦袋來換自己的弟弟。趙孝成王看完信立即派人包圍了平原君的府第，「隨時準備著」的魏齊連夜逃出平原君家，奔回大梁，打算逃亡到楚國的信陵君那裡，但信陵君擔心因此招惹秦國，便有些猶豫不決，等到他下定決心，派人去接魏齊時，走投無路的魏齊早已刎頸自殺了。趙王得知魏齊身亡，便高價買來他

的人頭，送到秦國，平原君這才安然返回趙國。

關於范雎的歷史還很長，但僅憑范雎放過仇人須賈這件事，就可看出他是個寬厚的人。關於范雎當年遭受到的殘酷待遇，司馬遷曾評價：「像范雎這樣賢能的人，如果不遭到困厄，怎麼能奮發有為呢？」頗有些「苦難即是賜予」的意味。然而站在范雎的立場上想一想，好端端地誰願意遭遇類似的困厄呢？那可是生死一線啊！而且以范雎的才華，正常發展未必差到哪裡。不過話又說回來，殘酷本是歷史的常態，既然殘酷難以避免，那麼除了像范雎一樣，咬牙硬挺，強自忍耐，倉促之間，誰又有更好的辦法？從這一點來看，忍耐實在是一種不是辦法的辦法。

殘酷是歷史的常態，且不以人性善惡為分水嶺，對寬厚如范雎者如此，對凶暴如魏齊者也如此。試想一下，如果魏齊能在春申君到來之前多忍耐片刻，他的結局又當如何？

忍耐是人生的必需。不忍耐，一切皆無可能。

有一種智慧叫做「裝」

中國歷史上很多人作偽的水準都堪稱大師，不過有的人動機不純，
如王莽、完顏亮；有的人則純屬自保，如王羲之、唐伯虎。

外國人跟中國人打交道，往往摸不著邊際。用專業的話說，西方人是直線思維，喜歡開門見山，如果外國人想要一件東西，一般情況下會直接表示；中國人則是曲線思維，即使心裡特別想要一件東西，往往也會假裝一下，推辭一下。

這種思維與中國的歷史有關。比如前面提到的范雎，不裝死，就得死，而中國歷史上這樣的情況又很多，一來二去，為了活命，「裝」自然

會遺傳到華人的基因裡。

在古代朝政中，不僅涉身其中的人步步驚心，就連他身邊的人也往往受牽連。大書法家王羲之就險些受了這樣的牽連。

王羲之是時任大將軍王敦的侄子。他少年時聰明穎達，王敦非常喜歡他，經常帶在身邊。有一次，王羲之到王敦的軍營中玩，晚上和王敦一起睡在軍帳中。是夜，王羲之朦朧中發現伯父起身下床，不一會兒，其心腹錢鳳走進帳中。王敦立即摒退左右，與錢鳳一起密謀叛亂之事，兩人談得非常投機，全然忘了帳中還有一個王羲之。王羲之本來迷迷糊糊地聽到有人說話，並不在意，側耳細聽，竟是伯父在與人密謀叛亂，這可是絕對不能洩漏的事情，王羲之料定一旦被發現自己聽到了談話，小命肯定難保，於是他靈機一動，當即大吐一通，吐得臉上嘴角都是唾沫，然後又裝出一副熟睡的模樣。這時，王敦才想起王羲之還睡在床上，他驚恐地叫道：「啊呀，這下只能把這孩子除掉了！」但走到床前，掀開帳子見到王羲之嘴角掛著唾液，睡得正熟，便認定他一直沒有醒過來，遂打消了殺害他的念頭，王羲之才保全下一條小命。

王羲之是裝醉，下面故事中的主角則是裝笨。

南北朝時，有個叫崔巨倫的大才子，他曾經在殷州（今河北隆堯縣附近）擔任過別將。後來，殷州被起義將領葛榮率軍攻克，葛榮聽說過崔巨倫的才華和名望，想延攬他，崔巨倫卻想脫身南下。當時恰好逢著端午佳節，葛榮大擺筵席，薈萃菁英，並命崔巨倫即席賦詩。

崔巨倫也不推辭，當即寫道：「五月五日時，天氣已大熱，狗便呀（張口吐舌之意）欲死，牛復吐出舌。」大家聽了他這狗屁不通的大作哄堂大笑，都認為他是浪得虛名，葛榮也大有見面不如聞名之感。

後來，崔巨倫暗地裡結交了幾個勇士，幾個人乘黑向南逃遁，不料剛

跑出沒多遠，就遇上了葛榮的巡邏騎兵。幾個勇士都害怕起來，有人提議說不如先回去以後再找機會，崔巨倫則意志堅定地說：「寧可南行一寸死，豈能北走一尺生！」說完，他縱馬上前，對巡邏的騎兵說：「我們是受上級命令往前走的。」說完拿出一份所謂的命令遞到對方手裡。對方趕緊點亮火把，察看命令，崔巨倫抓住時機，一劍斬了那個看命令的將領，其餘的騎兵立即驚惶失措，四散而去，崔巨倫一行得以脫身南下。

類似的事情唐伯虎也做過，不過不是裝成窮人進華府點秋香，而是裝瘋賣傻避禍保命。

史料記載，唐伯虎自幼聰明絕頂且勤奮好學，十六歲時便中了秀才，是聞名江南的大才子。但唐伯虎的仕途絕不順利。29歲那年，唐伯虎進京會試，因受科場洩題案的無辜牽連被謫為小吏，後又被投入監獄達一年之久。出獄後，唐伯虎心灰意懶，便回到蘇州老家，致力於詩畫藝術，成就得以更上一層樓。然而，學而優則仕畢竟是當時文人們的終極思路，因此他的從政之心並未完全泯滅。因此西元1504年春，也就是唐伯虎35歲那年，南昌甯王朱宸濠派人禮聘他擔任自己的幕僚文書一職時，他沒有過多考慮，便欣然赴任。

不過上任沒多久，唐伯虎就發現自己的貴人甯王朱宸濠大有問題。首先，甯王仗著自己貴為王爺，在自己的封地內無法無天，巧取豪奪不說，還強搶民女。如果唐伯虎對此事只是感到痛恨，那麼不足以顯示他的才子身分。細心的唐伯虎發現，甯王所搶的民女個個國色天色，都是絕代佳人，但甯王不是為了「自用」，而是想把她們獻給皇帝朱厚照。如果僅僅是想討一下皇帝老哥的歡心，在中國歷史上看來也見怪不怪，但唐伯虎透過祕密調查發現，這背後藏著一個巨大的陰謀。那就是甯王想進一步迷惑皇帝，讓本來就已躋身中國最混帳皇帝之列的朱厚照墮落到底，他自己則

趁機招兵買馬，只等時機一到便謀反奪取天下！那樣的話，將來事發，甯王奪取成功還好，一旦落敗，自己作為甯王的主要幕僚，焉有命在？

想到這一層，唐伯虎當即決定早日脫離甯王府。但怎麼走呢？貿然辭職，肯定會引起甯王的懷疑。於是，唐伯虎想到了裝瘋賣傻。與普通人裝瘋動輒披頭散髮、滿街亂跑不同，唐伯虎裝瘋也裝得很有境界，那就是寫一些亂七八糟的詩，比如有一次，唐伯虎在自己住的地方題了一首打油詩：「碧桃花樹下，大腳黑婆娘。未說銅錢起，先鋪蘆席床。三杯渾白酒，幾句話衷腸。何日歸故里，和她笑一場。」本來就已經有些討厭他的朱宸濠這下斷定唐伯虎確是瘋了，不久便派人把他送回了蘇州老家。

五年後，朱宸濠果如唐伯虎所料，在南昌起兵，但當年年底即被明代第一儒將王守仁擒獲，在押往北京的路上被處死。唐伯虎作為朱宸濠的昔日幕僚，不可避免地受到了朝廷的追查，但因他早已離開甯王府，且有瘋詩為證，唐伯虎最終被「從寬」處理。經此一役，唐伯虎徹底斷絕了從政的意圖，全身心地投入了詩畫創作中，不僅人物、樓觀、花卉、蟲鳥樣樣精通，也寫出了「桃花樹下桃花庵，桃花庵裡桃花仙。桃花仙人種桃花，賣得桃花賺酒錢……別人笑我太瘋癲，我笑他人看不穿。不見五陵豪傑墓，無花無酒鋤作田」這樣的驚豔之筆，為後人留下了一個可供仰望的文化星座。

然而，唐伯虎的「看穿」畢竟是一種無奈，至少在最初，他的想法與他那個時代所有文人的夢想都一樣 —— 經國濟世，飛黃騰達，只是造化弄人，他不得不裝瘋賣傻，並且在此後的生涯裡裝作瀟灑。然而與一些前輩晚輩相比，他又是幸運的，儘管他不是發自內心的瀟灑，但中國歷史上，包括詩仙李白在內的很多文豪級的人物，不都是因為「站錯了隊」而被貶、被黜、被流放、被殺的嗎？不管你的追求是什麼，也不論你身在何時何地，生存永遠都是第一要義，那麼，該裝的時候就必須裝一把。

┃別跟現實過不去┃

人生不過進退而已。退是為了更好的進。不退，很多時候就意味著
過不去，意味著失去退的機會。這樣的人，即使能勝，也是慘勝。

就從大詩人屈原之死說起吧：

屈原是中國文學史上第一位偉大的愛國詩人 —— 我們上學時，老師
都是這麼教的。不僅如此，如今的維基百科也是這麼寫的。然而有一陣子
網路上冒出的一篇文章，一舉顛覆了我們的認識 —— 屈原不過是一場祕
密愛情的犧牲品！用該版主的話說，屈原愛戀的女人非是旁人，正是中國
歷史上大名鼎鼎的女陰謀家、楚懷王的愛妃鄭袖。由於我們這位大詩人在
偷情方面並不高明，因此被楚懷王窺得蛛絲馬跡後，當即以政治名義放逐
邊境，使其有生之年再也無法與鄭袖見面。十幾年後，楚懷王駕崩，臨終
前遺命楚國王室捕殺流放中的屈原，以防屈原與鄭袖「重修舊好」。具體
捕殺地點，就是今天的汨羅江。屈原並非自己抱著石頭沉江而死，而是被
追殺的士兵們刺死後，再裝進袋子，綁上大石，投入江心……

往事一越兩千年，不論屈原是自殺，還是被謀殺，可以肯定的是，他
的死都是一場悲劇。如果屈原當真是因為看到楚國都城被攻破才痛不欲生
的，那麼類似的「情殺論」對屈原來說無疑是傷口灑鹽之舉。但莫說是在
網路異常發達誰都可以說上兩句的今天，即使只是在屈原自殺的當天有人
這麼說，屈原也是無能為力的 —— 他已經自殺了，就算真理在他那裡，
他也沒辦法申辯了。

而且，站在大歷史的角度來看屈原之死，其實也沒有多大意義。屈原
的自殺，對於楚國來說沒有半點益處 —— 楚國最終還是滅亡了。甚至於
我們還可以進一步說，屈原並不適合從政，他的才華洋溢，但他不懂得或

者說是不屑於官場哲學的文人氣質也是他的罩門。兩方面都很硬的屈原，決定了屈原從政缺乏必要的彈性，用現在的話來說就是 —— 死磕。

我們知道，屈原的工作主要就是向楚懷王諫言，雖然歷史上並不乏死硬派的諫官，並且功成名就、留名青史的也不在少數，如東漢的「強項令」董宣、被唐太宗李世民視作鏡子的魏徵等等，但楚懷王明顯不是此類明主，在這種現實情況下，屈原歷史上的同行們要麼進行諷諫，要麼明哲保身，而屈原卻偏偏選擇了死磕這個最不恰當的辦法，從而磕出了負面火花，葬送了自己的政治理想，也葬送了自己的生命。如果說這有唯一一些好處的話，那就是「國家不幸詩家幸」，失意的屈原為我們留下了不少不朽的詩篇。但站在屈原的角度想一想，這是他的本意嗎？

關於屈原的德操，也即現代意義上的愛國之心，學術界也頗有爭鳴。如近代大詩人、文學家聞一多就曾說過，屈原所處時代為戰國末期，各國之間戰事頻繁，「忠君」也即愛國遠非時尚，「朝侍楚君，暮為秦僚」並不會招致非難，即使是提出了「忠」與「孝」的孔子本人，也頻繁地周遊列國，並不因不能專事魯君而自愧。孔子還曾在《論語》中談到一位叫甯武子的人：「甯武子，邦有道則知，邦無道則愚。其知可及也，其愚不可及也。」簡單來說，甯武子是個懂得該聰明時就聰明、該裝傻時就裝傻的人，孔子雖然做不到這一點，但他至少還知道跑，知道到別的地方去推銷自己的觀點。如果就屈原的自殺去採訪一下孔子，他可能會深表哀悼，但想來不會百分百的支持。若換作革命家聞一多先生，自然更不會支持這種屈原式的愚忠。

把話題扯遠了，不免偏離我們本節的主題 —— 生存。下面我們就來看一個不愚忠的歷史生存故事：

　　商朝末年，商紂王荒淫無道，不理朝政，每日只是摟著妲己等美女和左右醉酒狂歡。有一次，紂王酒醒後，居然醉得不知道當天是幾月幾日了，問問左右，也一概不知。紂王便派人去問自己的王叔箕子。箕子悄悄地對自己的弟子說：「做天子的，自己不知道時間不說，還使一國人都不知道時間了，這個天下看來危在旦夕了。而一國人都不知道時間，只有我知道，這樣我也危在旦夕了。」於是箕子便假稱自己也喝醉了酒，同樣不知道今夕何夕。

　　箕子這樣做，並不是不愛國，不忠君，只是因為在此之前有太多血淋淋的教訓 —— 比干被挖心、商臣被炮烙、伯邑考被烹為肉羹⋯⋯後來，箕子見商朝滅亡已是大勢所趨，不但不再進一言，而且索性遠離是非之地，跑到今天的朝鮮半島去了。

　　應該說，類似箕子的做法，也不應該百分之百被推崇。如果不是有那麼多的革命先輩前仆後繼地拋頭顱、灑熱血，哪有我們今天的幸福生活？但我們也必須明白，生命也是革命的本錢，在沒必要拋頭顱的時候，就絕對應該為自己的大好頭顱多考慮一些，切不可做無謂的犧牲，沒有任何意義地與現實死磕。

　　類似的例子歷史上還有很多，但舉再多的例子都是為了說明一個道理：做人難，做個好人，尤其是能辦成事的好人更難，你必須該退的時候退，該進的時候進，該裝的時候裝，該醒的時候醒。別跟現實死磕，這個世界需要「去留肝膽兩昆侖」的殉道者，但更需要「知其白、守其黑」的智慧型的衛道者。

第 02 堂課

求知 —— 人生永恆的主題

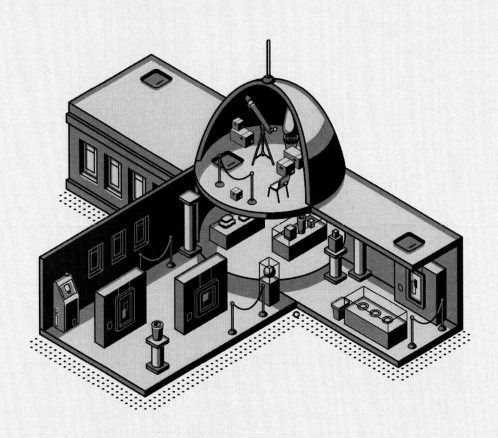

▏有知識，無所謂▕

> 強者是什麼意思？就是有用的人，有知識、有文化、有智慧、有本
> 事的人、有各種能力的人。

蔡鍔羅曼·羅蘭說過，和書在一起的人，永遠不必嘆氣。這話有道
理，也有點小漏洞 —— 中國歷史上就很有一批和書在一起卻從來不讀書
的人。

宋朝時，有個不學無術的人想拜見某縣縣官，謀個差事。為投其所
好，他事先找到縣官的隨從，打聽縣官有哪些愛好。他問：「不知縣令大
人平時都有什麼愛好？」

隨從告訴他：「大人沒事的時候喜歡讀書。我經常看到他手捧《公羊
傳》，讀得津津有味，愛不釋手，有幾次甚至誤了吃飯。」

那人心中暗喜 —— 家裡就有一本父親傳下來的《公羊傳》！雖然自
己從未讀過，但那畢竟是《公羊傳》啊！縣令大人一定會看在《公羊傳》
的面子上有所照顧的。這樣想著，他便去入見縣官，委婉地提出自己的
請求。

縣令便問：「你平時都讀書嗎？我這裡正缺一個書記……」

「讀，小人每天都讀書，尤其喜歡讀《公羊傳》。」那人討好地回
答道。

「哦！」縣官一聽大喜，終於遇到志同道合的人了，於是高興地問
他：「那麼我問你，是誰殺了陳佗？」（陳陀即春秋時期的陳厲公，死於
西元前 706 年，《公羊傳》中只說陳佗到蔡國淫亂時被蔡國人殺死，但沒
有交待具體是誰，只有《史記·陳杞世家》中記載，陳陀是被陳桓公的太
子免的三個弟弟躍、林、杵臼和蔡人一起殺死的。）

如此複雜，這個人又怎麼知道是誰殺死了陳佗呢？他琢磨了半天，忽然想道：莫非縣令問的是本縣的一起人命案？哎呀！縣令該不是在懷疑我吧？但他又不敢肯定，只得吞吞吐吐地說：「我不曾殺過人，對於陳佗被殺之事一無所知，請大人明察！」

縣官先是一愣，繼爾明白了，這傢伙根本就沒有讀過《公羊傳》，所以才回答得如此荒唐，還把本官「忽悠」了一通，我且嚇嚇他。於是縣官故意戲弄他說：「既然你說你沒殺陳佗，那你倒說說，他是誰殺的？」

這人一聽縣官還往下追問，更加惶恐，當即嚇得跑出了縣衙。路上遇見一個熟人，熟人問他為什麼如此驚慌，他說：「說不得，說不得。我剛才一見縣太爺，他就向我追問殺人的事，我再也不敢來了。我準備逃到深山老林裡去，碰到天下大赦時再回來。」說完，驚惶失措得跑了。

這個笑話告訴人們這樣一個道理：書不是用來「收藏」的，書是用來讀的。無論是在歷史中，還是在現實生活中，都不乏愛書如命、求知若渴的人，但同樣也不乏附庸風雅，擁有大批藏書卻從不讀書的人。

知之為知之，不知為不知。只有擁有真才實學的人，才會受到別人的尊敬和命運的垂青。不懂裝懂，只會像故事中的人一樣貽笑大方。

蘇東坡曾有詩云：「人生識字憂患始，姓名粗記可以休。」這句詩源於一個典故：秦末，項羽隨叔父項梁讀書，不幾日便棄文學武，因為「讀書不過記記姓名而已」，但改學劍術沒幾天，項羽再次表示「學劍不過一人敵」，用處不大，遂改學「萬人敵」，也就是兵法。

項羽是個粗人、匹夫加殺人狂 —— 這是學術界的定論。但他有沒有憂患過呢？當他被圍垓下，聽著四面楚歌，看著虞姬伏劍當場時，想必是憂患的。可見，不識字、不讀書，照樣免不了憂患。

蘇東坡之所以這麼說，多半與他那狷狂不羈的性格有關。所謂性格決

定命運，道德高尚卻缺乏靈活性的蘇東坡，即使是個普通百姓，恐怕也不免得罪人。當他把這種性格帶到官場時，憂患自然隨之而來。

因此，人生識字憂患始並不適用大多數人。在正常情況下，知識對大多數人來說，非但不是憂患始，還是幸福始、成功始、快樂始。在關鍵時刻，知識還往往會成為一個人的保命符。

明代大文學家馮夢龍在《智囊補》中記載了這樣一個故事：明朝嘉靖年間，倭寇作亂江南，沿海有位姓夏的書生有一次被倭寇抓住，倭寇首領審問夏生：「你都會幹什麼？」夏生說：「會作詩。」巧的很，這個日本浪人聽說他會作詩，居然很高興，非但沒有殺夏生，還讓他跟在自己身邊，每天作詩唱和。就這樣，夏生撿回一條命。過了一段時間，夏生與倭寇的「友誼」已深，便向倭寇婉轉地提出回家的要求，倭寇不但答應他的請求，還送他許多財物。夏生回鄉後，還曾對人們說，那個倭寇首領也會作詩，並且不乏「五尺欄干遮不盡，還留一半與人看」的佳句。

類似的例子在歷史上可謂多矣。我們看歷史，尤其是看與戰爭有關的歷史時，往往產生這樣的感觸：老百姓最倒楣。同時我們也不難看到這樣的情境：一個人，雖逢亂世，但因為有知識、有才學、有本事，不僅不必像普通百姓一樣動輒被逃難、被拉夫、被炮灰等等，還往往成為各大勢力禮聘、爭取的對象，贏得生前身後名者也比比皆是。比如諸葛亮，若不是因為才學過人，劉備會三顧茅廬？

知識未必總能為我們保駕護航，有時，知識也的確招人妒，討人嫌，甚至引來殺身之禍。但有知識的人受文化薰陶日久，即使身處險境，刀斧加身，也往往能樂天知命，看破生死，守住大義和底線，文天祥、史可法等民族英雄就是如此。所以，有知識的人雖然未必比好命，但有知識的人永遠不會驚慌，用今天的流行語說那就是 —— 有知識，無所謂。

‖ 知識就是財富 ‖

> 書籍是一切痛苦的解藥。

當今社會，最熱門的話題莫過於「財富」。

怎樣才能變得富有呢？

宋真宗早就在《勸學篇》中告訴我們了：「當家不用買良田，書中自有千鍾粟；安居不用架高堂，書中自有黃金屋；娶妻莫恨無良媒，書中自有顏如玉；出門莫恨無人隨，書中車馬多如簇；男兒欲遂平生志，五經勤向窗前讀。」

千百年來，這首打油詩迷醉了一代又一代讀書人，「啟示」他們，讀書考取功名是人生的絕佳出路。而用現代理念去解釋，讀書就是接受教育，而教育是社會的一個功能，讓學生掌握知識學能，以投身社會，服務百姓，同時實現自己的人生價值。但人生價值說到底是什麼呢？很多人都認為，財富是必不可少的一項。如果說古代的學子們都是為了「學而優則仕」才去讀書，那麼當今的學子們至少有一大半是為了「學而優則富」。不過從社會學的角度來說，這也不是什麼壞事，只要別太功利化就行。

所謂「三年清知府，十萬雪花銀」，在古代，知識不僅是絕對的財富，而且往往意味著大宗的財富。可以這麼說，在中國歷史上，除非像海瑞那樣，甘心受窮，其他有功名的讀書人衣食無憂是不成問題的。所以我們著重談談當今時代的一些「讀書人」。

「讀書多，就意味著眼界更加開闊，更會思考問題，更具創新精神。『底蘊的厚度決定事業的高度』。『底蘊的厚度』主要來自兩方面；首先就是多讀書，讀了大量的書，知識結構自然就會完整，就會產生智慧；其次是人生經歷，把人生經歷的智慧和讀書的智慧結合起來，就會變成真正

的大智慧，就會變成一個人創造事業的無窮動力。我的首要問題就是『你大學讀了多少本書』，如果你回答唯讀了幾十本。我心中的最低標準是200本，我自己在大學期間讀了800本。而我的班長，在大學裡讀了1,200本，平均每天一本。有人會問，讀完書忘了跟沒讀過有什麼區別嗎？其實完全不一樣。就好比談戀愛，一個談過戀愛後又變成光棍漢的人和一個光棍漢相比是有自信的。因為當他看到別人談戀愛的時候，他會在旁邊『嘿嘿，想當初老子也是談過戀愛的！實在不行來不及讀，你可以到書店看著那些書，記著那些名字用手摸一下，這樣也能增加一點人文氣質。」

昔日亞洲首富孫正義也是個知識改變命運的典範。孫正義是韓裔日本人，23歲那年，他得了肝病，此後在醫院整整住了兩年，期間他一共閱讀了將近4,000本書籍，平均每天5本。讀完這些書後，孫正義解開了自己多年來百思不得其解的困惑，那就是要想成為世界首富，就必須從事最新興、最具發展潛力的行業。

一出院，孫正義就創立了自己的公司。開業那天，全公司只有兩名員工，孫正義站在一個裝滿蘋果的箱子上面跟他們介紹說：「我叫孫正義。25年後，我將成為世界首富，我的公司營業額將超過100兆日元！」兩個員工聽得目瞪口呆，聽完後立即辭職不做了，他們都以為店老闆瘋了 —— 但他們不知道孫正義兩年之內讀了4,000本書！

後來，在網路經濟升溫時，孫正義果然實現了自己當年在蘋果箱上的誓言，他的財富一度超過世界首富比爾蓋茲。

其實，既然是在普通人中間，讀書與不讀書，對收入的影響也很明顯。去年春節，我問一個接連三年沒回家過年的年輕人：「光忙著賺錢了吧？連回家過年都沒時間。」他笑笑說：「哪裡，我是沒賺到錢，回不起！」我還沒來得及誇他謙虛呢，年輕人的母親插話了：「要是我我也沒

臉回來，看看人家小二，去年賺了八萬，今年拿回來十萬，還討了個漂亮老婆……」這實在是一種缺乏技巧的插話，因此這位不懂得語言藝術的母親當即遭到兒子的有力回擊：「我是不如小二，你能跟人家小二她媽比嗎？我上學時不比小二差！是你，剛念完中學就不讓我念了！人家小二他媽，砸鍋賣鐵都讓小二上大學！今天看見人家賺得多了，早做什麼去了？你活該！」

　　我們在這裡講述這個故事，是在批評那些當年不懂得先富腦袋、再富口袋的無知父母，並為他們今日過得不太如意的兒女們開脫嗎？不是。還是那句話：遇到一個無奈或者愚昧的父母，那不是你的錯，但你若把自己的失敗都歸因於父母，那肯定是你的不對。對一個想學習的人來說，什麼時候都不晚。當然，對於已將或者即將為人父母的我們，我們也應該以自己的教訓為教訓，盡量讓自己的孩子不要虧在教育上，別讓孩子重覆我們的路！因為知識就是財富，而且是一生甚至幾代人的財富！

‖ 學習 ── 思考 ── 實踐 ‖

> 一個受過良好教育的人，最明顯的代表是什麼？有些人可能認為，是具有某一專業的系統而全面的知識。但美國人會認為，是善於思索，能獨創新知。

　　東漢人邯鄲淳被後人稱為「笑林始祖」，他的《笑林》一書中講述了當時的許多笑話、噱頭和幽默趣事，其中有這樣一個故事：某年秋天，有個窮書呆子意外地看到一本古書上講，鳴蟬藏身的樹葉可以隱身，於是他便興沖沖地找來了一枚「隱身葉」，可由於太興奮，回家路上，他一不小心，樹葉脫手，混在了眾多落葉裡，他便把地上所有的葉子收集在一起，

然後回到家，拿起一枚樹葉，遮在自己身前，問他的妻子：「你看得見我嗎？」妻子說：「看得見。」他便換一片，接著問：「這次看得見我嗎？」如此反覆，妻子不耐煩了，說：「看不見！」他高興極了，就用樹葉遮住眼睛去集市上偷東西。結果當場被人捉住，扭送至縣衙。縣官審問時，他老老實實地交待了原委，縣官聽了哈哈大笑，一高興就把他放了。

　　歷史上是否真有這樣的傻人，我們不得而知。可以肯定的是，無論是歷史上，還是今天，社會上都不乏類似的書呆子。那麼，我們之前說的 ── 知識就是財富 ── 對他們適用嗎？

　　答案當然是否定的。別說書呆子不適用，但凡不機靈一點兒都不行。對「知識就是財富」這句話，我們不能片面理解，無知與貧窮、愚昧固然距離不遠，但若說一個能背誦百科全書的人就擁有一切的話，顯然也是十分荒謬的，除非他去參加有獎知識競賽，否則知識不能直接創造財富。知識與財富之間，離不開必要的轉化過程，而這個過程，對於一個書呆子來說則是永遠無法逾越的鴻溝。所以擅長諷刺人的西方人乾脆將這類人稱之為「兩腳書櫥」。

　　一句話，光有知識還不行，還得有智慧。

　　有位著名學者曾在一次演講中這樣解釋「知識」和「智慧」的區別：

　　「從字形上看，『知』字的左邊是『矢』字，在古代是指箭。右邊是一個『口』字，相當於一個靶心……射箭最起碼是不能脫靶。左邊一支箭，右邊一個靶子，這就是『知』，知識來之不易，其原因就是必須中靶，射準，射中靶心，瞄準目標了才能放箭……關於『知』，就是知識的累積，有『知』就有『識』。你知道了這個東西，必須還要去認識。認識就是分辨、理解，然後再上升為理論，就是真理。」

　　「從『智』的字形上看，知識（知）的日積月累（日）就成為『智』

了，是不是這個意思？所以這個『日』很重要，看重每一天，每天都要增長知識，每天都要增益，這樣就成了『智』。你的智商怎麼來的？是離不開每一天的，你的智力、智慧、智慧都離不開這每一天……」

「『知者』與『智者』是有區別的。『知者』是知其一而不知其二，知其二而不知其三，知其然而不知其所以然。『然』，就是『這樣』，意思是，知道它是這樣，而不知道它為什麼會這樣。而『智者』就不同了，『智者』第一能『知其所以然』；第二能把各個方面的知識，如從書本上學到的，自己觀察得到的，別處聽來的，或是自己思考來的等等，都能融會貫通。不會貫通是不行的，這個知識與另一個知識串不起來，A 是 A，B 是 B，C 是 C，不能串成一體，變成一個立體的、新的知識，這就是死知識。只有融會貫通了，才是活知識；第三是自知之明，就是要知道自己，明就是知。所以必須了解自己，那樣就不會自滿，老實想到自己的哪些地方學得不夠。應該天天精進，才能使自己的知識更加充實；第四個就是明辨是非，就是對一些事物要怎樣正確地理解它，怎樣正確地分析它，這就是智者所俱備的幾個特點，它與知者是有區別的，是『知』的昇華。」

遺憾的是，人類社會總是一「智」難求，把書上的知識提煉為工作、生活中實用的知識，是少數具備大智慧的人才能做到的事情，生活中更多的讀書人卻只能成為書呆子或者應試教育的犧牲品。

盡信書不如無書。真正的知識、最棒的知識尤其是適合自身情況的知識，大多是書本上甚至從別人身上也學不到的。有著世界華人第一狂人的嚴介和說過：「能夠學習知識的是三流人；能夠在讀書看報中舉一反三、觸類旁通的人是二流人，因為生活才是永恆的老師；能夠在生活中無中生有、創造知識的人，才是一等人。一流的企業家講理念，三流五流的講理論，傳統意義上的學習拘泥於書本，停滯在校園，溫習在家裡的書房，原

來都是幼稚園的東西。在風雨中的飄搖，生與死的考驗中，沒有倒下，生存下來，這才是真知識……」

　　總之，成功不是簡單地看幾本書就能擁有的，只有在不斷累積的基礎上不斷思考、不斷實踐，才能不斷啟迪思維，生發智慧，最終生發出成功。或者說，有智慧的人，本身就是一種成功。

第 03 堂課
自我 ── 做自己想做的人

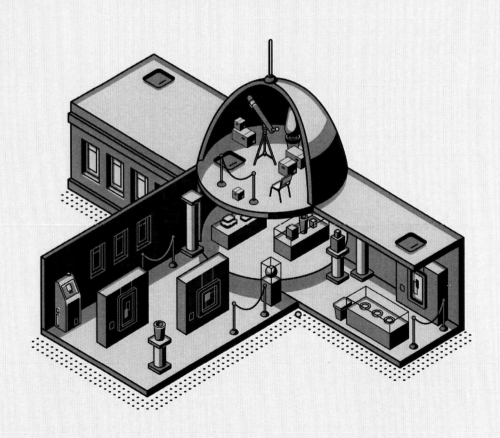

‖ 誰在控制我們的人生 ‖

> 當一個人為別人活著的時候，就非常麻煩。因為別人的標準是不一
> 樣的，沒有堅持了自己的追求而想要的東西，你的尊嚴和自尊是得
> 不到保證的，因為你總是在飄搖中間。

如果讓文人們穿越回古代，你認為他們會選哪個朝代？

答案多半是晉代。不為別的，只為晉代的文人最像文人。回到晉代，你可以找陶淵明切磋一下田園詩，順便學學種菊花；你可以聆聽《廣陵散》之絕響，順便為從容引首就戮的嵇康壯行；你可以和謝安下盤棋，順便問問他為某小作坊主做蒲扇代言人有何感想……總之，回到晉代，你能大開眼界。

前者我們曾談到書聖王羲之少年時的殘酷經歷，不過歷史也並非只有殘酷，有時候，歷史也很溫情，比如王羲之的愛情佳話。

用現在的話說，王羲之系出名門。當時的另一位朝廷重臣郗鑒，他有個女兒名叫郗璿，有才又有貌，被郗鑒視為掌上名珠。女兒長大成人後，郗鑒準備為自己挑個好女婿，他聽說王家子弟眾多，個個出眾，便和王羲之的伯父王導打過招呼，派管家去王家考察王氏子弟。

王家的年輕男子們早就聽說過郗璿的芳名，聽說郗鑒派人來挑女婿，一個個卯足了勁，穿戴整齊，彬彬有禮，只盼雀屏中選。郗府的管家看來看去，覺得都不錯。最後，管家來到東跨院的書房裡，只見靠東的床上躺著一個青年，正在光著膀子大嚼燒餅，肚子上都是芝麻粒兒！這個人就是王羲之。當時他正著迷於東漢著名書法家蔡邕的碑帖，因此來到相府不久，就把郗府選女婿的事忘到了腦後。由於天氣太熱，就隨手脫掉外衣，袒胸露腹，邊嚼燒餅，邊琢磨書法。負責引路的僕人告訴他郗府的管家來

了，他也沒聽見，不僅沒下床表示一下基本的禮貌，連一句話也沒說。

郗府的管家回府後如實向郗鑒彙報：「王家的年輕公子共 20 餘人，聽說郗府擇婿，個個爭先恐後，但骨子裡都顯得拘謹、不自然，只有一位公子，躺在東床上，光著膀子嚼燒餅，一點兒也不熱衷。」郗鑒聽後笑道：「哈哈，就是他了！」然後，郗鑒親至王家，見王羲之既豁達又文雅，才貌雙全，當場擇為快婿。這就是「東床快婿」一詞的由來。

無須佩服王羲之，在那個出身決定一切的時代，他即使做不了郗鑒的女婿，也不至於打光棍。不過王羲之的卓爾不群、瀟灑不羈也是不容置疑的，至少他那些堂兄弟就沒法兒比。事實上，不是這種性情，他也寫不出冠絕古今的《蘭亭序》。

說到《蘭亭序》，人們但知它是中國行書第一，很多人還總是不厭其煩地說什麼其中的若干個「之」字個個不同，鮮為人知的是，《蘭亭序》本身還是一篇非常棒的散文，而世人但提其書法而不提它的內涵，多少有點買櫝還珠之嫌，下面就把這篇千古名作簡單翻譯一下：

> 永和九年三月三日，我們在會稽郡山陰縣的蘭亭集會，舉行袚禊活動。包括謝安、孫綽在內的許多著名人士統統都來了，大家聚集在一起，盛況空前。蘭亭這個地方，有高峻的山嶺，茂密的樹林，繁盛的竹林，還有澄清的急流。我們把急流引來，作為流觴的曲水，大家依次坐在水邊，雖然沒有琴、瑟、簫、笛等樂器伴奏，場面略顯冷清，但我們邊喝酒邊賦詩，也足以暢敘衷情。這一天，天色晴朗，空氣清新，和風溫暖。抬頭看，天空廣闊，低頭看，萬物眾多，有如此美景，又有如此眾多的朋友，實乃人生樂事。
>
> 然而人與人的相處，是多麼的短暫，或者說，人生是多麼的短暫！有的人喜歡把自己的抱負傾吐出來，和朋友們高談闊論；有的人則把人生寄託在興趣愛好上，過著我行我素、放縱不羈的生活。雖然人們對生活的

取捨千差萬別，性情也有沉靜和急躁的差異，但當人們遇到歡欣的事情時，心裡會自然而然地感到歡愉，哪怕衰老就在眼前。然而當人們對這些事物厭倦了，心情就會隨之改變，感慨也就隨之而來。從前感到歡欣的，頃刻之間已成往事，對這些人們尚且不能不深有感觸，更不用說人生苦短，終有窮盡的一天。古人說：「死生畢竟是件大事啊！」怎不令人感傷！

每次看到前人的感慨，我都感覺自己與他們是那麼的契合，因此每每對著他們文章嘆息，但心裡卻不能參透。我從不認為人生是一場虛幻，我也一向不贊同老莊『一死生』、『齊彭殤』的觀點，然而我總有一天，會被後人像我看待古人一樣地看待，這是多麼可悲的事情！所以，我在這裡把與會的人悉數記錄了下來，並且把他們的詩作抄錄下來。雖然時代會變遷，世事會變化，但人們抒發情懷的原因基本上還是一致的。後世的讀者，想必也會對這些詩文有所感慨吧！

用現代人的話說，《蘭亭序》其實就是王羲之的人生感悟：人生苦短，千萬不要被名利束縛、被世俗束縛，苦在其中卻樂不思蜀。做人，要盡量擺脫約束，釋放人性，回歸自然，為自己而活。然而莫說是在現代，即使是在晉代，類似名士的做法畢竟也不是主流。在被各種傳世久遠、名目堂皇的教條禮法薰陶出來的主流人群眼中，這非但不是什麼境界，而是另類和變態。也因此，人們容不得一點不同，過於在乎別人的眼光。比如那個《父子騎驢去趕集》的故事，因為擔心別人說，父子倆最後不得不把椅子抬著上路！但世人不還是有話說嗎 —— 這倆人有驢不騎，自己走路，真是傻蛋，鑑定完畢！

我們並不指望這篇文章能改變多少人，但我們必須提醒：人類是一種自我折磨的動物，別讓世俗的眼光控制你的人生！

抱怨別人不如成就自我

奮鬥以求改善生活，是可敬的行為。

清朝時，有個叫譚瑄的文人在某富翁府上做私人教師，由於該富翁喜好音樂，不太注重詩書，因此府中樂師的飯菜要好過教師。譚瑄對此非常憤恨，時常發牢騷，他的朋友朱彝尊知道後寫信勸他說：「君子要以類族來分辨事物。物各有族，對於人來說，也要以類來分辨。君子必須了解自己的地位。比如：娶妻送彩禮，只需要布匹裘衣即可，而買妾就要上百兩銀子，而贖官妓則要數千兩銀子。可見品流越低下，價值就越高。飯菜的豐盛與否，正像拿魚餵貓，拿肉餵狗，對於老兄您來說，這又有什麼值得生氣的呢？」

朱彝尊的信，多少有些阿 Q 精神，但不這麼說，又怎麼能讓他那懷才不遇的朋友心裡安慰些？

人生在世，難免失意，必要時安慰自己一下也是可以理解的，但我們不能做一輩子阿 Q。不打敗失意，失意遲早會再次光臨。抱怨別人，不如超越自我。不斷超越自我，才成就真正快樂、瀟灑的人生。

在這方面，孔子為我們做好了榜樣。

孔子首先是個很自我的人。他曾經說過，如果富貴可以堂堂正正地追求，即便是讓我做趕車之類的工作，我也願意；但如果富貴非要以「放下身段」為代價，我還是做點自己喜歡的事吧！

孔子喜歡什麼呢？學習。我們知道，孔子是個含著銀湯匙出生的富二代，但他的富二代生活並沒有持續多久，便因其父親叔梁紇的去世而中斷。到孔子十幾歲時，為養家糊口，他也不得不出門打工。但孔子從未放棄過學習，他幾十年如一日的研究做人做事、治國平天下的道理，終於有所成就。

可惜在禮崩樂壞的春秋末期，他這種思想過於理想化，當時既無人了解他的價值，也無人願意發自內心地奉行這些價值觀。年過五旬才出仕為官，但沒幾天，就因過於正直觸動了權貴利益被輕鬆拿下。周遊列國數十年，沒有一個國君願意誠心實意地聘用他，某些小人還把他當成危險人物，明槍暗箭，屢次中傷。就連一些隱士也瞧不起他，諷刺他為「喪家之犬」。

但孔子從不把自己的失敗歸結於外因，有學生為他抱不平、為自己發牢騷時，他總是說：「不患無位，患所以立。不患莫已知，求為可知也。」意思就是：「你們別怕沒有官位，只需擔心沒有安身立命的本領。也不要擔心沒有人了解自己，只有具備真才實學的人，才值得別人去了解。」單憑這一點，孔子這「萬世師表」的名號就當之無愧。

孔子還說：「不怨天，不尤人，下學而上達，知我者其天乎！」關於這句話，有多種不同版本的解釋，但結合孔子的一生來看，這是晚年的孔子對自己一生壯志未酬的際遇發出的感慨 —— 我這輩子從不抱怨命運，也不怨尤別人，透過學習知識，我了解了人生的哲理和真諦，但現在看來，理解我的只有蒼天！應該說，這已經是一定意義上的發牢騷了。但想想他老人家一生勤學苦思，四處奔走，渴望以自己的才學改造社會卻屢屢受挫，發些小小牢騷（實質上是感慨）也是可以體諒的。

一句話，在孔子看來：只要是金子遲早會發光，問題的關鍵是，你是不是金子？

來看一個流傳頗廣的寓言：

有個年輕人自以為滿腹經綸、學冠中西，但始終找不到理想中的工作。一開始，他還只是哀嘆自己懷才不遇，恨沒有伯樂賞識千里馬。時間一長，他漸漸地對社會感到失望，甚至產生了輕生的念頭。

這天，他來到大海邊，打算就此了結自己，好在一位老人恰好從這裡

走過，把他從鬼門關拉了回來。老人問他，年輕輕的為什麼想不開？他恨恨地說，既然得不到社會的承認，還不如死了算！

「噢？這麼說你很有本事？」老人笑著，從腳下的沙灘裡撿起一粒沙子，讓他看了看，然後隨手一撒，對他說：「你能不能把我剛才撒在地上的那粒沙子撿起來？」

「這根本辦不到！」年輕人說。

老人沒有說話，從自己的手上摘下一枚金戒指，隨便扔在地上，然後對年輕人說：「那你能不能把這個金戒指撿起來呢？」

「這當然可以！」

「那你就應該明白：你之所以得不到別人的認可，就在於你還不是一枚金戒指，所以你就不能苛求別人立即承認你。如果要別人承認，那你就要由沙子變成一枚金戒指才行。」

年輕人幡然醒悟。

我們必須承認，一個人之所以會屈身於社會底層，很大程度上就在於他不是故事中的金戒指，而是一顆普通的沙粒。當然，古人既然能造出「英雄無用武之地」這個詞，就意味著世上終究還是有不得志的英雄的。不過，即使你就是那個英雄，一味地抱怨有什麼用？柏楊先生說過，那還不如自行車胎漏氣的聲音有意義！與其如此，還不如更上一層樓，把自己鍛造成一塊純金，讓自己發射出更耀眼的光芒，只要你的光芒足夠耀眼，相信這個世界是不會集體失明的。

最後，我們必須明確一點：能成為金子，本身就是莫大的成就。但金子絕不是用來發光的，更不是用來裝飾、陪襯那些庸俗者的！金子埋在土裡也是金子！而且越是埋在土裡，我們越是需要保持一顆金子般的心。不然，一個人發光之日，便是他發霉之時。

‖ 做不了大樹，就做小草 ‖

如果我沒辦法教書了，踩個三輪車我就上街賣菜去。

「經商要學胡雪岩，做官要做曾國藩。」曾國藩歷來被視為中國官場楷模。那麼，曾國藩是不是也有「偶像」呢？答案是有。這個人就是屠羊說。曾國藩曾有詩云：「左列鍾銘右謗書，人間隨處有乘除；低頭一拜屠羊說，萬事浮雲過太虛。」那麼這位屠羊說又是何方神聖呢？

屠羊說是《莊子》中的人物，由於《莊子》並非史書，因此這個人是莊周杜撰出來的也未必。故事大意如下：

西元前 506 年冬，伍子胥為報楚平王殺父殺兄之仇，率吳國大軍長驅攻入楚國都城郢，楚國敗亡，楚昭王逃難至雲夢澤，後又輾轉逃至鄖國、隨國。後在申包胥的請求下，秦國派來援軍，嚇走了吳軍，楚昭王得以回到郢都。在楚昭王逃難過程中，始終有一個叫屠羊說的難民跟隨著他，幫他解決了包括衣食住行在內的很多問題。楚昭王復國後，覺得屠羊說是個功臣，便派人去問屠羊說希望做什麼官。若是一般人，肯定揀著大的要，但屠羊說卻三番五次地拒絕楚昭王，楚昭王不信邪，最後連自己的國防部長都派出去了，並許以三公的高位，換作是諸葛亮也能請出山了，可是屠羊說還是不吃這套，表示只願做個羊肉攤老闆！

每當講到這個故事，人們總是說，屠羊說是個有本事也有境界的人，是個像莊子一樣的大隱士，或者說屠羊說根本就是莊周莊老先生的自畫像 —— 事實上，楚王也確實曾經高薪誠聘過莊子，但最終沒能打動莊子那顆淡定且智慧的心。

但我們也不能完全否認歷史上就真的存在過屠羊說這個人。即使是《莊子》中，不也有惠施等真人真事嗎？同時，我們也應該想到另一層：

或許，屠羊說真的只是一個賣羊肉的，只不過他比一般的賣羊肉的更實在一些，知道自己一頓能吃幾碗羊肉，知道自己照顧一下楚昭王的衣食住行還行，但絕不是做三公的料！

用現代話說，屠羊說懂得「做不了大樹，就好好做一棵小草」的道理。人們往往用大樹和小草來形容生活中的成功者和平凡人，人們也往往都嚮往成為大樹，不願意做小草。但實際上，包括人類在內的整個地球的生態系統都是靠一根一根不起眼的小草在支撐著。在野生動物的世界裡，草更是不可或缺的。沒有草，草食動物會直接餓死，肉食動物會間接餓死……同樣的道理，少了千千萬萬的草根兒、草民，那些所謂的菁英也神氣不到哪裡去！而且，大樹未必都是棟梁。世界各地都不乏各種各樣的「殺人樹」，人類社會中也不乏類似的情況：大樹不倒，遮蔽陽光；大樹倒下，又難免傾覆鳥巢、傷及芝蘭。

蘇東坡在《艾子雜說》中記載了一個故事：有一天，一隻青蛙和龍王相遇在海濱，寒暄一番後，青蛙問龍王：「大王，你的住處是什麼樣的？」龍王得意地說：「宮殿是珍珠做成的，樓閣是貝殼做成的，臺階是玉石做成的，屋簷是琉璃做成的……」總之，既富麗又堂皇。龍王說完，問青蛙：「你呢？你的住處怎麼樣？」青蛙說：「我的住處綠蘚似氈，嬌草如茵，清泉沃沃，白石映天。」說完，青蛙又問龍王：「大王，你高興時如何？發怒時又怎樣？」龍王說：「我若高興了，就普降甘露，讓大地滋潤，使五穀豐登；我若發怒，則先吹風暴，再發霹靂，繼而打閃放電，令千里以內寸草不留。那麼你呢？」青蛙說：「我高興時，就面對清風朗月，呱呱叫上一通；發怒時，先瞪眼眼，再鼓肚皮，最後氣消肚癟，萬事了結。」

故事中的青蛙是一隻可愛的青蛙。它比很多人活得明白：龍宮固然美麗，但我的蝸居也不錯。更重要的是，我蝸居不能窩心，不能窩火，高興

41

我就唱出來，生氣我就發洩出來。發洩完就萬事了結，而不是像龍王那樣，一生氣就「令千里以內寸草不留」。這樣一比較，龍王非但不值得羨慕，反而讓人覺得憎恨。而我們這個世界越來越複雜，也正是因為有太多的人盲目崇拜、效法、追求成為偉大的龍王！

做不了大樹，就做小草。但我們不能做農民伯伯田裡的雜草，也不要做園藝工人壇裡的丹麥草，我們要做野蠻生長的那種在原野上瘋長的野草！如野草般強韌，瘋狂的成長，恣意的蔓延，霸氣的擴張，無知無畏，不瞻前顧後，絕地求生的勇氣和意志力，一無所有的釋然……那種狀態不僅馮侖喜歡，我們也喜歡。

最後為大家附上一首小詩，權當本節的結尾：

做你自己
如果你不能成為山頂的青松，
就做一叢小樹生長在山谷中，
但必須是溪邊最好的一小叢。
如果你不能成為一棵大樹，
就做灌木一叢。
如果你不能成為一叢灌木，
就做一片綠草，
讓公路上也有幾分歡愉。
如果你不能成為一隻夜麝香鹿，
就做一條鱸魚，
但必須做湖裡最活潑的那條魚。
我們不能都做船長，我們得做海員。
世上的事情多得做不完，
工作有大的，也有小的，
我們該做的工作，就在手邊。

如果你不能做一條公路，就做一條小徑。

如果你不能做太陽，就做一顆星星。

不能憑大小來斷定你的輸贏，

不論做什麼，都要做好你自己。

第 04 堂課

平衡 —— 人生就如走鋼絲

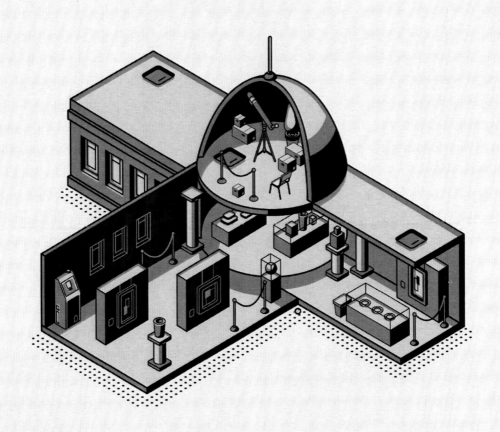

剛柔並濟，進退有度

正路並不一定就是一條平平坦坦的直路，難免有些曲折和崎嶇險阻，
要繞一些彎，甚至難免誤入歧途。

《易經》中載：「剛柔相推，變在其中矣。」《淮南子》曰：「剛柔相成，萬物乃形。」自古以來，能文能武，能剛能柔，一直是人們追求的至高境界。懂這種智慧的人，生活中求新、求變，遇挫折而不言敗，既有男人的勇敢和魄力，又有女人的溫情與柔弱。「剛」是一種威儀，一種力量；「柔」是一種收斂，一種風度。剛是一個人的精神內核；柔是一個人的軀體。人不可無剛，無剛則難以自強，無自強則很難成功；人不可無柔，無柔則難以中和，無中和則陷入孤立。

歷史經驗表明，很多英雄人物都是兼具「剛」與「柔」兩種性格的人，剛烈，但不固執己見；柔和，但不軟弱無力。一味地柔弱，就會使實力被削減，以至失敗；一味地剛烈，又會導致剛愎自用，也註定滅亡。所以，做人最理想的性格應該是既懂進，又知退；既能溫和，又能剛強。

中國古代四大名將之一的軍事家吳起就是一個剛柔並濟的人。史載吳起出生在衛國，從小不賢不孝，遊手好閒，卻志向遠大，一心求取功名，可一來二去，功名沒求到不說，反倒把偌大的家業敗得一乾二淨。鄉親們因此恥笑他，吳起一氣之下殺了30多個笑話他的人。後來他逃亡至魯國，臨走前，他咬著自己用胳膊發誓，不出人頭地，絕不回衛國，把胳膊咬得鮮血淋漓。之後，他做了曾參的弟子，期間他母親病故都沒回去看一眼，因此遭到了曾子的唾棄，被開除學籍。吳起便棄文學武，學有所成後，適逢齊國人攻打魯國，魯君看重吳起的軍事才能，想任命他為將軍，但考慮到吳起的妻子是齊國人，擔心他與齊國串通，因此遲疑不決。關鍵

時刻，吳起殺了自己的妻子，以表明他與齊國沒有什麼關係。魯君於是任命吳起為將軍。吳起也不負重托，一戰就把齊國打得大敗而歸。

儘管吳起的「剛」說貼切點更接近於無恥和凶暴，然而他的這種個性無疑很適合只講暴力不講溫情的戰場。自被魏文侯任命為西河守將後，吳起曾與各路諸侯歷大小戰役 70 餘場，全勝 64 場，戰績相當驚人。特別是西元前 389 年的陰晉之戰，吳起以 5 萬軍擊敗了十倍於己的秦軍，開創了中國戰爭史上以少勝多的著名戰役，也使魏國成為領先各諸侯國的翹楚。

然而吳起也有「柔」的一面。史書記載，吳起做將軍時，和士卒同衣同食，睡覺時不鋪席子，行軍時不騎馬坐車，親自背乾糧，與士卒共擔勞苦。士卒中有人生瘡，吳起就用嘴為他吸膿。該士卒的母親聽聞後大哭起來。別人不解：「你兒子是個士卒，而今將軍親自為他吸瘡膿，你為什麼還要哭呢？」母親說：「你們哪裡知道啊，當年吳公也曾為他父親吸過瘡膿，他父親感激涕零，作戰時便奮不顧身，動輒拚命，最後便戰死了。現在吳公又為我兒子吸瘡膿，我不知他將會死在哪裡，所以才哭啊！」

吳起是個聰明的統帥，他的聰明就表現在對剛與柔的把握上，倘若該剛的時候不強硬，該柔的時候不示弱，是不可能收攏人心的。對於一個統帥來說，「剛」時不能被摧垮，「柔」時不能被屈服，才能夠以弱制強，以柔克剛。而如果只有「柔」沒有「剛」，戰鬥力就一定會削減；只有「剛」沒有「柔」，戰鬥力也一定會受影響。只有當剛則剛，當柔則柔，剛柔並濟，才符合為「帥」之道。

「勾踐滅吳」也是個典型例子。越王勾踐失敗後，前往吳國做人質兼奴僕，吳王夫差故意在眾人面前冷嘲熱諷：「越王勾踐是我的馬夫。」勾踐俯首貼耳，裝作未聞。吳王得病後，勾踐還抓住時機，親嘗吳王大便，說透過屎味可知吳王之病馬上就好云云。還別說，這次居然讓他給蒙對

了，吳王病好後當即把他放回了越國。在此後的日子裡，勾踐臥薪嘗膽，重整軍隊，二十年後終於滅掉吳國。

漢初大將韓信也是一個外柔內剛的人。他胸懷大志，文武雙全，但並無鋒芒，少年時曾受胯下之辱，卻不以為然，並不計較小人的挑釁，表現出少年英雄「柔」的一面。後來楚漢戰爭期間，他向劉邦獻「明修棧道，暗渡陳倉」之策。明修棧道是「柔」，暗度陳倉是「剛」，以柔掩剛，剛以柔現，取得了出其不意的效果。

總之，世界上任何事物都是相對而言的，沒有絕對的「剛」，也沒有絕對的「柔」。一滴水看起來是微不足道的，然而，千萬顆一滴水，在千百年簡單地重複一個動作，就產生了滴水穿石的效果；將一粒種子撒播在地裡，只要它能生根發芽，就能迸發出頑強的生命的力量。我們做人，也要在心裡埋一顆種子，剛柔相濟，相得益彰，將勇敢和力量發揮到極至，才能在人生的戰場上攻無不克，戰無不勝。

∥ 做事宜方，做人宜圓 ∥

> 做人就是要外圓內方。方，就是做人的正氣，具備優秀的品格；圓，
> 就是要老練，圓通，善用技巧。

人活在世上，無非兩件事；一是做事，二是做人。人們常說，做事宜方，做人宜圓。其實，人生就是「方」與「圓」之間的平衡。「方」與「圓」是相互對應的一種關係，方是剛，圓是柔；方是原則，圓是機變；方是做人之本，圓是處世之道。

常言道：「沒有規矩，不成方圓。」講得就是「方」的道理。反映到具體生活中就是：做官要奉守一個「廉」字，為商要做到一個「誠」

字，做學問信奉一個「實」字。

與「方」對應的是「圓」。這個「圓」絕對不是圓滑世故，更不是平庸無能，「圓」指的是圓通，是一種寬厚、通融，是大智若愚，是與人為善，心智的高度健全和成熟。不因洞察別人的弱點而咄咄逼人，不因自己比別人高明而盛氣凌人，不會輕易隨波逐流，不會因堅持自己的特點讓人感到壓迫和懼怕，是潛移默化別人而不是讓人感到是強加於人，這就需要極高的素養，很高的悟性和技巧，也是做人的至高境界。

「方」與「圓」結合，剛柔相濟，陰陽相生，變幻無窮，以不變應萬變，以萬變應不變，這其中包含了做人智慧的精髓，自古以來被視為做人之大智，做事之大端。為人處世中，如果能做到方外有圓，圓內有方，能方能圓，方圓合一，必能進退自如，遊刃有餘，從容周旋，化危機於無形，贏得廣闊的生存空間。

晚清名臣曾國藩就是一位達到了「方」與「圓」平衡的大師級人物。曾國藩因剿殺太平天國有功，成為清末一代重臣。他的功勞在為自己帶來榮耀的同時，也受到慈禧太后等高層權貴的猜忌。曾國藩深知這一點，因此他依靠「裝傻」等手段，巧妙躲過了很多明槍暗箭，後人談起曾國藩時，都會提到他很多做人的「心計」。據說，曾國藩有 13 套本領，11 套沒有傳下來，只有一部相書《冰鑒》和另一本《家書》流傳至今。特別是在《家書》中，內容多為一些地裡該播種了，該鋤草了等一些雞毛蒜皮的小事。不過不要因此而懷疑曾國藩的精明智慧。相反，恰恰是他的這種做法，使其在當時險惡的政治鬥爭中得以保全。

眾所周知，清朝以異族身分入主中原，因此對漢族官員多有提防之心。如有一次，清軍在曾國藩等人的指揮下，力挫太平軍，攻克了武漢，消息傳到北京，咸豐非常高興，情不自禁地稱讚了曾國藩幾句，一位滿族

大臣馬上就站出來進言說：「如此一個白面書生，竟能一呼百應，恐怕未必是國家之福吧！」咸豐帝聽後，久久不語。慈禧掌權後，對曾國藩更是大大提防。所以說，曾國藩寫的那些家書與其是寫給家人看的，還不如說是寫給朝廷看的。除此之外，曾國藩還透過裁軍、讓出一部分兵權等手段，來減少朝廷的猜忌，避免殺身之禍。

宋代宰相韓琦在這方面也稱得上大行家，有兩件事為證。宋英宗剛駕崩的時候，朝臣急忙召太子進宮。太子還沒到，宋英宗的手又動了一下，宰相曾公亮嚇了一跳，急忙告訴宰相韓琦，想停下來不再去召太子進宮。韓琦卻拒絕說：「先帝要是再活過來，就是一位太上皇。」然後催促人們急召太子，從而避免了權力之爭。擔任大內都知職務的任守忠是個奸佞小人，他祕密探聽東西宮的情況，在皇帝和太后間進行離間。一天，韓琦出了一道空頭敕書，參政歐陽脩已經簽了字，而另一個參政趙概感到很為難，不知怎麼辦才好。歐陽脩說：「只要寫出來，韓琦一定有自己的辦法。」韓琦坐在政事堂上，用未經中書省而直接下達的文書把任守忠傳來，讓他站在庭中，指責他說：「你的罪過應當判死刑，現在貶官為蘄州團練副使，由蘄州安置。」韓琦拿出了空頭敕書填寫上，派使臣當天就把任守忠押走了。平日裡韓琦的高尚品行，眾人皆知，就連奸佞的任守忠也沒有懷疑其中有詐，乖乖就範。就這樣，韓琦輕易就除掉了禍患，並且不失忠厚之名。

韓琦以圓制方，以靜制動，表現出了很高的政治鬥爭藝術，也是對「方圓」哲學的身體力行。

作家三毛曾說過：「我最喜歡別人將我看成傻瓜。這樣與人相處起來就方便多了。」懂方圓之道的人，也大都是普通人眼中的傻瓜。然而他們只會在小事上傻，在該糊塗時糊塗，在大事、要事以及根本原則方面，眼裡卻絲毫不揉沙子。

對於普通人來說，在更多的情況下，宜方而不宜圓。太過精明，會讓人感到你刁鑽狡猾，而對你敬而遠之，最終的結果就是你只能做一個孤家寡人。從心理學角度講，不管是忠厚耿直的人，還是老奸巨猾的人，都不會喜歡與太過精明的人打交道，原因很簡單，就是怕被算計。而那些每天抱著一把小算盤、盯著每一場買賣、死纏爛打的人，卻常常會栽在算計裡。精明是人們普遍追求的心理，但是凡事都要講究個度，過猶不及，「大智若愚，大巧若拙」才是真理。

∥ 福禍相依，順其自然 ∥

> 走運時，要想到倒楣，不要得意過了頭；倒楣時，要想到走運，不必垂頭喪氣。心態始終保持平衡，情緒始終保持穩定，此亦長壽之道。

「塞翁失馬，焉知非福」是大家熟悉的一個成語，它出自《淮南子·人間訓》，大概內容是：

古代，在靠近邊塞的地方住著一位老者，他家養了一匹駿馬。一天，馬突然走失了，鄰居知道後都趕來安慰他，老者平靜地說：「怎見得這是件壞事？也許是一件好事的開端呢！」過了幾天，那匹馬回來了，而且還帶回來了幾匹野馬。鄰居知道後又紛紛向老者道賀，大家都認為這是一件喜事。不料老者卻說：「怎麼見得這是一件好事？也許是件禍事也難說！」果然，如他所言，幾天後，老翁唯一的兒子為了馴服一匹野馬，從馬背上摔了下來，摔斷了一條腿。鄰居又來安慰老者，而他卻說：「這可能也是一件好事。」老者的話後來又得到應驗：幾個月後，邊關燃起戰火，朝廷下令所有身體健康的年輕人應徵，到前線作戰。老者的兒子因腿斷沒有應徵，而村裡其他年輕人都被迫去了前線，結果戰爭慘敗，很多家庭失去了

親人，而老者卻是闔家歡聚。

這個故事並非告誡人們怎麼去躲避兵役，或者說如何規避危險、保全自己，而是對「福禍相依」這一客觀規律的詮釋。透過故事不難看出，人的一生就是這樣曲曲折折的向前行進的過程，任何人都無法事先預測到前方的路到底是什麼樣的，福禍、安危、悲喜，總是在不斷的更替變換。

「禍兮，福之所依；福兮，禍之所伏。」這是《道德經》中的句子，大意便是說，禍的裡面隱藏著福，福的裡面也隱藏著禍，好事和壞事並不是一成不變的，是可以相互轉化的，包括那些不可抗力。下面的故事就很有說服力。

西元 1092 年，宋哲宗年滿十七歲，太皇太后高氏和向太后為他選出了端莊嫻雅的孟氏做皇后，然而哲宗專寵容貌俏麗的劉婕好，劉婕好則恃寵成驕，經常冒犯皇后。有一次，福慶公主病重，孟皇后的姐姐懂醫道，希望用道家符水替公主治病，皇后知道後立即禁止，並主動地告訴了哲宗。哲宗並不介意，但劉婕好卻抓住這件事不放，污蔑孟皇后搞符咒厭魅。過了些日子，劉婕好又污蔑孟皇后搬神弄鬼，意欲對哲宗不軌。哲宗派內侍審查，早就被劉婕好安排好的內待迅速將宦官、宮女三十餘人逮捕，嚴刑拷打，後又偽造供詞，最終孟皇后被哲宗以「旁惑邪言，陰挾媚道」的罪名打入冷宮。

戰勝的劉婕好自然而然地被晉升為賢妃，三年後又生了皇子，被立為皇后。然而機關算盡終有報，沒過多久，皇子和哲宗竟先後死去。西元 1100 年，宋哲宗的弟弟宋徽宗即位，向太后垂簾聽政，迎回孟氏，尊為「元祐皇后」。向太后死後，劉皇后乘機逼宋徽宗下詔廢去了孟皇后。此後兩年間，孟皇后住在哪裡，哪裡就失火，顯然是有人想燒死她。最後，她只得住進弟弟孟忠厚家裡。西元 1126 年，金兵攻陷汴京，將微、欽二

帝和六宮有號位者盡皆擄走。唯有孟皇后因住在民間，倖免於難。1127年，趙構在南京即位為宋高宗，史稱南宋。高宗尊孟氏為「元祐太后」，為避其祖父孟元之諱，改稱「隆佑太后」。高宗生性懦弱，不敢抗金，從南京逃到揚州，又逃到鎮江，最後跑到臨安。1129 年 3 月，護衛統制苗傅、劉正彥發動政變，擁立 3 歲的皇太子趙敷為帝，企圖讓孟太后聽政，被孟太后拒絕。不久，韓世忠、張浚等平息兵變，孟太后因拒絕為叛軍服務再次脫難。西元 1135 年春，孟太后患了風疾，死於越州行宮，終年 59 歲，諡號「昭慈聖獻皇太后」。

用某歷史學家的話說，是孟太后這個被北宋皇室遺棄的女人，用自己柔弱的雙肩將宋代皇室從北方挑到了南方。孟太后雖在杭州僅半年時間，但卻是極為關鍵的半年。她使得剛剛誕生且正處在風雨飄搖中的南宋朝廷避過了滅頂之災，這既是南宋朝的福氣，也是孟太后的福氣。究孟太后一生，因福得禍，因禍得福，實在讓人感慨萬千。

有人因禍得福，也有人因福惹禍。《莊子》中記載了這樣一個故事：子綦有八個兒子，他想知道兒子們的未來遭遇，便請來算命師九方歅，為他的八個兒子看相，希望知道誰最有福氣。九方歅說：「捆最有福氣。」了綦驚喜地說：「他會怎麼樣呢？」九方歅說：「捆終身都會與國君一起飲食。」誰知子綦一聽這話竟傷心地流下淚來，並說：「我的兒子為什麼會陷入這種絕境呢？」九方歅不禁責怪他說：「與國君一起飲食，恩澤普及三族，何況父母？現在先生聽到這樣的好事反而哭泣，這是拒絕福分。看來兒子有福氣，父親卻沒有福氣。」子綦忙解釋說：「你是不了解其中的道理啊！捆真的有福氣嗎？他把酒肉送入口中，但未必知道酒肉是哪裡來的！我教他們一切順其自然，現在先生卻預料到他會得到世俗的報償，凡有奇怪的徵兆，一定有奇怪的事情，這恐怕不是我與我兒子的過錯，而是

上天降罪於他。我正是因此而哭泣啊！」

　　事情的發展被子綦不幸言中。沒過多久，子綦派捆去燕國辦事。在途中，捆被強盜擄走，強盜認為四肢健全的人很難賣出去，不如把腳砍掉比較容易些，於是砍掉他的雙腳，把他賣到了齊國。後來，捆透過自己的努力擔任了齊康公的守門人，終身都有酒肉可吃。然而，失去了雙腳的人，怎麼能算有福氣呢？

　　我們在面對一些事情時，也要以辯證的思想去看待。不論是身處逆境也好，還是置身順境也罷，心中都要明白，安而有危，哀樂相生，福禍相依是一種客觀規律。睿智的人會懂得，人生的變數很多，我們只能以一種平和的心態去面對，以一份恬適的心境去體會，做到不以物喜，不以己悲，只有這樣，我們才能站在一種人生的高度看問題，才能真正的享受生活。

第 05 堂課

中庸 —— 不偏不倚中道行

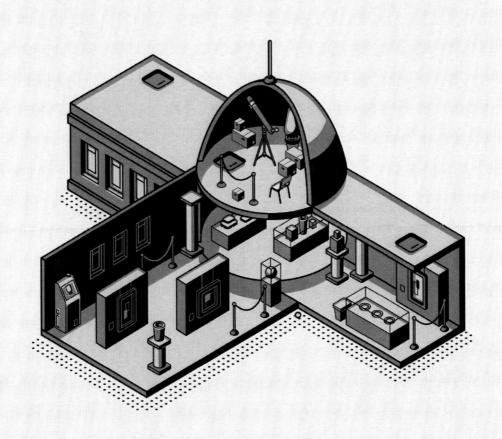

‖以平常心看不平常事‖

中庸既承認事物是陰陽而成，同時又超越陰陽，永遠站立在一個更高的高度看待事物，因此中庸既是一個普遍法則，又是一個認識事物的方法。

中庸是儒家思想的核心之一：「孔子的中庸思想是對人類社會的重大貢獻。」在中國漫長的歷史長河中，那些深諳中庸之道的人都熟悉它的重要性。正所謂：「君子中庸，小人反中庸。」

在為人處世上，中庸思想的實用性一直貫穿古今。或許有人會說：「我就不信這個，我有自己的原則。」沒錯，你可以不贊同甚至批判這種思想，但你卻逃離不了這種思想浸染的環境。我們常說，對人要一視同仁，不嫌貧愛富，不勢利偏見，這就是「中」；堅持原則，公道自在人心，這就是「庸」。對自己來說，做事能夠不偏不倚，就是「中」，保持一顆平常心就是「庸」。套用一句詩，不管我們喜不喜歡中庸，我們早已身在中庸裡。

當今之世，人們在物質的侵蝕下，在多重價值觀的影響下，很容易迷失自我，離「中庸」越來越遠，以致常常心理失衡，痛苦絕望。所以，學習中庸，首先在於保持一顆平常心，把心擺正。若能以平常心看不平常事，則世間便無不平常事，有的只是智慧和胸襟。

中庸是一種隱忍。孔子說，小不忍則亂大謀，人間事多不平，只有忍耐才能有大成。宋代理學家朱熹給《中庸》做注說：「中者，不偏不倚，無過不及之名」，我們從中可以看出，「中」就是不偏激，不走極端，不過頭，做什麼事都要有個『度』，把握好分寸。無論是在古代，還是當今社會，人與人相處過程中，但凡事情處理得稍有不當，往往會招致很多麻煩，輕則導致工作生活不愉快，重則影響事業成敗、家庭幸福。因此，無論做人做事，關鍵在於把握好「度」的問題。

多年來，中庸一直被人誤解，認為中庸就是逃避、退讓。其實，中庸不是低人一等，不是一味地忍讓，也不是與世無爭；而是一種超越別人的智慧，是一種以退為進的攻伐之術，是一種不爭而獲的謀略。中庸不是隨大流，不是睜一隻眼閉一隻眼，也不是圓滑老練；而是一種均衡之術，是一種不保守不偏激的態度，是一種以和為貴的生存智慧。

三國時期的著名謀士賈詡，據說是個比諸葛亮還聰明的人，他一生做過很多聰明事，投降曹操後，他一直低調做人，中庸做事，作為從敵人陣營裡投降過來的人，賈詡不僅始終生活得很滋潤，也是曹操所有謀士裡結局最好的一位。賈詡憑什麼？無他，中庸而已。

稍後的范通也深諳中庸之道。三國末期，王濬用「火燒鐵索」之計，滅掉了東吳，結束了三國分裂的混亂局面，國家又重新歸於統一，從整個中國歷史上說，王濬的功勳也不可埋沒。誰料想王濬克敵制勝之日，竟是受讒遭誣之時，安東將軍王渾以王濬不服從指揮為由，要求將他交司法部門論罪，接著又污蔑王濬攻入建康後，曾大量搶劫吳宮的珍寶，據為己有。這不能不令功勳卓著的王濬感到畏懼。當然，王濬的氣憤更多於畏懼，他想不通，自己立了大功，反而被大臣壓制，一再被彈劾，這是何道理？因此憤憤不平的他每次晉見皇帝，都一再陳述自己伐吳之戰中的種種辛苦，那些所謂的「不聽指揮」和「搶劫」都是冤枉！有幾次，他越說越激動，竟然不向皇帝辭別便回了家。他的一個親戚范通對他說：「足下的功勞可謂大了，可惜足下說話辦事失度，未能做到盡善盡美！」王濬眼一瞪，問：「這話什麼意思？」范通推心置腹地說：「當足下凱旋歸來之日，應當退居家中，再也不要提伐吳之事。從今天起，你就說：『是皇上的聖明和諸位將帥的努力，我有什麼功勞可誇的！』這樣，王渾能不慚愧嗎？」王濬按照他的話去做了，讒言果然不止自息。

　　范通的建議就是典型的中庸之道，他要王濬收斂自己的鋒芒，避免因功高震主而受到打擊，用現在的流行話說就是「做人要低調」。低調做人，中庸做事，不僅可以保護自己，融入人群，與人們和諧相處；也可以使人在暗中蓄積力量，然後悄然潛行，在不顯山不露水中成就事業。反過來說，王濬的遭遇也適用於每一個人，你功勞再大，不懂中庸，也會處處碰壁，處處受阻。

　　所以，為人處世必須中庸，人生旅途中困難太多，能方能圓、能進能退者，才能在克服自身障礙的同時，克服社會上的各種障礙，不斷向前、向上，贏得真正意義上的好人生。

‖ 假話少說，真話巧說 ‖

> 中國人歷來講究語言的藝術，儘管有「巧言令色鮮矣仁」的古訓，
> 但還是極大地發展了辯論的藝術。但「病從口入，禍從口出」，如
> 果不會說話，盡量少開口。

　　說話從來都不是簡單地張張嘴巴，而是一門藝術，一門學問。古人有言：「一言興邦，一言喪邦。」言語影響之大由此可見一般。一些講話口無遮攔的人，說出的話就像傷人的利器，不但傷了別人，最終也難免傷害自己。所以，在說話之前一定要分清哪些該說，哪些不該說，謹開言，慢開口，以防禍從口出，給自己帶來不必要的麻煩和危害。

　　俗話有云：病從口入，禍從口出。日常社交中，最忌口無遮攔。即使你不得不陳述厲害，為避禍免災，也應剛柔並濟，拐彎說話，免受陷害。

　　春秋時期，陳惠公徵調犯人興建凌陽臺，工程剛進行到一半，就有好幾個人被處死了。一天，陳惠公又下令將三名負責監督工程的官員押進監

獄，大臣們都不敢進言勸阻。正巧孔子來到陳國，見過陳惠公，便與他一起登上凌陽臺眺望。孔子向陳惠公祝賀說：「凌陽臺真雄偉啊！大王真賢德啊！自古以來，聖人修建樓臺，哪有不殺一人就能建成的呢？」孔子點破卻不說破，讓陳惠公聽了很是慚愧，很快命人釋放了那三名官員。

同一時期的晏子也善用類似的方法。有一次，齊國有個人得罪了齊景公，齊景公非常生氣，命左右的人把他綁在大殿下，準備處以分屍的極刑，並且說誰敢勸阻，一律格殺勿論。眾臣戰戰兢兢，人人明哲保身，唯有晏子走過來，他左手抓住犯人的腦袋，右手拿著刀，抬頭問齊景公：「不知道古時聖明的君主肢解人時都是從哪個部位開始下刀呢？」齊景公是何等聰明之人，他知道晏子是用古代賢明的君主來勸說自己不要濫殺無辜，便離開座位說：「放了他吧，這是寡人的錯。」

故事中的晏子，並未專門找齊王理論，而是先給其戴上一頂高帽，讓他在潛意識的指引下去扮演賢君。我們勸說他人時，特別是勸說類似的有身分、有地位的人時，也要注意委婉，盡量照顧他的尊嚴。如果一定要指出他的錯誤，那麼之前最好先說說好話。

戰國時期，有一天，魏文侯宴請眾大臣，酒過三巡後，他想聽聽大臣們對自己的看法。有人說文侯是個很仁義的君主，有人說君主很英明，魏文侯聽了都很高興。輪到大臣任座時，他卻語出驚人：「恕我直言，您不是一個賢君。」魏文侯很不高興，他強壓怒火，問道：「我非常想聽聽你的理由！」任座依然直愣愣地說：「您不把中山國封給您的弟弟，卻把它封給了您的兒子，所以我說您不是賢君。」魏文侯一聽這話，臉色當即變得很難看，但他並沒有發作。任座見他臉色不對，趕緊快步走出了宴會大廳。有了任座的前車之鑑，大家都學乖了，都揀著歌功頌德的話說。輪到霍黃時，他一本正經地說：「國君您確實是個賢君！」魏文侯聽了非常高

興，反問道：「何以見得呢？」「我聽說君主賢明的，他的大臣說話就會很直率。而剛才任座說話就很直率，這就證明您很賢明。」魏文侯受他這麼一捧，心裡有些飄飄然，同時也發覺自己剛才有點小家子氣，於是他有點兒擔心地問：「怎麼才能讓任座回來繼續與我們歡飲呢？」「這有何難？我聽人說，忠臣然竭盡自己的忠心，即使因此而獲死罪也不會躲避。任座現在一定還站在大門口。」霍黃胸有成竹地說。魏文侯馬上派人去看，任座果真還恭敬地站在門口。不一會兒，任座走了進來，魏文侯急忙走下臺階，把他奉為上賓。

任座與霍黃所言，雖然說的都是一個意思，但在魏文侯聽來，感受卻有天壤之別，前者將自己推進了深淵，後者不僅將他拉了上來，還把他推向了聖明的境界。作為一個有血有肉的人，他怎能不惱前者而喜後者？

相對來說，東晉名士桓伊的做法更具藝術性。桓伊是當時的軍事家和音樂家，在軍事方面，他曾參與指揮著名的「淝水之戰」；在音樂領域，他演奏的音樂被時人奉為「江左第一」。眾所周知，東晉王朝能偏安江左，宰相謝安發揮了決定性作用。但晉孝武帝司馬昌明晚年卻因嗜酒好色，親近阿諛奉承之徒，逐漸疏遠了謝安。後來，謝安又「得罪」了自己的女婿王國寶，王國寶懷恨在心，經常藉故挑撥岳父與皇上的關係。一些別有用心的人，也乘機指責謝安已是老朽，試圖取而代之。桓伊見此，很為國家的前途擔憂，但苦無良策。

恰好有一天，孝武帝請一些重臣赴宴，桓伊和謝安都在。喝酒喝到高興時，孝武帝讓桓伊吹笛助興。桓伊心想，這不正是勸諫皇上的好機會嗎？於是他拿出了自己的拿手曲目，一曲奏畢，博得了皇上和眾人的喝彩。桓伊見皇上心情不錯，便放下笛子，對皇上說：「除了吹笛子，我還會很多樂器。比如彈箏吧，雖然水準不太高，但是可以和其他樂器合

奏，如果配上歌詞演唱，就更有韻味了。請陛下允許我一邊彈箏，一邊唱歌，再找一個人吹笛子與我合奏。」晉孝武一聽更高興了，就同意了他的請求，並讓皇家樂隊的樂妓們在一旁吹笛子，與他合奏。誰知桓伊搖搖頭說：「陛下有所不知，合奏必須排練一段時間，我和皇家樂隊沒有排練過，可能配合得不太好。不如這樣，我有個奴僕，現在就在皇宮外，我們兩個經常合奏，能不能讓他進來吹笛子？」皇上一聽，這有何難，就特准他的奴僕進殿伴奏。不一會兒，奴僕來到。二人溝通了一下，奴僕吹起笛子，桓伊一邊彈箏，一邊歌唱，他唱的是大詩人曹植的《怨歌行》，歌詞如下：

> 為君既不易，為臣良獨難。
> 忠信事不顯，乃有見疑患。
> 周公佐成王，金縢功不刊。
> 推心輔王室，二叔反流言。
> 待罪居東國，泣涕常流連。
> 皇靈大動變，震雷風且寒。
> 拔樹偃秋稼，天威不可干。
> 素服開金縢，感悟求其端。
> 公旦事既顯，成王乃哀嘆。
> 吾欲竟此曲，此曲悲且長。
> 今日樂相樂，別後莫相忘。

這首詩是說，周朝的大賢人周公一心輔政，卻被流言攻擊，一度受君王猜忌，後來事實證明了他的忠誠。很顯然，桓伊是在借此為謝安鳴不平。加上桓伊的歌喉婉轉哀怨，十分動人，直把謝安感動得熱淚盈眶，他站起身來，跨過席位，走到桓伊的身邊，拉著他的手，一語雙關地說：「刺史大人哪，您這曲子唱得真是太棒了！」

　　孝武帝自然也聽出了桓伊的弦外之音，想起謝安對皇室一片忠心，自己卻聽信小人之言，羞愧之餘，此後自然對謝安信任有加。

　　實際上，與其說這個故事體現了桓伊的智慧，倒不如說它體現了身為人臣的無奈。先賢有云：偏聽則暗，兼聽則明，但古往今來，即使是像唐太宗那樣的明君，聽到魏徵不好聽的諫言也會不高興到想殺人，可見講真話是一件多麼危險的事情。當今社會，人們倒不至於因為一句話就被殺頭，但因此丟掉職位、毀掉友誼和親情的例子卻不勝枚舉，既如此，為什麼非要讓朋友變對手，使情人變怨偶呢？為什麼不學會在真理中加上一些溫情，讓對方樂於接受呢？希望大家說話辦事都能中庸些，那樣我們的社會必然也會更和諧些。

▎極高明而道中庸 ▎

　　　　以孔子做人、以老子處世、以鬼谷子做事。

　　《烏鴉與狐狸》的寓言故事我們曾學過，下面要講的是魯迅創造的《小烏鴉與小狐狸》，大意如下：

　　老烏鴉上當後非常後悔，回家後把這件事告訴了孩子們，讓孩子們牢記這次教訓。可巧，第二天，一隻小烏鴉非常幸運的得到了一塊肥肉，它飛到一棵樹上，準備美美地飽餐一頓。一隻小狐狸看到了，趕緊跑過來，它仰著頭對小烏鴉說道：「烏鴉小姐，你的羽毛多麼美麗啊！你的歌喉多麼迷人啊！如果你能為我唱一首歌，那一定是世界上最動聽的聲音。」

　　小烏鴉聽了小狐狸的讚揚，心裡當然很高興，但它知道，自己的媽媽就是這樣上的當，心說：「你今天休想騙我，還是及早滾蛋吧！」於是，無論小狐狸怎麼讚美，小烏鴉一概不理不睬。

　　小狐狸見小烏鴉不動聲色，索性把臉一翻，憤憤地說：「誰不知道你們烏鴉是掃帚星，你們飛到哪裡，哪裡就有災難降臨，大家都討厭你們……」

　　「哇……」還沒等小狐狸說完，小烏鴉早已沉不住氣了。它準備回擊小狐狸，但剛一張口，那塊肉就掉在了地上。小狐狸對著小烏鴉得意地笑了笑，叼起那塊肉跑掉了。

　　對於今天的我們來說，這個故事還有更多重的意義：抵禦不了奉承不行，抵禦不了謾罵也不行；不努力、不堅持不行，一味地鑽牛角尖也不行；太老實、太迂腐不行，自作聰明，把他人都當成傻子更不行……總之，我們應該時刻保持清醒，根據社會、事物的發展及時調整自我，具體事情具體對待。

　　那麼，這是一種什麼理念呢？答案是中庸。講兩個與中庸大師孔子有關的小故事。

　　第一個故事的主角是孔子的高足子貢。有一年，魯國發布了一條通告，號召在其他國家遊歷的魯國人，在遇見淪為奴隸的同胞時，把他們買下來帶回魯國，國家將付給贖金並提供獎金。子貢去齊國經商時，一口氣贖回了十幾個魯國奴隸，但回到魯國後卻沒去官府領錢。消息傳開，人們都說子貢品德高尚，是個脫離了低級趣味的人。子貢自己也這麼認為，並找了個機會告訴了孔子，希望得到老師的表揚。沒想到孔子聽完後，反倒把子貢罵了一頓，說他「把魯國人害了」。子貢非常鬱悶，孔子解釋說：「你這種做法會給其他人造成壓力，使其他人花錢贖回做奴隸的魯國人後，也不好意思去官府拿錢。對於那些家境不好的人來說，這樣的賠本買賣他們做不起。這樣做的結果會導致他們看到做奴隸的魯國人時，把眼一閉，權當沒看見。所以說，你害了魯國人。」

　　第二個故事的主角是孔子的另一高徒宓子賤。宓子賤曾做過魯國單父地區的地方官，這裡緊鄰齊國，是齊國攻魯的必經之地。有一年初夏，眼看就要收麥子了，齊國侵略者也來了。一些老人一起向宓子賤請求說：「大人，田裡的麥子已經熟了，齊國人眼看就到，為了搶時間，請大人允許百姓們任意去收割，這樣既可以增加村民們的存糧，也不至於被齊國人搶走。」他們請求了多次，宓子賤始終沒有答應。不久，齊軍打來了，果然搶收了田裡的麥子。齊軍退走後，有人把這件事反映到了魯國的執政官季孫氏那裡，季孫氏非常生氣，他派人前去質問宓子賤為什麼執迷不悟，寧可讓齊國人收割麥子也不讓老百姓收割？宓子賤對來人說：「大人哪裡知道我的苦心啊！今年沒有收成，明年可以再種，但是放任百姓收割，讓那些不耕而獲者得逞，大家就會很樂意敵軍來犯，那可就不是損失一年麥子可以比擬的了。再說了，單父是個小地方，一年沒有收成並不會對魯國的國力產生影響，但如果老百姓都想不勞而獲甚至為了不勞而獲而通敵賣國的話，那種敗壞的世風可以幾代人也修復不了的啊！」來人把這話回報給季孫氏後，季孫氏非常愧疚地說：「哎呀，我真是冤枉了宓子賤啊！我真想找個地縫鑽進去，以後怎麼有臉去見他啊！」

　　很顯然，孔子並不反對做好事，宓子賤也並不是發自內心地變相資敵。他們只是懂得，做任何事情，都要做通盤、透徹、辯證、立體的思考，而不是只見樹木，不見森林，更不能執迷一端。現實生活中也是如此，比如我們常說，要一碗水端平，但有的時候也應具體情況具體對待，必要時還要有相應的智慧。比如說在需要的時候，先給這碗水加一個密封的蓋子，那麼不管你怎麼端，水也不會灑出來，待過了非常時期，再重新將一碗水端平也不遲。

第 06 堂課

識人 —— 用心眼看，用心耳聽

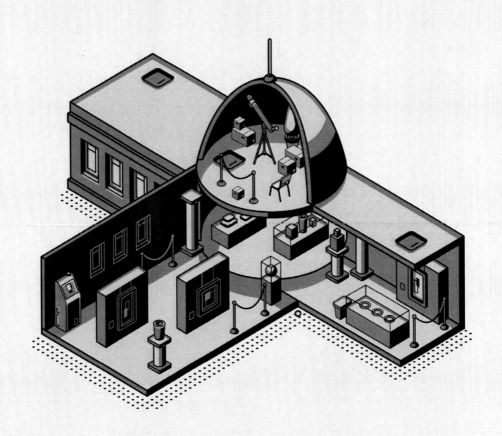

┃這個世界並非只有美好┃

> 一個人如果認為這個世上 90% 的人都是好人的話，那麼他就太善良、
> 太幼稚，成不了大事；一個人如果認為這個世上 90% 的人都是壞人
> 的話，那麼他就太多疑、太狹隘，也成不了大事。

西元 1861 年，被後人稱為無遠見、無膽識、無才能、無作為的「四
無」皇帝清文宗咸豐，帶著無限遺憾死在了承德避暑山莊煙波致爽殿的龍
床上。由於咸豐唯一的皇子載淳只有 6 歲，尚無獨力主政的能力，咸豐駕
崩前特意封以肅順為首的八大臣為顧命大臣，讓他們盡心輔佐皇子，處理
國政，同時又給皇后慈安和懿貴妃慈禧留下了兩枚代表皇權的印章，以牽
制八大臣。

咸豐死後，八大臣遵從遺詔，擁立載淳為帝，並採納肅順的建議，擬
定次年改元「祺祥」，說白了就是「吉祥」的意思。然而該年號還未正
式啟用，便在一場血腥的奪權鬥爭中夭折了。長話短說，兩個月後，慈禧
在慈安及咸豐的弟弟恭親王奕訢的配合下，發動了辛酉政變，以迅雷不及
掩耳之勢一舉擊垮了肅順等人的勢力，然後與慈安雙雙坐到養心殿的珠簾
後，共同主政，並改年號為「同治」，意即「兩宮太后臨朝同治」，此
後，二人整整「同治」了 20 年，直到慈安暴死。

慈安為什麼會暴死呢？按一些野史的說法，慈安是被慈禧毒死的。原
因有三：第一，慈禧本來就野心很大；第二，慈安誅殺了慈禧最寵信的總
管大太監安德海；第三，慈禧耐不住寂寞，以聽戲的名義，屢次將名角楊
月樓留宿宮中，恰好被慈安拿到把柄！

但慈禧為什麼足足等了 20 年才下手呢？野史作者交待了，咸豐料定
自己死後，慈禧不會「安分守己」，因此他在臨死前還特意給寬厚的慈安

留下了一道隨時決定慈禧生死的密詔。在沒有得到這道密詔之前，慈禧焉敢輕舉妄動。

這也是慈禧要毒死慈安的第四個理由：不消滅慈安和密詔，她又怎麼能睡得踏實？

光緒七年九月初，慈禧的機會來了 ── 慈安病倒了。第二天，慈禧處理完朝政，專門前來看望慈安。不過她看起來並不比慈安好多少，胳膊上纏著紗布，由隨行的小太監攙扶著。李蓮英跟在一旁，手捧藥碗。

「妹妹，你這是怎麼了？」慈安盯著慈禧的胳膊，驚異地問。

「回太后話，」李蓮英搶著說，「太后為國操勞，聖體不適，主子日夜焦慮，聽說人肉入藥能助疾病痊癒，便割臂獻肉。」說著把手中的藥碗往慈安面前一湊。

慈安一看，見碗中果然有肉樣的東西，當下感動得熱淚盈眶，拉著慈禧的手說：「妹妹何至於此？我不過偶感風寒。」

慈禧笑笑說：「姐姐能提前痊癒一日，也是值得的。」說罷親自服侍慈安把藥服下。也許是心理作用吧，慈安果然覺得精神好了些。之後，慈禧又親自下廚做了幾樣家鄉小菜，並親自給慈安餵飯飲湯，比親姐妹還親。

慈安再一次感動得熱淚盈眶，她推掉慈禧手中的飯碗，說：「妹妹，我給你看一樣東西」，說完起身翻出一個精緻的小盒子，拿出咸豐留給自己的遺詔給慈禧看，慈禧越看越心驚，最後撲通一聲跪倒在慈安面前。

「哎呀妹妹，你這是幹什麼？」慈安拉起慈禧。

「姐姐，妹妹以往多有僭越之處，請姐姐按先皇遺詔處決。」

「妹妹，你多心了，先皇也多慮了，我們姐妹相處融洽，留它何用？」說罷，慈安命人拿來一個銅盆，將遺詔焚於盆中。望著盆中的灰燼，慈禧心裡的石頭總算落了地。

又過了幾天，病癒的慈安正在花園中散步，李蓮英捧著一個食盒走過來，向太后請過安後說：「啟稟太后，這是塞外進貢的牛奶餅，主子吃了覺得味道很好，特命奴才送一半給您。」

「替我謝謝妹妹，吃東西還惦記著我。」慈安高興地收下食盒，當場打開，取了一塊放進嘴裡。沒過多久，便昏厥倒地、不省人事了。身旁的小太監急忙傳呼太醫，但沒等太醫來到，慈安就一命嗚呼了。

從此，大清的權柄便握在了慈禧一人手中，這一握又是 28 年。

—— 不過，據當代歷史學家考證，慈安之所以暴斃身亡，並不是死於中毒，而是患了腦中風。所以即使是讀書，也要睜大眼睛，免得受其迷惑，貽誤後人。話雖如此，慈禧卻絕對當得起「心狠手辣」這四個字，上述野史也依然可以為我們提供些許啟發意義 —— 這個世界並非只有美好，小心那些對你好得不可思議的人。

有鑑於野史缺乏說服力，我們再來看一段正史。

周襄王七年（西元前 645 年），齊桓公最得力的下屬管仲得了重病，眼看不治，桓公親往慰問，問他死後誰可以接替相位。管仲說：「國君是最了解臣下的。」

齊桓公試探著問：「鮑叔牙行嗎？」管仲說：「鮑叔牙是君子，但他過於善惡分明，見人之一惡，終身不忘，這樣的人是不能為政的。」

齊桓公又問：「你覺得易牙這個人怎麼樣？有一回我感慨沒嘗過人肉的滋味，他聽完後立即回家把自己的小兒子殺了，給我做了一碗人肉湯。我覺著他對我的愛超過了對兒子的愛，這樣的下屬不提拔我覺得過意不去。」管仲說：「虎毒尚不食子，他卻殺掉孩子討好君主，不合人情，沒有人性，不行。」

「那豎刁怎麼樣？他寧願自宮侍奉寡人，這樣的人難道還會對我不忠嗎？」管仲說：「傻子也不會對自己動刀子，他卻閹割自己討好君主，更不合人情，更不行。」

桓公急了：「衛公子開方總行了吧？他放棄太子之尊到我手下稱臣，他父親死了都沒回國奔喪，夠敬業的了吧！」

管仲搖搖頭，說：「人生在世，孝道為先。衛公子不當太子、不回國奔喪，證明他有更大的政治野心，千萬別親近他。」

管仲死後，桓公初時還記得他的忠告，把易牙等三人趕出了皇宮，但時間一長，他又覺得管仲是在危言聳聽，便重新召回並重用三人，後來齊桓公病重，開方立即帶著自己治下的土地投降了他國，易牙和豎刁則堵塞宮門，假傳君命，不許任何人進入，活活把齊桓公餓死了。他的屍體在床上停放了數十日，生出的蛆蟲都爬到了門外，卻沒有人敢收殮，慘不忍睹。他死後，他的幾個兒子為了權柄爭鬥不休，等到齊孝公繼位時，齊國的霸業已然衰落，中原霸主已悄然轉移到了晉國。

堂堂的「春秋五霸」之首，年輕時是何等的英明，老了卻給我們導演了一齣「英雄難過小人關」的悲劇。有句詩說得好：「你站在橋上看風景，看風景的人在橋下看你」，你在思謀別人的同時，別人可能也在算計你。你不思謀別人的時候，別人也可能在算計你。當然，對你好並一定就是在算計你。但香港電影告訴我們：「沒事獻殷勤，非奸即盜。」小心為妙。

‖ 誰能借你一雙慧眼？ ‖

學者對所有的問題，不宜採用實用的、利益的，而是應該不由自主地
採用理論的、思考的，揭露它背後人性的祕密、社會的祕密，會去思
考人是什麼東西，社會是什麼東西，天地宇宙到底是怎麼回事……

贈君一法決孤疑，不用鑽龜與祝蓍。
試玉要燒三日滿，辨材須待七年期。
周公恐懼流言日，王莽謙恭未篡時。
向使當初身便死，一生真偽復誰知？

上面這首七律出自唐朝著名詩人白居易的《放言五首》，大意是說，
我告訴你一個辨別事物真假的辦法，既不用鑽鑿、灼燒龜甲產生裂紋進行
預測，也不用拿起蓍草占卜問詢天地，什麼方法呢？那就是寶玉也好，其
他優秀的材質也好，都必須經過時間的考驗，才能識別出來。比如當年周
武王姬發死後，他的弟弟周公旦忠心耿耿地輔佐幼主周成王，企圖造反的
管叔與蔡叔誣陷周公有篡位的野心，但人們最終還是看出了周公的赤膽忠
心和高尚品格。又比如當年王莽輔佐九歲的漢平帝時，表現得那麼謙恭敦
厚，又有誰知道他後來會成為亂臣賊子呢？試想一下，如果周公在流言四
起時就死了，豈不是要被釘在歷史的恥辱柱上遺臭萬年？同樣的道理，王
莽如果早死若干年，豈不是要以賢相之名垂之史冊？

白居易的觀點代表了主流史學家的看法，即將王莽的優點全部用一個
「偽」字掩蓋。王莽究竟是真是偽，並不是我們討論的重點，我們的主題
是 —— 假設王莽是個偽君子並且從一開始就是偽君子，為什麼人們沒能
在最初的時候看透他？

很簡單：人們眼力不佳。那麼，就像歌中唱的那樣，有沒有人可以借
我們一雙慧眼呢？答案是絕對沒有。想擁有一雙明察秋毫、洞察人心的慧

眼，你只能寄希望於你自己 —— 自己練。

練慧眼，首先要留個心眼。孔子說過：「巧言令色，鮮仁矣。」那些花言巧語、能說會道，總是裝出一副和顏悅色的樣子的人，即使有仁義之心也多不到哪裡去。所以孔子又說：「始吾於人也，聽其言而信其行；今吾於人也，聽其言而觀其行。」意思是，考察一個人，不光要聽他怎麼說，還要看他怎麼做。

司馬光在《資治通鑑》中記載了這樣一個故事：

戰國時期，魏文侯在任用魏成還是翟璜為相的問題上猶疑不決，於是徵求李克的意見。李克沒有正面回答，而是說了五條考察人才的方法：居視其所親，富視其所與，達視其所舉，窮視其所不為，貧視其所不取。也就是說，衡量一個人怎麼樣，平時要看他親近什麼人；富起來後要看他把錢用到什麼地方去；有權了要看他任用、舉薦什麼人；困難了要看他不肯幹的事是什麼；貧窮了要看他不肯要的東西是什麼。魏文侯聽後馬上醒悟，說：「請先生回去休息，我的國相已經定了。」不久，魏文侯便提拔了雖食祿千鍾但財富大多都花在了為國家訪求賢人方面（第三條、第四條）的魏成為相。

李克對魏文侯提出的五條建議，因其具體且容易掌握，簡單卻極其深刻，被後人歸納為「五視觀人法」。其一，居視其所親。看一個人平常都與誰在一起：如與賢人親，則可重用，若與小人為伍，就要當心；其二，富視其所與。看一個人如何支配自己的財富：如只滿足自己的私欲，貪圖享樂，則不能重用，如接濟窮人，或培植有為之士，則可重用；其三，達視其所舉。一個人處於顯赫之時，就要看他如何選拔部屬：若任人唯賢，則是良士真人，反之，則不可重用；其四，窘其所不為。當一個人處於困境時，就要看其操守如何；若不做苟且之事，不出賣良心，則可重用，反

之,則不可用;其五,貧視其所不取。人在貧困潦倒之際也不取不義之財,則可重用,反之,不可重用。

那麼,是不是說掌握了「五視觀人法」就能讓我們徹底看穿每一個人呢?絕對不是。歷史經驗告訴我們,真正的小人其實並不難區分,難以區分的是那些道貌岸然的偽君子。這時候,就需要看我們觀察細節的能力如何了。都說細節裡面出魔鬼,其實細節裡面也出佛祖。佛經中就記載有這樣一個故事:

有一次,玉皇大帝設宴供養佛祖,佛陀非常歡喜,便把玉皇大帝也變成了佛的形象,這樣,當佛陀的弟子目連、舍利弗、迦葉、須菩提等人隨後來到宴會上時,見到兩個佛陀坐在裡面,不知道哪個才是真佛陀,難以向前問禮。於是目連尊者趕緊施展神通,飛身三十三層天上,但也分不清哪一個是佛,於是他又遠飛至恆河之上,但還是分不清(之所以要飛那麼遠,是因為佛的法身大於玉皇大帝,理論上從遠處即可分清)。目連尊者急急忙忙又飛回來,找舍利弗商量。舍利弗說:「大家請看座上兩位有沒有細微的差別?我想眼睛不亂翻的那個就是佛祖。」其他弟子這才分出了真假佛祖,齊向佛祖問禮。佛祖對他們說:「神通不如智慧,目連粗心,不如舍利佛細心。」

歷史上不乏類似的故事,比如滿清開國宰輔、文臣領袖范文程,他僅因階下囚洪承疇拂了拂衣服上的塵土,就斷定他並不像自己說的那樣寧死不屈 —— 一件衣服還那麼愛惜,怎麼可能不愛惜生命?最後成功地幫努爾哈赤勸降了洪承疇。生活中類似的細節也很多,鑑於篇幅,此處不再羅列,我們只需記得 —— 慧眼永遠與心眼成正比。心有多細,眼力就有多好。

‖善待君子，也要善待小人‖

> 我有時覺得學者就是一種氣質，比如說你遇到一個不喜歡的人，第
> 一反應是怎麼把他收拾了，這就不是一個學者的應對方式；你遇到
> 一個不喜歡的人，你第一反應是「人性為什麼會這樣？」這就像是
> 一個學者的思維方式了。

　　世界上只有兩種人：君子和小人。識人，說簡單點也就是看一個人究竟是君子，還是小人。在一般人的意識裡，是君子，那我們就親近他、尊敬他、幫助他、學習他；如果是小人，我們就得遠離他、鄙視他、打倒他、反對他……幾千年來，中國人也一直都是這麼幹的。按照常理，在中國小人是沒有生存空間的，然而小人的生存能力卻始終超乎我們的想像，不僅沒有絕跡，時不時還瘋狂反撲，報復君子，也報復社會。

　　小人主要分兩類，一類是無才型的，此類人不做小人基本上就沒有出頭之日，甚至於吃不上飯，這種小人在普通人身上表現得很普遍。比如在一個公司，大家平時都處得挺愉快的，但是突然公司要選拔主管了，要矬子裡拔將軍了，立馬就會產生大量的小人，各種小人的招式也就隨之而來。另一類是有才型的，明朝的馮夢龍說過，「下下人往往有上上智」，說的就是這種人，比如蔡京、秦檜、趙高、魏忠賢等，就是此類小人中的傑出代表。可以負責任地說，此類小人的危害性極強，遠比無才型小人可比，同樣可以負責任地說，此類小人屬於應該且必須全力打擊的範圍。

　　問題是，不管是君子還是小人，都很少有願意引頸受戮的人。而小人，在面對競爭、面臨打擊時，更是往往無所不用其極，且沒有任何心理負擔。因此，當君子遇到小人，稍不謹慎就會吃大虧。在小人當道時，君子甚至連吃飯的傢伙都會丟掉。所以，對待小人尤其應該小心。

用老百姓的話說 —— 我惹不起還躲不起嗎 —— 言下之意我們要離小人遠點兒。但這一原則絕非萬金油，有時候你想離小人遠，小人越想找你套近乎，我們又該怎麼做呢？

越是小人越是不能容忍小人的行為。這是筆者的經驗之談。歷史經驗也告訴我們，當小人近在眼前，尤其是與那些尚未撕破臉的小人相處時，把他們當成君子養不失為一種智慧。

史載唐代明將郭子儀晚年時辭去官職，每日在家中賞花飲酒，與一眾妻妾排遣歲月。

有一天，當時還未成名、後來位列《奸臣傳》的宰相盧杞來拜訪郭子儀，當時郭子儀正在和家人欣賞歌伎們吹拉彈唱，聽說盧杞來了，他馬上命令包括歌伎在內的所有女眷一律退到後堂，誰也不准出來見客，只剩下他自己單獨和盧杞談了很久。盧杞走後，家人問他：「老爺平日接見客人，從不避諱我們在場，談笑風生，今天這是為什麼呢？」郭子儀解釋說：「你們不知道，盧杞這個人，別看他現在地位低，但他很有才幹，日後必有前途。但他心胸狹窄，睚眥必報。加之他長得很難看，半邊臉是青的，好像廟裡的鬼怪。你們女人們最愛笑，沒有事也要笑一笑。如果看見盧杞的半邊青臉，一定要笑，他就會記恨在心，一旦得志，咱們的兒孫就沒有一個活得成了！」後來，盧杞果然做了宰相，凡是過去有人看不起他，不小心得罪過他的，大都遭了打擊報復，有些人甚至被殺身抄家。唯獨對郭子儀的家人，他非但沒有打擊，即使他們犯些不合法的事情，他還從旁保全，因為他認為當年郭子儀非常重視他，他怎麼能做一個不報知遇之恩的小人呢！

從盧杞不打擊郭子儀的家人反而從中保護的例子，我們可以得出這樣一個結論：小人其實也未必一無是處，大多數小人其實也是想當個君子

的，很多小人也是不願意認同自己小人的身分的。所以，我們有必要站在盧杞等人的角度想一下：明知我長得醜，而且很在乎，還要笑我，這不是逼著我做小人嗎？一個以貌取人，以貌笑人的人，不也是一種小人嗎？這麼說來，現實生活中的很多人不僅自己就是小人，同時也是小人的製造者。

現實生活中的人如果不幸被鑑定為小人，往往會很生氣 —— 你才是小人呢！你們全家都是小人！其實沒有必要。前者我們曾經站在盧杞的角度同情過他，現在我們則要說：像盧杞這種人，小人已不足以說明其人格之惡劣！他更應該被稱為奸人、壞人、惡人等。而現實生活中的很多人之所以被打上小人的標籤，而不是被直呼為壞人，就在於他們不過是一些不太好的人。小人，只是界於君子與壞人之間的人。生活中的大多數人都是這一類人，只不過程度不同。小人也往往有君子的一面。世界上很多好事有時候也是小人辦成的。用一句帶有革命色彩的話說，小人，是可以爭取的人，是誤入歧途的人。從這點來說，我們就更應該把他們當君子養了。非其如此，我們不能爭取他們、引領他們、感染他們、拯救他們。這麼想的人多了，我們的社會肯定會少些小人。

君子在很多時候也會表現出小人的一面，正如同小人在很多時候往往會表現出君子的一面。因此，說一個人是君子還是小人的人，往往都是站在自己的立場上考慮的。比如三國演義中的曹操和禰衡，誰更小人，誰更君子一些？一般認為，後者比前者更君子。但是歷史告訴我們，有時候，一個人甚至不能決定自己是君子，還是小人！你說你是君子，權力者卻硬說你是小人，並且動用手中的權力硬往你頭上潑髒水，逼著人們都說你是小人，你怎麼辦？你只能默默承受，以待時機，而這個時機可能永遠都不會來。這就是歷史的殘酷性。

如果說禰衡是個君子的話，那麼他無疑是個缺乏生存智慧的君子。而曹操這個「卑鄙的聖人」，卻為後世留下了一個可供參考的與心目中的「小人」過招的經典案例：儘管他對禰衡的咒罵非常惱怒，也斷定禰衡只會一點耍嘴皮子的功夫，但當部下張遼想殺掉禰衡時他卻制止了，把這個不好消化的怪才免費贈送給了荊州劉表，劉表也不是傻蛋，不肯擔當「害賢」的惡名，便把禰衡踢給了黃祖。黃祖是個簡單粗暴的小軍閥，遇到故伎重施的禰衡，聽了幾句就命人把禰衡拉出去斬了。消息傳到曹操那裡，曹操哈哈大笑：「這個腐儒自己找死，根本用不著髒我的刀。」

話說到這個份上，我們的主題其實早已超越了君子與小人的問題。歷史不會因為誰是君子就照顧誰幾分，誰違備了歷史的規律，歷史的大法官就會對他施以嚴懲。只有那些能識人且能處理好各種人的關係的人，才不至於在歷史舞臺上輸得太慘。

第 07 堂課

去智 ── 智慧是最害人的東西

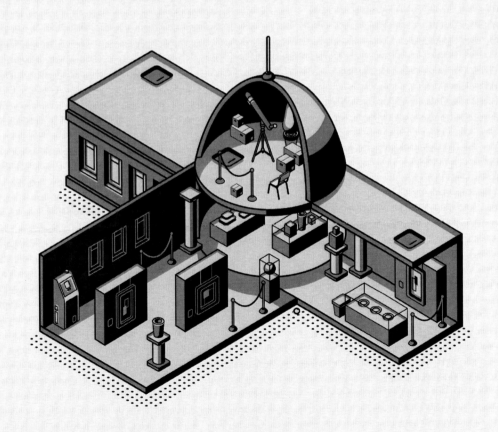

慧生便是罪生時

> 老子認為：智慧出，有大偽。大家都讀書，都要有智慧，都要發展
> 自己的智商、智力，都要長心眼兒，這樣就會產生一個問題：智慧
> 比較高了，會作偽了。他心裡會那樣想，但說的是另外一套。老子
> 很反對這種現象，他的反對不無道理。

慧生便是罪生時 —— 看看《三國演義》，我們就能深有體會。包括
「智慧的化身」諸葛亮在內的三國智者們，每當他們的智慧湧現，不是正
在打大仗，就是將要打大仗，不論誰勝誰敗，哪怕是打成平手，死人也是
免不了的。李白說過，須知兵器是凶器，聖人不得已而用之。諸葛亮本人
在盤蛇谷活活燒死了孟獲向烏戈國國王借來的數千藤甲兵後也說過：「南
兵頑固，非火攻不能取勝，此計乃不得已而用之。如此酷戰，燒殺生靈，
亮心中不忍。我雖有功於社稷，然而必損陽壽！」當然你可以說很多戰爭
是正義性的，但它們不也是那些非正義的一方發動的嗎？發動非正義戰爭
的侵略者最初不也往往認為自己是智慧的嗎？

正如同很多小人並不認為自己是小人一樣，很多壞人也往往不認自己
是壞人。之所以如此，就在於很多人往往都是在不知不覺中被所謂的智慧
所迷惑，最終打著智慧的幌子走上犯罪道路。

《莊子》中有一個「抱甕灌園」的故事：有一次，孔子的高足、大富
商子貢去南方的楚國做生意，回來時準備到晉國去，途中，在經過漢水南
岸時，他偶遇了一位澆地的笨老漢。這位老漢的灌溉方法非常落後：他先
開好一條通到井底的坡道，然後抱著一個水甕，一步步走到井水邊，汲滿
水，然後抱到田裡去澆。就這樣一趟一趟地來回走，費得力氣不少，效率
卻非常低。子貢是個熱心人，見到後便走前去對老漢說：「老人家，你怎
麼這麼傻呢？您難道沒有聽過過一種叫桔槔的機械嗎？使用它，一天可

以澆灌上百塊菜地，用力少又效率高，而且製作桔槔也很簡單……」誰知子貢還沒說完，老漢便冷哼一聲，傲慢地回答道：「我的老師曾經教導過我，用機械來做事的人，必有投機取巧的心理，這種心理會破壞純潔空明的心境，人沒有純潔空明的心境就會心神不定，心神不定就不能載道。我老漢並不是不知道桔槔這種機械，只不過我怕它影響我的心靈。」一席話說得子貢慚愧無語、思緒萬千。走出 30 里後，他才恢復常態，對同行的人感慨道：「這位深不可測、德行淳厚，把功利機巧不放在心上的老人家稱得上真正的聖人！」

以往提到這個故事，人們總是指斥故事中的老頭兒僵化守舊，又臭又硬，其實不然，在莊子的寓言中，所有的「正方」人物幾乎都是莊子本人的化身，而我們知道，莊子是最逍遙的人，他怎麼可能僵化守舊？這個故事的真正意義，在於指出一個人活在世上，首先要自始至終保持一顆純潔而平和的心，當追求者追求，當放棄者放棄，當堅守者堅守，而不能急功近利，更不能動輒打著智慧的旗號耍手腕、搞陰謀。否則，機關算盡，最後只能算到自己頭上。

忘了是在哪本古籍中讀到過這樣一個小故事：

某地有個叫皮子玉的人，他所在的城外有一眼愚泉，誰喝了泉水誰就會變成傻子。皮子玉想，如果我偷偷摸摸地把愚泉引入城裡的河水中，大家都成了傻子，我豈不就成了城主了？當天晚上，皮子玉便偷偷將愚泉引入了城裡的河中，自己則悄悄挖了一口井喝水。幾天後，城裡人果然全都變成了傻子，大家爭著把自己的財寶、田產送給別人，但其他人也都成了傻子，所以沒有人肯接受，只有皮子玉來者不拒，照單全收，這樣沒過多久，全城的財物就盡歸其一人門下。但是沒等皮子玉來得及高興，城裡人卻納悶了：珠寶、田產這些破玩意，糞土不如，大家都棄之不要，皮子玉

卻當寶貝，不是蠢人是什麼？所有人都這麼聰明，卻讓他這麼一顆老鼠屎壞了一鍋好湯，還是把他趕走的好。於是，城裡所有的傻子都操著棍棒，把皮子玉趕出了城外。皮子玉走投無路，也承受不了一夜間從大富翁到赤貧的落差，最終投河而死。

現實生活中是不可能有皮子玉這種人的，但絕對有張子玉、李子玉、牛子玉、王子玉等，這些人個個金玉其外，敗絮其中，總是覺得處處比別人聰明，今天算計這個，明天算計那個，最後算到了自己頭上。其實對大多數人而言，並無太大的聰明愚笨之分。所謂的「聰明」，只不過是喜歡占小便宜、不仗義、沒素養、不守規則等等；而所謂的愚笨，則往往意味著老實和厚道。

指望所有人都有道德是幼稚的，在道德確實有點兒滑坡的今天學點「防身術」也是必要的，但當這些醉翁之意不在酒的東西來到我們面前時，我們往往忽略了它的負面影響，從而一步步變得市儈、成熟加老謀深算。有句話說得好，烏鴉落在豬身上，光看到別人黑看不到自己黑。智慧充其量是一把雙面刃，是因為有些人舞得不好，才最終傷了自己。

唐朝貞觀年間，曾有人上書李世民，自稱可清除朝中奸臣，促進國家長治久安。李世民一向注重人才，而且不拘一格，立即親自接見了上書人。

李世民問來人：「朝中大臣都是經過反覆考察的忠賢之士，你又怎麼知道誰奸誰忠呢？」

上書人回答：「草民不在朝中，自然也不知道誰奸誰忠。但是草民曾經學過帝王之術，只要陛下施用草民的妙計，誰奸誰忠立即涇渭分明。」

李世民好奇地問：「什麼妙計？」

「說是妙計,其實非常簡單,」上書人得意地說,「陛下再與眾臣討論問題時,可以故意堅持錯誤意見,並借機大發雷霆,就可試出忠奸——那些不懼聖怒、堅持正確意見並且敢於直諫的人,便是正直的忠臣;反之,懼怕陛下、順從陛下錯誤的意見、曲意逢迎的人,必定是奸臣無疑。」

上書人侃侃而談,本以為會受到李世民的讚賞,誰知李世民聽完後不以為然地說:「你的計策雖妙,對我卻毫無用處。我認為,帝王好比泉水的源頭,臣子好比泉水的水流。源頭渾濁不堪,卻想讓水流保持清澈,怎麼可能呢?帝王自己欺詐,又怎麼能要求臣子們正直呢?我是靠信任臣子們來治理國家的,絕不搞歪門邪道!」

上書人聽罷,羞愧滿面,惶恐退下。

縱觀中國歷史,我們會發現幾乎所有不傻得像晉惠帝那樣的帝王都精通「權謀」二字,然而政績卓著有如唐太宗者卻有如鳳毛麟角。究其原因,就在於他們對權術過於熱衷,卻往往忽略了「上梁不正下梁歪」,一旦掌權者陷入智慧的誤區,勢必會導致整個集團偏離正常軌道,隱入陰謀詭計和烏煙瘴氣之中。而李世民,雖說登基之前也沒少跟他的兄弟們耍心眼兒,甚至不無殘酷,但登基之後的表現卻著實可圈可點。沒有像上述史實中的道德感召力和智慧免疫力,他是不能「引天下英雄盡入彀中」的。我們也應該看清智慧的真相,遠離智慧的雷區,從而保持心地的清潔,抵住各種流毒的侵蝕,用自己的抱甕之躬,澆灌世道和人心,最終讓「人心不古」之類的抱怨遠離我們的社會。

┃ 大智若愚，慧極必傷 ┃

> 聰明有時候是誇讚，有時候是暗諷；糊塗有時候批評，有時候是自嘲，
> 有時候是境界。

　　大智若愚，本來叫大智如愚，出自宋代大文豪蘇東坡之手，簡單來說就是有些人雖然看起來挺愚笨，但實際上卻才智出眾，他們只是不露鋒芒而已。很顯然，蘇東坡不屬於「有些人」中的一位。

　　歷史文獻中關於蘇東坡的趣事很多，今天只談他與王安石的兩次交鋒。

　　用現在的話說，王安石即是蘇東坡的長官，也是文壇前輩。看在蘇東坡才華過人的份上，王安石一開始也對他非常器重。而年少輕狂的蘇東坡卻自恃聰明，不知收斂，最終禍從口出。

　　王安石業餘時間很喜歡搞訓詁學，有些時候甚至搞得有點無厘頭。比如他曾經解釋說，「篤」字之所以從「竹」從「馬」，是因為拿竹子去鞭打馬時，會發出「篤篤」的聲響，所以古人就把「篤」字造成了上「竹」下「馬」。

　　有一天，王安石看到蘇東坡，突然來了靈感：「你這個『坡』字，從『土』從『皮』，所以『坡』乃土之皮也。」

　　換作一般人，即使不順便拍一拍長官的馬屁，贊一聲「老闆就是有水準，以後多向您學習」之類的話，也會把它當成一句玩笑，一笑而過。事實上這也的確是個高級玩笑。但蘇東坡卻認為王安石是在取笑自己，因此他回敬道：「按照您老的說法，這『滑』字難道是水之骨嗎？」我們完全有理由相信，要不是王安石的「石」字不好拆，蘇東坡肯定會拿「石」字說道說道。

好在王安石並沒太在意，接著說：「『鯢』字從『魚』從『兒』，合為魚子。『四』『馬』為『駟』，『天』『蟲』為『蠶』，古人製字，並非沒有道理。」

蘇東坡仍然笑笑道：「鳩字九鳥，您老可知其中典故？」

王安石想來想去也想不明白，就虛心地請蘇東坡解釋。這下蘇東坡賣弄起來，他得意洋洋地說：「《毛詩》云：鳴鳩在桑，其子七兮。連上兩個老鳥，不是九個嗎？」王安石聽了，十分討厭他的輕薄，第二天就把蘇東坡貶為湖洲刺史。

後來，蘇東坡又因其倡狂的性格和過人的才氣引起了朝中大臣普遍的嫉妒，這些人羅織了蘇東坡的幾首小詩，硬生生地給他搞出個「烏臺詩案」，如果不是趙匡胤立國時曾立誓不殺士大夫，加之王安石等人從中營救，蘇東坡書不定就得做了冤死鬼。

但即使如此，蘇東坡從不知收斂。蘇東坡出獄後，第一個便是去拜訪王安石。當時王安石正在午休，他便坐在堂上等待，無意中發現書桌上有王安石剛題的半首《詠菊》詩：「西風昨夜過園林，吹落黃花滿地金。」蘇東坡吟誦一遍，當即大搖其頭，心說菊花最能與秋霜爭鬥，即使死了也不會掉瓣，怎麼能說吹落黃花滿地金？豈不是大錯特錯？想到這裡，他極其魯莽地往王安石的詩後面續上了兩句：「秋花不比春花落，說與詩人仔細吟。」然後便囑咐童子等太師醒來請告知我蘇東坡來過云云，回了客棧。結果王安石醒來後立即發現了蘇東坡的大作，當即把他貶去黃州任團練副使。蘇東坡只道是王安石嫉妒自己，公報私仇，但等到了黃州之後，當年秋天竟然發現當地就有一種「吹落黃花滿地金"的菊花，這才意識到自己著實是既輕薄又淺薄。

其實，對於看慣了歷史鬧劇的人來說，蘇東坡即使續對了詩又能如

何？王安石再差那也是個宰相，你這不是打宰相的老臉嗎？上級沒讓你動的東西，你就不要動；上級讓你動的東西，你動之前一定要請示一下上級怎麼辦好？上級示意讓你看著辦的東西，你也要想想上級的潛在意圖是什麼再辦……這是歷史經驗，也是官場的普遍法則。而遍觀古往今來那些或有才或沒才的冤死鬼，他們大多都有與蘇東坡一樣的毛病，總是自以為是，沒事找事，除了對後世有些許啟發，對他們自己絕沒有半點好處。

　　大智若愚是人們對殘酷社會的適應，有時候也是一種境界和情懷。野史中曾記載，有一次，孔夫子帶領弟子們經過一個市鎮，發現有兩個人正在爭吵，旁邊圍了一大堆看熱鬧的。孔夫子一看，「圍觀精神」啊，這可不好，我得勸勸。一打聽才知道，那兩個人一個是賣布的，另一個是買布的，買布的問賣布的：「這布多少錢一尺？」賣布的回答：「三錢一尺。」

　　於是買布的說：「好，給我來八尺！」但當賣布的把布裁好，交給買布的人手裡時，買布的卻只付給他了二十三錢。賣布的便說：「三八二十四，請付我二十四錢！」買布的卻說：「明明是三八二十三嘛，你怎麼敢要我二十四錢？」於是兩人爭執不下，越吵越凶。

　　孔子一邊聽一邊琢磨，還沒等他想好辦法，他的徒弟、脾氣火暴的子路就大聲嚷嚷道：「真是豈有此理！世上哪有三八二十三的道理！那個買布的，你應該給人家二十四錢！」那個買布的能與人家吵到這個程度，自然不是省油的燈，當即屬聲問道：「你是何人？關你何事？」子路說：「我是孔子的學生，聖賢教導，你不講道理，我就要幫他評評這個理！」買布的一聽是孔子的弟子，當即緩和了面部表情，但仍不肯示弱：「你是孔子的學生，我怎麼不認識你？我敢跟你打賭，即使是孔子親自來了，他也一定會說是三八二十三，如果不是我就把我的腦袋摘下來給你！」子路穩操勝券，說：「好。」買布的又問：「如果你輸了，又怎麼講？」子路想了想

說：「你們的事情本來與我無關，如果我輸了，我就把帽子給你！」雖說這個賭約很不公平，但那個買布的居然也同意了。於是子路轉身請出孔子，請他判決，讓子路萬萬沒有想到的是，孔子還摸著腦袋思量了片刻，最後說道：「子路啊！你輸了，帽子交與人家吧！」買布的贏了帽子，也忘了跟賣布的吵架了，高高興興地走了。這時，孔子才對既納悶又憤怒的子路解釋說：「子路啊，你想想，是你的帽子重要，還是那人的性命重要啊？」子路豁然開朗，不由得又羞又愧，暗嘆自己與老師的境界差得太遠。

　　這個故事多半是後人杜撰而成，但可以肯定的是，孔子曾經說過：「水至清則無魚，人至察則無徒」，西方人也說，想變成孤家寡人還不簡單？你只需比你的朋友們表現得更有智慧就行！所以，不管你是真有智慧，還是假裝有智慧，如果學不會大智若愚，就難免被自己所愚弄，或者為自己招災，或者給別人惹禍。

‖ 聰明 —— 智慧 —— 道 ‖

> 我們常說自己是「知識分子」，什麼叫「知識分子」？學歷高就是
> 知識分子嗎？每一個稱謂的背後，都暗含著一種責任。

　　多年前，我曾請教一位前輩：都說知識改變命運，為什麼有些人很有知識卻不能改變命運？前輩打了個形象的比方：「如果把命運比做一個臺階，那麼知識只能處於最低的那個臺階，知識上面那個臺階叫文化，文化上面那個臺階叫智慧⋯⋯」

　　如果把本節的主題 —— 聰明、智慧和道 —— 放在一個類似的三級臺階上，那麼處在最低的臺階上的無疑就是聰明。

　　所謂聰明，簡單來說是指天賦較高，記憶力和理解力強等。由於是天

賦方面的衡量指標，聰明往往被人們用在那些除了天賦好什麼都還沒來得及學的小朋友身上，如「這孩子真聰明」。歷史上不乏聰明的小孩兒。比如王安石的兒子王元澤，他小時候有人送了王安石一隻鹿和一隻獐，由於這兩種動物普通人不易分辨，送禮者就借機考王元澤小朋友：你知道哪只是鹿、哪只是獐嗎？王元澤小朋友眼珠一轉，立即答道：「鹿旁邊是獐，獐旁邊是鹿！」大家聽了都拍手叫好。

但這並不代表王元澤就真的會區分鹿和獐。對普通人來說，這並沒什麼，有點類似的小聰明也沒什麼不好，至少能搏眾人一笑。但假設王元澤是位動物學家呢？這樣不靠譜的回答肯定不會令您滿意。再假設，王元澤長大後不小心得罪了皇帝老子，皇帝老子心血來潮，像某些武俠小說中的惡人一樣，要給他來個「區分獐鹿定生死」，王元澤豈不危矣？

這就需要扎扎實實的知識了。當一個人的知識多了，人們往往就會說，這個人，知識淵博，富有智慧。至於那些智慧與知識不成正比的人，人們又會說他們：「書白讀了！」言下之意，讀書是應該產生智慧的，只是因為他們沒有消化知識，更不懂得昇華知識，生發智慧。不過智慧這玩意我們反覆地說過，它是把雙面刃，用得好可以提升戰鬥力，用不好難免自戕。古今中外的貪官們，哪一個沒點兒智慧也不可能坐上高位，那些高科技犯罪者也都是有智慧的，但智慧最終害了他們，也害了大家。所以這裡有個前提，那就是一個人的智慧，必須是合乎道的智慧。比如我們經常提到的「君子愛財、取之有道」，就是說愛財不要緊，但必須符合生財之道，否則你總是仗著自己有智慧，耍陰謀詭計坑人，要不了多久，周圍的人就會討厭你、鄙視你、遠離你，法律也要治裁你。

什麼叫做「道」呢？儘管學術界對它的探討車載斗量，但很難給出一個放諸四海而皆准的答案。正如王蒙先生在《老子十八講》中所說的：外

國人因為無法翻譯「道」，直接就用它的音譯，人們對道也是有普遍的認識的。說簡單點，道就是一種恰到好處的大智慧，是我們做人做事的最高境界。

中國歷史上的成功人士大多是得道之人。比如三皇五帝中的舜，用今天的話說，他是一個苦孩子，不僅家世清貧，父親還是個盲人，母親也很早離世。如果只是與盲父相依為命，根本體現不出舜的不幸。後來，舜的父親又給他娶了個後媽，後媽生了個男孩叫做象，也就是舜的同父異母弟弟。從此，舜長期生活在「父頑、母囂、弟傲」的家庭環境裡，三人不僅對舜非常刻薄，還屢次設計欲置舜於死地，好在舜聰明機警，也就是有智慧，每次都能逢凶化吉。但他每次逃生後都不記恨父母，仍像以前一樣孝順，待弟弟也很友善。後來，人們向老邁的華夏首領堯推薦舜，他的德行和道行很快獲得了堯的首肯，成為其禪讓接班人。

很多年後，孔子曾經以舜為例教導弟子曾參。

有一次，曾參在瓜田裡除草時，一走神了，鋤斷了一棵瓜秧，曾參的父親曾點見了後非常惱火，他抄起一條大棍子就打曾參，曾參覺得自己既然犯了錯，那就應該挨打，因此他始終一動不動，曾點也不懂得點到為止，最後居然把曾參打倒在地，昏死了過去。

過了好一會兒，曾參才甦醒過來，想起剛才的事情，他立即站起身來，對父親說：「我做錯了事，惹您生氣了，我下次一定注意。」說完，曾參退到屏風後面，彈起琴，唱起歌，意思是讓曾點知道他還能唱歌，不僅身體沒事，心理也沒問題，不要為他擔心。

這事傳開以後，人們都誇曾參是個大孝子，全是孔子教育得好。但孔子聽說這件事後，卻吩咐其餘弟子說：「如果曾參來我這裡，別再讓他進我的屋子。」頗有點逐出門牆的意思。

　　於是曾參鬱悶了：我哪做得不對呢？老師這麼生氣。曾參百思不得其解，最後不得不托師兄子貢代自己向老師致歉，同時也為自己求求情。孔子對著子貢和其餘學生說：「這個曾參啊，他哪裡需要向我致歉呢？他又沒有得罪我，我只是氣他愚痴。你們聽說過沒有：三皇五帝中的舜是瞽叟的兒子，舜侍奉他父親時非常順從，一向言聽計從。但是瞽叟想殺死舜的時候，舜從來不讓他得逞。別說想殺他不能，就算是想用粗木棍打他，舜也會立即溜掉，讓他打不著。除非他用小木棍打舜，舜才會忍著。而曾參只不過犯了個小過錯，卻站在那裡，任何他父親用粗木棍暴打，說什麼也不離開，這根本不是孝，一旦他被打死，豈不是陷他父親於不仁不義的境地？還有比這更不孝的嗎？」

　　同樣的道理，我們本節所探討的主題 ── 「去智」，也不是要大家絕對的不要智慧，做個實打實地傻子，我們只是奉勸大家別過多地玩心計、耍心眼兒，要以誠待人，要坦坦蕩蕩地追求，但若有人像曾參那樣，別人都已無所不用其極了，他還在那裡念叨著「大智若愚、大勇若棄」默默承受，那絕不是我們的初衷。

第 08 堂課

不爭 —— 王者不爭，不爭者王

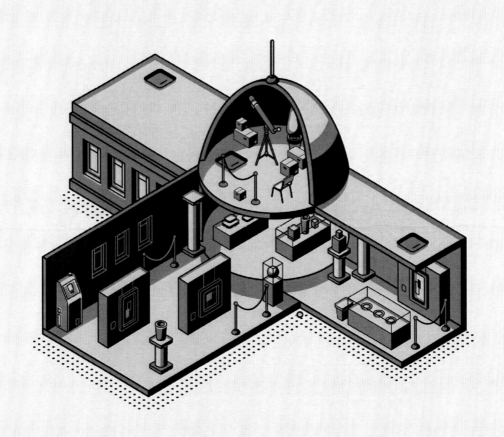

｜爭，不等於得到｜

> 當一個人站在地上，抬起左腳時，他會發現，自己已經無法再抬起
> 右腳。原因就在於他抬起了左腳，已經「有所為」、「有所爭」。
> 而當他處於「無為」、「不爭」狀態，即兩隻腳站在地上時，他可
> 以隨時抬起一隻腳，必要時還能雙腳起跳。

按照達爾文的演化論，所有生物來到這世界都是免不了要爭的。在野外，一棵樹必須跟同類爭水、爭陽光，才能越長越大，最終拔地參天，一隻動物也必須跟同類爭地盤、爭配偶，跟天敵和獵物爭時間、爭速度、爭技能，才能保持個體及族群的生存與發展；在人類社會，不論是上學、找工作、談戀愛、搞事業，哪個領域都意味著激烈的競爭，而且日益呈現白熱化。

從一定程度上來說，達爾文說得完全正確，西方的叢林法則雖然未必對東方人的胃口，但也不是一點正面價值都沒有。然而有些東西，絕不是爭就能爭到的。爭，不僅不等於得到，很多時候還意味著失去，意味著付出代價。

你去看看那些與尋寶奪寶有關的大片，除了極少數導演刻意交待必須留下來發展劇情的人物，其餘的人是不是先後都死在了爭的上面？利益的背後是利刃，那些即使爭到了也讓人沒命花的東西，爭來何用？

我們很早就學過「孔融讓梨」的故事，也都知道它的寓言 —— 爭，是沒素養的表現。其實爭也是沒智慧的表現。歷史經驗告訴我們，很多時候我們爭的一些東西，不過是有些人設的圈套。你不爭，你能沉得住氣，你還是你，你不想爭的一些東西有時候還會主動送上門來，因為設圈套的人會覺得就憑你的氣度就應該擁有它們；而一旦有人沉不住氣，他的素養、他的財富、乃至他的身家性命可能就會戛然而止。

　　胡戈的《一個饅頭引發的血案》大家想必都看過，下面我們來看一下導演晏子為我們導演的《一個桃子引發的血案》：

　　春秋末年，齊國有三個猛人，分別叫田開疆、公孫接和古冶子，人稱「齊國三傑」。三傑勇武異常，深得齊景公的喜愛，但這三位與所有不會做人的人一樣，很快便飛揚跋扈、恃寵而驕。時任相國晏嬰擔心三傑危害國家，屢次建議齊景公除掉他們，但齊景公愛惜勇士，不肯表態。晏嬰只好自作主張、另想辦法。

　　說來也巧，不幾日，鄰國領導人魯昭公訪問齊國，齊景公設宴款待。兩國國君正襟危坐，晏子和同來的魯國大夫叔孫蠟陪坐執禮，三傑佩劍立於堂下，態度非常傲慢。晏子心生一計，決定乘機除掉他們。

　　於是，當兩位國君喝過幾杯之後，晏子向齊景公建議道：「大王，後花園中的金桃已經成熟了，是不是摘幾個請二位國君嘗嘗？」齊景公一聽很高興，立即令人去摘。晏嬰忙說：「金桃很難得，還是臣親自去吧。」不一會兒，晏嬰摘回 6 個桃子，個個碩大新鮮，紅豔似火，香氣撲鼻。齊景公問：「怎麼只摘了 6 個？」晏嬰說：「還有幾個不太熟，所以只摘了這麼多。」說完恭恭敬敬地獻給兩位國君每人一個。二人邊吃邊誇桃子味道好，並賜了晏子與叔孫蠟每人一個。這樣，桃子只剩了兩個。怎麼處理呢？晏嬰再次建議：「請大王傳令群臣，誰的功勞大誰就吃桃，如何？」齊景公同意了，剛剛傳令完畢，三傑中的公孫接便走出來拍著胸脯說：「當年我隨國君打獵，林中突然躥出一隻猛虎，是我衝上去殺虎救駕，立了大功，應該吃個金桃吧？」晏嬰說：「冒死救主，功比泰山，可賜桃一個。」公孫接接過桃子，站在一旁，十分得意。

　　緊接著，三傑中的古冶子也站出來說：「打死一隻老虎有什麼稀奇？當年我送國君過黃河，行至河心，一隻大黿興風作浪，咬住國君的馬腿，

拖至急流中，是我捨命跳進河中殺黿救駕，此等功勞，該不該吃個桃子？」景公說：「當時要不是將軍，寡人的命早就沒了。此乃蓋世奇功，理應吃桃。」古冶子出得了一個桃子，十分高興。

眼瞅著盤子裡最後一個金桃也沒了，唯一沒吃到桃的田開疆不高興了，他說：「當年我奉命討伐徐國，捨生入死，斬其名將，俘虜無數，嚇得徐國國君俯首稱臣，鄰近的郯固和莒國也望風歸附。如此大功，難道就不配吃個桃子嗎？」晏嬰忙說：「田將軍的功勞當然高出公孫接和古冶子二位，然而桃子沒了，只好等樹上的桃子熟了再賜。」田開疆卻咽不下這口氣，他手按劍把，氣憤填膺：「打虎、殺黿有什麼了不起！我南征北戰，出生入死，反而吃不到桃子，受此奇恥大辱，我還有什麼面目活在人間？！」說罷，抽寶劍刎於朝堂之上。公孫接大驚，也拔出劍來，說道：「我因小功吃桃，導致田將軍功大卻吃不到，我有何臉面活在世上？」說罷也自殺了。古冶子也沉不住氣了，大喊道：「我們三人義結金蘭，誓同生死，如今他二人已死，我豈能獨活？」說完，也拔劍自刎……

後人總結這段歷史，叫做「二桃殺三士」，其實不過是少了一個桃子嘛 ── 但就是這一個小小的桃子，頃刻間便令三位猛將身首異處，即使兩千多年後看來也令人心驚。這個故事本意是誇讚晏子的謀略和機智，但在我看來，它更多的反映的卻是統治者的無情和利益背後的殘酷。但這又能怪誰呢？怪他們生得比孔融早因此沒讀過「孔融讓梨」嗎？

怪誰都沒有用。一個習慣於爭的人，學得會讓梨、讓桃、讓蘋果，未必學得會讓名、讓賢、讓利。而那些懂得有些事爭也沒用，強爭只會讓人失去更多的人，即使把整座桃園放在他面前，他也未必會眨一下眼。

▎不爭方能爭天下▏

> 學過企業管理的人都知道「藍海戰略」。這個詞最早是由歐美專家提
> 出，但最先提出其核心理念的不是外國人，而是 2,500 多年前中國
> 的道學聖人老子。該理論的核心思想在老子的《道德經》裡已經寫
> 了 —— 夫唯不爭，故天下莫能與之爭 —— 所表述的就是這個意思。

前面講過「孔融讓梨」的故事，下面接著講一個「約翰爭梨」的
故事：

約翰是一個成功的美國人，他在一次演講中講到：「小時候，有一天媽
媽拿來幾個大小不同的蘋果，我和幾個弟弟都搶著要大的。媽媽把那個最
紅最大的蘋果舉在手中，對我們說，『孩子們，這個蘋果最紅最大最好吃，
你們都有權利得到它，但大蘋果只有一個，怎麼辦呢？現在咱們做個比
賽，我把門前的草坪分成三塊，你們三人一人一塊兒把它修剪好，誰做得
最快最好，誰就有權得到它。』結果我做的最好，就贏得了最大的蘋果。」

「孔融讓梨」和「約翰爭梨」，哪種做法更具指標意義呢？很多人都
認為，是「約翰爭梨」更符合人性，也更公平，既然讓能者多勞，就應該
讓多勞者多得。約翰的爭，其實也就是我們中國人所說的不爭，即不是死
皮賴臉的爭，而是光明正大的爭。有些人嘴上雖然說著「不爭」，但實際
上卻無時無刻不在爭。若非東窗事發，這種人還往往榮譽一大串，善舉一
大堆。

這樣定義「不爭」未免有失準確，但「不爭」確為中國特色。眾所周
知，面對利益代言人 —— 富人，中國人是不患寡，只患不均。

當然中國人與外國人從本質上來說又是一樣的，外國的月亮並不比中
國的月亮圓，外國照樣有使陰謀詭計巧取豪奪、無所不用其極而爭的。可

見，不論是中國人，還是外國人，爭與不爭，都不重要，重要的是看他用什麼手段去爭。

解決了這個問題，我們就可以進入終極問題了 —— 如何才能爭到。可以想像，即使是不考慮那些不道德的「爭」、不符合遊戲規則的「爭」，爭到，或者說爭取到，也是很不容易的。因為人太多，而資源卻總是相對有限。這時候，不爭的實用功效就顯示出來了。我們來看一個歷史故事：

春秋時期楚國名相孫叔敖，先後共做了數十年的令尹（楚國最高軍事長官），期間他勤勉有加，輔佐楚莊王施教導民，寬刑緩政，發展經濟，政績赫然。楚莊王多次要封賞他，都被他謝絕。後來，孫叔敖病了，他自知性命不久，便把兒子叫到跟前說：「楚王屢次要分封我土地，我沒有接受。我死後楚王必定會分封於你，你一定不要接受富庶的土地！楚、越之間有個叫寢丘的地方，那裡土地貧瘠，你可以要求被封在那裡。」

孫叔敖死後不久，楚王果然分封給其子一塊富庶的土地，他兒子推辭之餘，請求得到寢丘這個地方，楚王慨然應允。直到漢代，這塊土地還被孫叔敖的後代所擁有。

孫叔敖的高明之處，就在於他知道凡是美好的東西都會得到普遍的認同，擁有好東西只會令旁人嫉妒之餘趨之若鶩，使擁有者成為眾矢之的，從而帶來災禍。而相對貧瘠的土地，人們會不屑一顧，反倒可以保全。這種思路正是老子所說的「不爭」。由此我們可以得出結論，世上沒有絕對的不爭，不爭，不過是一種高明的爭。

所謂王者不爭，不爭者王，古往今來，但凡能在某一領域有所成就者，大多都深諳不爭方能爭天的道理。比如秦朝末年的大商人任氏。

司馬遷在《史記》中記載道：秦始皇在統一六國過程中，為防止已滅亡的六國王室「春風吹又生」，索性來了個強制性的大搬遷，每滅一國，

必將該國的富庶大家連根拔起，遷至西部，便於監視。西元前 228 年，秦國滅掉了趙國。不久，部分以大富商、大地主為代表的趙國人就踏上了前往西部的旅程。當時可不像現在這麼交通發達，至少有上千里的路程，人們只能一步步用腳丈量。能不能少走點路呢？能。等一行人走至今四川廣元的葭萌關時，一些人開始賄賂押解他們的秦軍，希望各位「軍爺」行行好，就讓他們在此安家。這些秦軍倒真有些「拿人錢財與人消災」的職業素養，當即應允。於是，西行的趙國人大部分在這裡停頓了下來。但也有例外，比如有一對卓氏夫婦，他們也像別人一樣，行賄秦軍，但他們卻對秦軍提出了一個不近人情的要求：請允許我遷到更遠的臨邛去。這種行為立即被同行者鑑定為「二」，蜀道之難，難於上青天，豈是那麼好走的？好幾百里山路，還推著行李，想想腳都疼！而且沒有意義啊！去那幹什麼？但不管怎麼說，秦軍答應了這個請求。於是這對夫婦繼續上路，又向南走了數百里，最終抵達了臨邛。臨邛有什麼？有鐵礦。卓氏夫婦有什麼？有冶鐵技術。鐵山碰上冶鐵技術，那就是金山。卓氏在臨邛以廉價食物招募貧民開採鐵礦，冶煉生鐵，鑄造工具，不僅供應當地民眾生產生活所需，還遠銷周邊地區。短短數年，卓氏就成為了巨富，擁有家僮千人。後來，卓家的後人還為中國的文化事業做出了突出的貢獻，歷史上人名鼎鼎的「當壚賣酒」的卓文君，就是卓氏後人卓王孫的女兒。

用今天的話說，卓氏的做法叫做「藍海戰略」，也即繞開那些人滿為患的領域，尋找市場上的冷門，走一條少有人走的路。

當然，有人的地方就有江湖，在資訊科技如此發達的當今，即使你跑到火星上，也難保沒有競爭對手。所謂「人在江湖漂，誰能不挨刀」，尤其是那些江湖大佬，更是別想悶聲發大財，在這種情況下，光是不爭已經不夠了 —— 你不爭，別人要跟你爭，怎麼辦？

　　這種時候，就要回歸真正的不爭，必要時還要懂得捨得之道。從古至今，天下的壞事，大多都是由於捨不得利益引起的；而天下的好事，又大多是因為捨得利益而促成的。李嘉誠為什麼那麼有錢？據說他無論跟誰合作都懂得照顧對方的利益，哪怕自己吃虧。誰不想占點兒便宜呢？如此一來，大家都願意跟他合作，他因為吃了一點兒小虧，卻贏來了人脈無限，商機無限，到底是虧還是賺？可見，不爭雖好，卻還遠遠不夠。

蝸牛角上爭何事

> 人生如白駒過隙，忽然而已。爭得再多，卻帶不走分毫。人一百多斤的軀體，也享用不了太多的東西。很多時候，人們爭搶、不爽、大打出手，為的根本不是那點東西，而是看不透、心不平。

　　蝸牛是一種小昆蟲，世人皆知。世上體型最大的蝸牛非洲瑪瑙螺，也不過身長 20 公分，因此，若有人說有一隻小小的蝸牛的觸角上會有兩個國家，那麼，人們肯定會認為他是在講故事。事實上，這的確是個故事。而且就連這個講故事的人，都很可能是個虛構的人物。然而至少在那個著名的故事中，講故事的人成功地說服了一位準備發動戰爭的人，有效地為兩國百姓化解了一場浩劫。

　　《莊子》中記載：戰國初期，魏國透過李悝變法一躍成為最強的國家，魏惠王仗著自己國力雄厚，便想以齊威王當年曾違背盟約為由發動攻齊戰爭。莊子的朋友、身為國相的惠施為勸魏王息兵，連忙請來了一個名叫戴晉人的隱士規勸魏王。見到魏王，戴晉人問：「大王您可知道蝸牛嗎？」魏王說：「當然知道。」戴晉人接著說：「我就跟大王講一個與蝸牛有關的故事吧：有這麼一隻蝸牛，長著兩隻觸角，左面的角上有一個國

家,稱為觸氏;右面的角上也有一個國家,稱為蠻氏。觸氏和蠻氏為了爭奪領地,動不動就交兵開戰,伏屍數萬⋯⋯」戴晉人還沒說完,魏王就不以為然地笑道:「你講的都是子虛烏有的事情。」戴晉人說:「這並非虛假之言,我們姑且來論證一下:以君王看來,四方上下有窮盡嗎?」魏王多少懂點常識和哲學,想了想說:「沒有窮盡。」戴晉人又問:「人的心巡遊過無窮無盡的宇宙之後,又返回到人世,可不可以說人世渺小到了似有似無?」魏王又答:「對。」戴晉人接著問:「人世既然都可以渺小到可有可無的地步,而魏國又只是人世間一個很小的地方,國都又是魏國之中很小的一塊地方,大王又是國都中很小的一個形體,那麼,相對於無窮無盡的宇宙而言,您跟蝸牛右角上蠻氏國的國王又有什麼分別呢?」魏王說:「真是沒有什麼分別。」⋯⋯最終,魏王體悟到了人世和國土的渺小,感受到了征戰和擴疆的無聊——即使能夠勝利,所得不過蝸牛一角之地而已,實在沒什麼意思。

　　戴晉人的話有一定的超前性,對古人來說玄之又玄,但現代人就很容易理解:太空人在外太空看我們的地球,不過一個乒乓球大小。再遠一點兒,根本就看不見了,還不如蝸牛的觸角。那麼我們人類又在哪裡呢?和宇宙比起來,我們實在太渺小了,我們的生命也實在太短暫了。把有限的生命投入無限的爭鬥,世上還有比這更愚蠢的事情嗎?

　　白居易曾經就這個故事寫過一首《對酒》詩,我們的標題即是從中而來:「蝸牛角上爭何事?石火光中寄此身。隨富隨貧且隨喜,不開口笑是痴人。」意思是說:人活在這個世界上,就好像侷促在那小小的蝸牛觸角上,空間是那樣的狹窄,即使都爭到,又有什麼好爭的?人生須臾短暫,就像火石撞擊時所發出的火光那樣短暫,又有什麼值得計較的呢?人生貧富無常,人們應該明智點兒,放下爭鬥,笑口常開,遠離爭名奪利,盡享美好人生。

　　然而古今中外，有幾個人能做到這一點？類似聽了戴晉人一個故事就不再有出兵的念頭的事情，大概也只能出現在莊子的寓言裡。世界至今仍不太平，很多國家都被迫跟著戰爭機器前進，欲罷不能，很多士兵在最美好的年紀成為對方狙擊手的靶子，很多無辜平民被反對派的各種炸彈奪走生命，活著的人也憂心忡忡，朝不保夕……

　　這是大的方面，小的方面的紛爭更是不可能用篇幅所窮盡。有些人爭利、有些人爭名、有些人爭位，有些人實在沒的爭就爭氣，動輒污言穢語盡出，流氓無賴相盡顯，總之寧可拚命，也不能讓對方占半點光。

　　馮夢龍在《三言二拍》中講述過這樣一個故事：某地有父子二人，性格剛直，生活中爭強好勝，從不讓人。一日，家中來了客人，父親讓兒子去集市買肉待客。兒子拿著錢迅速進城，在肉案上買了幾斤上好的豬肉，用繩子提著轉身回家。在城門處，迎面碰上一個同道中人，雙方不僅寸步不退，連側一下身都不肯。二人面對面地挺立在那，對峙了很久很久。轉眼日已正中，家中還在等肉下鍋待客飲酒，做父親的不由得焦急起來，便出門去找買肉未歸的兒子。到城門處，看見兒子還僵立在那裡，半點也沒有讓人的意思。父親心下大喜，暗忖這真是我的好兒子，性格剛直如此！轉而又大怒，這是何人，竟敢如此放肆。想到這裡他躦步上前，大聲說道：「好兒子，你先將肉送回去，陪客人吃飯，讓為父的站在這裡與他比一比，看誰撐得過誰！」話音剛落，父親與兒子移形換位，兒子回家去烹肉煮酒待客，父親則站在那個人的對面，如怒目金剛般挺立不動，惹得圍觀者狂笑不止。

　　用老百姓的話說，故事中的父親與兒子，包括那個與父子倆對峙的人，是嚴重的缺心眼兒。如果非要給他們起個日本名字的話，那就是「缺

心眼子」。遺憾的是，生活中這種人並不少，有很多認為別人缺心眼的人，事到臨頭也往往缺上那麼一點點。

　　因為不肯相讓導致的悲劇還少嗎？為何不試著讓一讓，也給對方道一句「承讓」的機會呢？讓人就是讓自己，千萬別跟自己過不去。

第08堂課　不爭—王者不爭，不爭者王

第 09 堂課
選擇 —— 選擇不對，努力白費

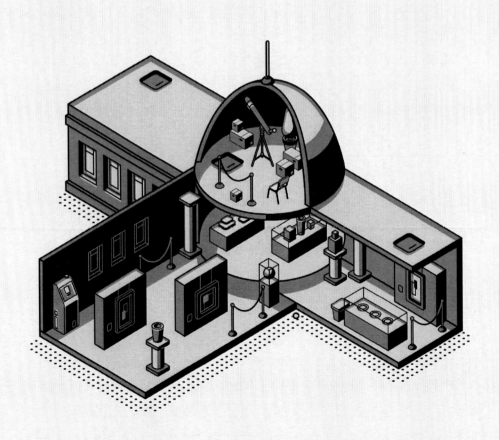

‖ 有智慧不等於會選擇 ‖

> 我們都有暢想未來的權利，但未必每個人都會為夢想找到合適的停
> 泊地，所以，我們要學會選擇。

時下有一句流行語，叫「選擇不對，努力白費」，言下之意，選擇大於努力，頻繁出入於各相親節目的美女們就是最忠實的擁躉。收看類似節目時，很多人都會嗤之以鼻 —— 哼，拜金！其實我們也應該站在女嘉賓的角度考慮一下，畢竟女怕嫁錯郎，畢竟我們有著「嫁雞隨雞、嫁狗隨狗」不良傳統，現在雖說婚姻自由了，但也不能總給民政局找麻煩吧？

受一些穿越劇的影響，好多女生都想穿越回古代去生活，當個古典美女，其實古代除了空氣比現在好些，別的方面根本就不好玩，尤其是女性，讓你嫁給誰你就得嫁給誰，幾時想休了你就休了你，一點兒選擇權也沒有，有什麼好玩的？

古代的男人們也不好玩，尤其是在官場。因為他們雖有選擇權，但最終解釋權不在手裡。運氣好的，站對邊了，飛黃騰達、錦衣玉食不成問題。可是一旦站錯邊了，棋差一招，那麼對不起，輕則黃牌罰下，重則身陷囹圄，甚至直接把小命弄丟，又何談什麼事業、前程、人生幸福？來生再談吧！

因此，古人沒法不重視選邊站的問題，可問題難就難在這選邊又實在不好站：是跟張大人好呢？還是跟劉大人好呢？如果選項只限於張大人和劉大人，那還比較幸運，萬一要再有個李大人，或者逢著終極大人皇帝老子不給力，哪個大人都不能得罪，總不能全選吧？要知道，牆頭草往往是第一個倒楣的。

就因為歷史的選擇變數太多且不容有失，每朝每代不乏站錯了邊的悲劇人物，而那些「幸運兒」，自然而然地會成為後人效仿的對象。

　　曾國藩就是個中典範。太平天國爆發後，曾國藩適時建立了自己的武裝——湘軍，積極圍剿義軍。當時，清廷與他的關係非常複雜且微妙：不用他吧，太平天國聲勢浩大，無人能敵；用吧，曾國藩是個漢人，手握重兵，難保日後不生異心，而且湘軍還是他一手建立的子弟兵，這是對清廷的巨大威脅。權衡利弊，清廷對曾國藩採取了一種用你幹事可以，但是不給高位實權的策略，這讓曾國藩不是很滿意，而且很擔憂。為消除朝廷的疑慮，曾國藩暗地觀察分析，準備找一位朝中重臣為自己說話、撐腰。

　　不久，清軍江南大營潰敗，兩江總督何桂清臨陣逃脫，咸豐不得不考慮替代人選，這時重臣肅順站了出來，極力推薦曾國藩，咸豐准許。但在聖諭未下之前，肅順便將此事透過胡林翼（湘軍將領之一）祕密轉告了曾國藩。曾國藩看完肅順的密函，激動得雙手發顫，心裡充滿了感激之情，以至他產生了給肅順寫一封感謝信的衝動。

　　但提起筆，曾國藩總覺著有點不對勁，他想，肅順為什麼要把這件事告訴胡林翼和我？很明顯，他想討好我，或者說是利用我。曾國藩開始冷靜地分析肅順：他精明幹練，魄力宏大，敢於重用漢人，但驕橫跋扈、獨斷專行，仗著皇上的寵幸，甚至連恭親王也不放在眼裡。恭親王等人在朝中勢力很大，肅順卻人單勢孤，聽說皇上身體很差，萬一不測，肅順豈是恭王的對手？他這樣拉攏自己，莫非心懷叵測？還是謹慎為好！所以，他沒寫感謝信給肅順，而且從始至終都沒與肅順有過任何私下聯繫。

　　後來的事情我們前面已經提過：慈禧、慈安連同恭親王處決了肅順等八大臣，連帶處決了大批與肅順關係密切者，曾國藩卻因為沒有在肅順家中留下「隻言片語」而受到慈禧的「另眼相看」，深得倚重。

　　曾國藩是近代歷史上的爭議人物，但他的智慧是不容爭議的，因此才有「做官要做曾國藩」一說。透過上面的案例，我們不難發現，站在十字

路口，曾國藩同樣難以抉擇。這時候，一般人往往跟著感覺走，誰對自己「好」就跟誰，而曾國藩卻在關鍵時刻冷靜了下來，透過自己的分析，找對了自己的路。當今社會雖不再像古代官場那麼殘酷，但派系林立、相互傾軋在很多領域、很多單位還是現實存在，因此，在必要的時候保持必要的清醒，本著不害人也不能被人害的邏輯做出精準的選擇，對誰都很重要。

　　下面我們再來看一個反面案例 —— 田豐是三國時期的著名謀士，有才華，他的上司袁紹最初也最有實力，但這原本應該成為一對黃金搭檔的兩個人最終卻聯手導演了一場悲劇 —— 一個死於囚牢，一個官渡兵敗。

　　田豐最初和袁紹是同事，都是皇帝老子的官。後來，他因不滿宦官專權，索性棄官歸家。袁紹起兵討董卓時，邀他出山，他欣然答應，此後多次為袁紹出謀劃策，消滅了公孫瓚，平定了河北。西元 200 年，袁紹與曹操對峙於官渡，關鍵時刻曹操抽身東擊劉備，田豐力勸袁紹趁機偷襲曹軍後方，袁紹卻以兒子生病心情煩亂為由拒絕，以致貽誤戰機，氣得田豐跌地長嘆，一再苦勸，肯定也沒少說不中聽的話，最終惹惱了袁老闆，把田豐關進了大牢。稍後，曹袁大戰在即，田豐又寫紙條托人勸袁紹進行持久戰，不可妄動，否則必為曹操所乘。袁紹是個小心眼兒的人，心說你這不是明擺著罵我沒曹操心眼多嗎？當即大罵田豐，並說等我凱旋歸來一定將其斬首！

　　沒多久，袁紹就被打得七零八落，殘兵敗將們想起田豐的話議論紛紛，袁紹也很後悔，但他死要面子，不好意思去見田豐。這時，田豐的對頭逢紀又進言道，我聽說田豐在獄中聽說我軍敗了，拍掌大笑，還說什麼「果然不出我所料，老袁無能」云云，袁紹聽罷大怒，立即派人去殺田豐。

　　在獄中的田豐也透過看守得到了袁軍大敗的消息，看守說：「先生真是神機妙算，袁將軍很快就會放了你，大加提拔，恭喜您！」但田豐卻長

嘆一聲，說道：「我活不成了！」看守不解，田豐解釋道：「主公嫉妒心強。如果他打贏了，還有可能一高興把我放了；如果他戰敗了，他必然會處死我。」話音剛落，便有傳令者命取田豐的人頭，田豐坦然自殺。

由於羅貫中在寫《三國演義》時把諸葛亮當作第一智者大書特書，因此像田豐這類「很早」就退出了三國舞臺的人，在人們的頭腦中印象並不深，但僅憑上述一事，我們就可看出，田豐即使比不上諸葛亮，至少也稱得上料事如神。然而，他明知袁紹是個剛愎自用、心胸狹隘之人，仍固守著「好女不嫁二夫，忠臣不事二主」的迂腐觀念，最終做了「袁家的鬼」，實在令人沒法同情。不過這也從另個角度為我們提了個醒，那就是沒智慧的人固然談不上什麼選擇，但有智慧也絕不等同於會選擇。有時候，可供選擇的條件還是不斷變化的，比如田豐，他最初選擇袁紹並非毫無道理，但是當袁紹已經跟不上時代的發展而且還會對自己的生命產生不利影響時，他仍不諳或不屑「良禽擇木而棲」的道理，他不倒楣誰倒楣？

‖ 錯一步便是歧途 ‖

> 到了山頂才發現，錯誤的路和正確的路就差那麼幾步的距離。

先秦哲學家楊朱是個很有意思的人，有一天，有人發現他坐在一個十字路口上哭泣，很是詫異，便問他為什麼悲傷。楊朱解釋說：「這不是一個簡單的十字路口，這分明是人生的歧路，是現在哪怕踏錯半步到將來覺察時追悔莫及的地方啊！」

儘管楊朱這種行為藝術式的哲學直到今天依然不能被大眾所接受，但他的中心思想是沒錯的。人生就是一條路，走好了，可能是金光大道，陽光普照，走不好，錯一步就是歧途，甚至「一步踏錯終身錯」，最終走上絕路。

　　秦朝著名政治家、文學家李斯的遭遇，可謂正反兩面皆占盡，下面我們就來重溫一段有關他的歷史：

　　李斯年輕時，本是楚國上蔡郡一個管糧倉的小官，有一天他上廁所，驚動了廁所裡的一群老鼠，這些在廁所裡棲身的傢伙，個個瘦小枯乾、毛色灰暗，身上又髒又臭，讓人噁心。再想自己在糧倉裡看到的老鼠，它們一個個腦滿腸肥，皮毛光亮，整日在糧倉裡逍遙自在，與廁所裡的老鼠真是天壤之別！再想想自己，在這個小小的糧倉中一呆就是八年，從未看過外面的世界，這與那些廁所裡的老鼠何異？於是李斯決定換一種活法，第二天他就離開了上蔡，尋找自己的糧倉之路。

　　簡而言之，李斯離家後，先是拜大學者荀子為師，學了一身帝王之術，學成後他又分析了天下大勢，投奔了實力最強大的秦國，且非常乖巧地投靠在了當時左右秦國實際權力的呂不韋門下，從而有了遊說秦王的機會。在秦王聽信本土大臣們的建議下令驅逐異國客卿時，他也沒有像一般客卿那樣轉投他處，而是給秦王上了著名的《諫逐客書》並成功打動了秦王，得以留在秦國繼續發展。至秦國一統天下時，他已經貴為大秦丞相，此後他協助秦始皇訂文字，統一度量衡，設郡縣制，也參與了焚書坑儒事件，既發揮積極作用，也起到了消極作用，但整體而言利大於害，也算是基本上找到了自己的「糧倉」。

　　從某一程度上來說，在此之前的李斯的所有選擇基本上都是對的，包括他一直為人詬病的害死師兄韓非一事，至少對他個人來講是個「不錯的選擇」。但在最最關鍵的時候，也即秦始皇猝死於巡遊途中後，他卻做出了一個極為嚴重的錯誤選擇，不僅導致他自己最終身首異處，也在一定程度上引爆了秦國的滅亡。

　　史載秦始皇有十幾個兒子，他本來是準備把皇位傳給長公子扶蘇的，

但他病倒時扶蘇遠在邊關，而且扶蘇身邊的名將蒙恬一家與趙高有仇，因此秦始皇死後，趙高便連威脅帶利誘地對李斯說：「你想想看，你的能力與蒙恬相比誰更厲害些？如果讓扶蘇做了皇上，他還會用你當丞相嗎？我們不如一起擁立就在這裡的公子胡亥。皇上的遺詔和玉璽都在胡亥手裡，他們兩個誰接替皇位，全憑你我一句話。您看怎麼辦？」出於私利，李斯選擇了胡亥。不久，趙高便與李斯合力誅殺了蒙恬，扶蘇則畏罪自殺，秦始皇的其餘十幾個公子和十餘個公主也都被定了死罪，受株連的大臣更是不計其數。而李斯，只繼續做了一年的大秦丞相，便被想自己當丞相的趙高唆使秦二世捕入牢中，自己判了腰斬之刑不說，還連累的滿門抄斬，三族盡夷。臨刑前，他看到自己最心愛的幼子也在待斬之列，不禁悲從中來，愴然而嘆：「我多想和你像以前一樣，一塊兒牽著大黃狗，在咱老家東門外追兔子啊！」說罷，父子二人相對痛哭，其餘族人也哭作一團。

李斯臨刑前這段話，被後人概括為「黃犬之嘆」，儘管從一定程度上說，他的遭遇稱得上罪有應得，然而讀史至此，每每令人悚然動容。歷史不能假設，歷史的殘酷性也決定了我們不能斷言如果當初李斯反對趙高他的下場就會以喜劇收場，但至少在理論上，那實在是個錯誤的選擇。他告訴我們這麼一個道理，當一件事情難以抉擇時，當我們的選擇將左右著正面人物（姑且不去計較蒙恬和扶蘇到底是不是正面人物）和負面人物的命運時，一定要盡量選擇堅持原則，做個好人。

相比較而言，比李斯稍晚的西漢開國功臣陳平，當初所面臨的選擇就更為複雜了。陳平最初也是個名不見經傳的儒生，投入劉邦手下前還先後兩次開過小差，還有人說他品德不檢點，跟自己的嫂嫂有染，不過他最終憑藉自己的智謀奠定了自己在劉邦集團中的地位，西漢建立後，受封曲逆侯。

有句話說得好，封建社會的很多事都不外乎皇帝的家事。這種事最不

107

好管，不幸的是，西元前 195 年，我們這位曲逆侯就遇上了這麼一件家事。當時，劉邦剛剛平定英布回到長安，便舊傷發作，病倒了。恰在此時，又傳來了燕王盧綰叛變的消息，劉邦便派自己的妹夫、大將樊噲以相國的身分率軍去討伐。樊噲走沒多久，便有人對劉邦說：「陛下，樊噲跟呂后見您身體不適，串通一氣，想等您百年之後圖謀不軌……」劉邦早就對呂后干政心懷不滿，現在又聽說呂后跟樊噲串通一氣，又氣又急的他決定臨陣換將，命陳平和周勃前往軍營祕密斬殺樊噲，取而代之，並即刻送樊噲的人頭回京。陳平、周勃當即動身，路上陳平對周勃說：「樊噲是皇上的老部下，勞苦功高，又是皇親，萬一皇帝過了氣頭後悔了，我們怎麼辦？再說皇帝病得這麼厲害，將來一旦呂后掌權，她的妹妹搬弄是非，我二人豈不遭殃？我看咱們不如這樣辦：既不違背皇上的命令，也不能得罪呂后，還能暫時保住樊噲這個老搭檔，我們把他抓住，綁上囚車送回長安，或殺或免，讓皇上自己決定。萬一皇上不治，也沒咱們的事。」周勃當即同意。結果當陳平押著樊噲返京時，剛走到半路上就聽說了劉邦已病故。他唯恐夜長夢多，立即策馬趕往長安，及時見到了呂后，巧妙地表了一功。呂后姐妹倆聽說樊噲沒死，當即把他當成了自己人，命他輔佐新皇。呂后死後，陳平還與周勃合作平定了諸呂之亂，迎立代王為漢文帝，把整個劉氏江山都扶回了正軌，相當程度地管好了劉邦的家務事。

　　像陳平這樣的智者，整個中國歷史上也沒有幾個，他高明就高明在遇事考慮全面、分析透徹，具體執行時又有緩有急有彈性，絕不生硬，從而給了自己更多的轉圜餘地和退路。所以，後來人在遇到類似情況時，尤其是在前途不明的情況下，絕不可冒進。須知前路不明時，退路往往就是生路且往往是唯一的生路。

┃選擇太多等於沒有選擇┃

板凳要坐十年冷，文章不寫半句空。

前面兩節，我們費了數千字的筆墨，講的無非是一個話題 ── 如何找個好老闆。那麼可以想見，老闆們無疑也在望眼欲穿地盼望著屬於自己的「好員工」。

什麼樣的員工稱得上「好員工」呢？古語有云：學好文武藝，賣與帝王家。皇帝這個終極大老闆，向來只招文、武兩種人，文人幫他統治臣民，武人助他開疆拓土、守衛江山。因此古往今來，有志向的人大都會走這兩條路，有些人則索性走二合一的路子，文武結合，連賣帶搭，最受皇家歡迎。當然也有自己創業的，比如「聞雞起舞」的祖逖，但最終能夠自己當老闆的終究是少數，大多還是希望被收編，比如「上馬擊狂胡，下馬草軍書」的辛棄疾。

所謂「三百六十行，行行出狀元」，皇家也並非除了文人武人什麼都不要，有些特殊技能，皇家也離不了。比如醫生，雖說用得少，但多少也得準備幾個。由於醫術又是社會必需的技能，因此皇家不要，民間也少不了，因此古人云：不為良相，就為良醫。由於競爭過於激烈，相不是每個讀書人都能當上的。但倘若一個讀書人既不能出將入相，又不能當個良醫，那麼這個人基本上就與幸福指數無關了。

清代就有這麼一位老兄。他死後，他的表弟在其墓誌銘中寫道：「吾表兄，年四十餘。始從文，連考三年而不中。遂習武，練武場上發一矢，中鼓吏，逐之出。改學醫，自撰一良方，服之，卒。」這篇墓誌銘翻譯過來就是說：這裡埋葬的是我的表哥，他活了四十多歲。一開始是從文的，連續考了三年都沒中。於是就改習武，武試時在練武場上射了一箭，射中

109

了在場邊敲鼓的卒史，被趕了出來。又改學醫，一段時間後，自己寫了一個藥方子，吃過以後，死了。

我們前面說過，人生一定要走對路，上文中的主角無疑是個很會走路的人，習文、練武、學醫，哪一樣學好了都不會太差。但問題的關鍵是，他一樣也沒學好，除了為歷史留下個笑柄，啥也沒留下就「英年早逝」了。這樣的人，無論是不是「吃錯藥」，也無論處在什麼社會，都不可能有太大的成就。

說到成就，尤其是思想方面的成就，我們很自然地就會聯想到歷史上那些大家，比如老子、莊子、孔子、孟子、韓非、墨子等等，他們的智慧都是從哪裡來的啊？他們的智慧怎麼又那麼高超呢？直令生活在現代社會、學習條件與他們有天壤之別的我們自愧不如。

那麼真正的原因何在呢？個人的天賦是必然的，但光有天賦還遠遠不夠，還需要勤奮和專一。說到勤奮，我們一再提起的曾國藩曾有一個小段子：

曾國藩小時候，天賦非但不高，而且稱得上很笨。因此，別的孩子很快就能掌握的文章，他往往要背上很久。有一天晚上，曾國藩在書房背書，一篇文章念了數十遍，還是不能背下來。這時有賊人光臨，潛伏在屋外，準備等曾國藩睡覺後撈點好處。可是左等右等，曾國藩總也不睡，只是翻來覆去地讀那篇文章。眼看天將破曉，賊人只好揚長而去！

說到專一，應該說古人有「客觀優勢」。比如說孔子，他們所處的時代，決定了他們不像今人一樣有太多知識可供學習，那個年代所有的書加在一塊估計也不會超過一百種，最普遍同時也是最受歡迎的書便是《尚書》、《周易》、《道德經》等有限的幾本，因此很多古人一輩子讀來讀去，也就這幾本，倒背如流對他們來說就如同家常便飯，同時，書讀百

遍，其義自現，古人最終把這些原本就很精深的書籍鑽研得更加博大精深，以至於古籍往往分為毛注本、劉注本、沈注本，等等。而今人，第一人們不必再像古人那樣守著那幾本有限的書，第二人們尤其是讀書人也不必再把讀書當官作為唯一的出路，對更多的人來說，讀書就是增長見識，娛樂娛樂，因此很多書往往只被流覽一遍就被扔在了腦後，你能指望他們流覽出什麼名堂？

　　說白了，人生要耐得住寂寞。人生需要選擇，但選擇需要堅持。哲人說，有思想者皆寂寞，幸虧還有好書讀。我倒認為這話應該倒過來，因為寂寞，才有思想。有思想的人是不會寂寞的，很多人口中所謂的寂寞，其實質是空虛。

　　在專一方面，古人同樣為我們做好了榜樣。茲舉一例，權當我們的結尾：宋代著名政治家、文學家范仲淹，從小就有性格。因家境貧寒，他在外地讀書時，經常是每天早晨煮一碗粥，分成兩份，早晚各吃一份，天天如此。有一次，皇帝外出巡遊，路過他讀書的地方，城裡所有人都跑去看皇帝，唯有范仲淹安坐如山。幾個要好的同學就來找他，快去看看吧，皇帝來一回太不容易了。范仲淹卻淡定地說：「不就是皇帝嗎？以後再見不遲。」說完繼續讀書。第二年，他便考中了進士，不僅見到了皇帝，還被委以地方官之職，從此走上了「先天下之憂而憂、後天下之樂而樂」的道路。

第 10 堂課
捨棄 —— 沒有什麼不能捨棄

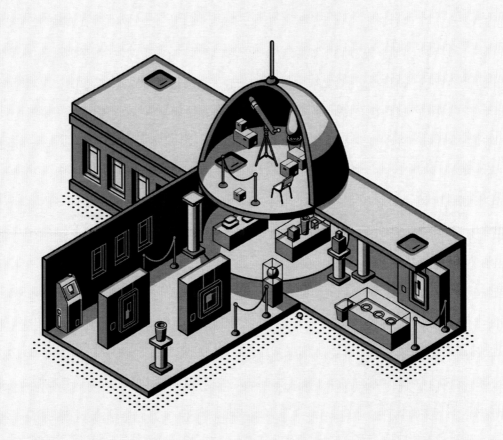

｜放棄也是一種美麗｜

> 一個人，喪失了某些器官就會喪失生命，但喪失了另一些器官仍能
> 生存，後者是「非充分必要」的。軍事家孫臏讓人挖去了髕骨，不
> 能走路了，但照樣打勝仗，沒影響他的智力。

修身、齊家、治國、平天下，這是中國古代文人的終極追求。但幾千年來，真正能做到這幾點的人寥寥無幾。相反，每個人腦袋裡都有幾個類似身敗名裂、國破家亡之類的反面案例。之所以會如此，一方面在於「修齊治平」既然是終極目標，那麼對大多數人來說便明顯過高，難以達到；另一方面則在於，人們一旦身居高位，權柄在握，又往往貪戀名利，最終像賽場上的賽車手一樣，越快越嫌不快，最終毀於名利。當然總有個案，春秋時期的范蠡，既能治國用兵，又能齊家保身，因此歷來為史家和後人所推崇。

范蠡年輕時，曾跟隨農家學派的創始人計然學藝。但他這個人言談舉止都很超前，因為很多人並不認可他。後來，越國大夫文種聽說了他的事情，專程拜訪之下，非常佩服范蠡的才學，便把他推薦給了越王勾踐。勾踐當即把范蠡安排在身邊，視作左膀右臂。不過沒多久，他這個頭腦卻出了問題 —— 一發熱便挑起了與吳國的戰爭，最後被吳王夫差打敗，退守會稽。不得不清醒下來的勾踐鑑於形勢，迫不得已採納了范蠡的計策，向夫差稱臣，並與妻子親自前往吳國做了三年人質，范蠡與文種也陪伴始終。期間，夫差聽說范蠡很有才能，試圖延攬他，並許以高官厚祿，但范蠡說：「大王能留我一命，我就很滿足了，哪還敢奢望榮華富貴？」不肯變節。此後，范蠡還多次幫勾踐化解夫差的疑慮，最終騙取了夫差的信任，與勾踐回到越國。回國後，范蠡又配合勾踐「臥薪嘗膽」，發憤圖強，歷經二十餘年，最終一舉滅掉了吳國。

　　取得這麼大的勝利，勾踐沒有理由不慶功。就在大家喝得興高采烈之際，范蠡發現，勾踐的臉上突然閃過一絲不悅。原來，為了慶祝勝利，一個樂師在沒有彙報的情況下，私自即興作了一首《伐吳曲》，引吭高歌：「吾王神武蓄兵威，欲誅無道當何時。大夫種上前致詞：吳殺忠臣伍子胥，今不伐吳又何須？良臣集謀迎天禧，一戰開疆千餘裡。恢恢功業勒常彝，賞亦所各罰不違。君臣同樂酒盈卮！」范蠡敏銳地意識到，是因為樂師在曲子裡稱頌了一下文種的功勞，引起了勾踐的不高興。這個人太狹隘，也太可怕了！他愛的是疆土和權勢，只可共患難，而不可以同富貴。在那一刻，范蠡心灰意冷，萌生了急流勇退的想法。

　　但第二天，范蠡向勾踐請求退隱時，勾踐卻假惺惺地說：「沒有先生，就沒有寡人的今天。先生怎麼能捨我而去？如果先生留下，我願和您一起共用越國。」范蠡再次請求，勾踐居然威脅道：「先生如若私自逃走，必將身敗名裂，一家老小難保！先生還是留下來與我共用越國吧！」這下范蠡更寒心了，當天晚上，他便帶著家人不辭而別，終生未回越國。

　　臨走前，范蠡還給曾經「風雨同舟」的好朋友文種留下一封信，勸他「速速出走」，文種起初不信，但後來看到勾踐與功臣們逐漸疏遠，方才如夢初醒，便假託有病，不再上朝。然而為時已晚，勾踐深知文種才華過人，便借奸臣誣告文種之機，賜給文種一把寶劍，說：「先生曾經教我伐吳七策，我僅用三策就滅掉了吳國。現在請先生帶著其他四策去地下服侍先王吧！」文種仰天長嘆一聲，說道：「我真後悔當日不聽范蠡之言，如今果然是兔死狗烹、鳥盡弓藏！」說罷拔劍自刎。

　　儘管中國歷史上，「兔死狗烹、鳥盡弓藏」的橋段一再演繹，但為了名利戀戀不捨，最終飛蛾撲火的人從來不曾少過。有人為名，有人為利，有人為人，有人為己。難道這些人都不明白嗎？顯然不是，單說故事中的

文種，其智謀並不見得就比范蠡遜色。其實，范蠡的難能可貴之處，就在於他看透了名利場這個最殘酷的戰場，從而敢於在自己事業如日中天之際激流勇退。這是大智，更是大勇。而且從范蠡後來能「三致千金」來看，棄政從商對他來說未嘗不是一片更適合的天地。可見，放棄也是一種美麗。放棄的同時，其實也是得到的開始。

當然放棄並不一定意味著得到，但歷史的殘酷性就在於，不放棄也得放，因為有時候，待人們想放棄時，往往已失去了放棄的機會。為了更好地說明這一問題，我們再來看一段范蠡老年時的一段故事：

《世說新語》中記載：范蠡在離開越國後，化名陶朱公，靠著經商發了大財。在發大財的同時，他還發揚老有所為的精神生了個小兒子。這個小兒子就像當今的好多富二代一樣，從小不務正業，頑劣淘氣，掙錢一個不會，花錢倒像流水。最讓范蠡擔心的還是自己的二兒子 —— 脾氣暴躁不說，還往往仗著老子有錢欺負人。不知是范蠡溺愛兒子，還是兒子屢教不改，總之有一天，二兒子闖了大禍，在楚國殺了人，按律秋後問斬！愛子心切的范蠡當即做出了一個違背天理的決定 —— 讓小兒子攜帶千兩黃金去楚國營救哥哥。但是范蠡的大兒子不同意，他認為讓頑劣不堪的三弟去楚國，多半會害了二弟。如果讓自己去的話，成功幾率會比較高。范蠡基於自己的考慮，卻說什麼也不答應。於是范蠡的大兒子的缺點 —— 固執 —— 暴露出來了。他提出，家裡有這麼大的事情，不讓我這做大哥的去，分明是說我不肖嘛！我這麼不肖，還不如自殺的好！估計這位范公子有過自殺的先例，范蠡怕他想不開，加上范蠡的妻子也在旁邊歷數小兒子的劣跡，說大兒子辦事能力強，范蠡最終答應了大兒子。為穩妥起見，臨行前他交待大兒子到楚國後，一定要把千兩黃金和自己的親筆信交給自己的朋友莊生，任憑莊生處置。不出意外，他必能救你二弟的性命。

　　救人心切的大兒子很快趕到楚國，找到了莊生。但一見之下，不禁涼了半截：莊生實在太窮了。雖然他謹尊父命把信和黃金交給了他，但心裡總是不放心。於是便悄悄留在了一個朋友家，以備莊生不濟時再想辦法。但他哪裡知道，莊生雖是個窮儒生，但卻是楚國上至國王下至百姓都尊敬的人。第二天，莊生便找到楚王說，自己夜觀天象，發現天上有災星劃過，不利於楚國，所以必須及時施行德政。楚王向來信服他，當即下令實行最大的德政 —— 大赦天下。

　　也就是說，殺了人的「范二」不用償命了。換言之，范蠡一家人的目的達到了。但范蠡的大兒子卻再次找到莊生，要他把一千兩金子還回來。因為他認為，遇到大赦，他弟弟本來就該出獄，那一千兩黃金豈不是白送給莊生了？莊生倒是沒要賴，但把金子還給對方後，他再次找到了楚王，說：「大王，現在外面很多人都在議論，說陶地的富翁陶朱公為營救自己的兒子，派人用重金賄賂了大王左右的人。也就是說，人們懷疑大王大赦天下並不是真正體恤楚國人，而是為了開釋陶朱公的兒子……」楚王一聽，立即說道：「這好辦，我們先把朱家的兒子殺了，再大赦天下，傳言定會不攻自破！」說罷，楚王吩咐手下立即處死了「陶二」，范蠡的大兒子最終只能帶著弟弟的屍首回到家中。

　　全家人涕淚橫流，范蠡卻笑著說：「我就知道老大一定會害死老二。他不是不愛弟弟，只是從小跟著我四處奔波，吃了太多的苦，知道生活的艱辛，知道賺錢不容易，所以把錢財看得很重。可是想營救犯了法的人，不花重金怎麼行？我本來想讓老三去的，他一生下來就在蜜罐子裡，哪裡知道錢財來之不易？千兩黃金對他來說扔了都不覺得可惜。可老大做不到這一點，最終害了弟弟，這是情理之中的事，他還沒出發我就有心理準備了，你們也不要太難過。」

　　儘管這個故事有一個極大的漏洞，那就是范蠡如果真像自己說得那樣料事如神，他完全可以在臨行前向大兒子講明利害。他這樣做，多少有點用兒子的生命證明自己的眼力之嫌！而且，他用錢贖命的做法本身就不符合道義，老天可以說是「疏而不漏」了一回，不過這個故事至少也從側面提醒了我們，有些東西不管多麼重要，該放棄時都必須放棄，容不得半點馬虎，畢竟，留得青山在，不怕沒柴燒。而沒了青山，有多少柴，與你何干？

▌捨不得，也要捨 ▌

> 你想贏得淑女，必然失去辣妹。你想擁有財富，就必然要捨棄安逸，
> 選擇奮鬥、付出努力。這就是生活的真相。更殘酷的是，有時你肯
> 捨棄、肯選擇、肯付出，也未必能得到。

　　最近在網路上看到一篇文章，說是一位老先生退休後，懷念農村生活，在自家的小院裡種了一些蔬菜和幾株玉米，但玉米只長秸稈不結棒子，讓老先生百思不得其解……

　　其實這個問題倒也簡單，玉米是一種依靠風力傳粉的植物，只有在風把別的地方的玉米的雄蕊上散發出來的花粉，吹到這些玉米的雌蕊上時，它們才能完成授粉。而在寸土寸金的都市，哪裡還有種玉米的地方？

　　為這，有人還寫了一個寓言，說某地有個老農，年年都參加農產品大賽，他種的玉米年年都得獎，記者採訪他有沒有什麼祕訣，老農說自己之所以成功，靠的是把自己的種子免費分給鄰居們。記者又問為什麼，老農回答說：「玉米是靠風傳粉的，風會將成熟玉米的花粉從一塊地吹到另一塊地。如果我的鄰居種的是品質不好的玉米，那麼雜交傳粉就會讓我的玉米品質不斷退化。」

　　寓言畢竟是寓言，至少我如今就還沒見過這麼高尚的老農——至少也得收點錢，不可能免費送。但它所揭示的道理是沒錯的，那就是送人玫瑰，手留餘香，不送人玫瑰，玫瑰可能會把自己紮傷。

　　在《三國演義》中，劉備剛剛占領西川，曹操便平定漢中，直逼劉備。劉備急請諸葛亮商議對策。諸葛亮說，眼下曹操並非全力攻我，他還在分兵屯駐合肥，這是怕孫權收漁人之利。我們如果把江夏、長沙、桂陽三郡還給東吳，並令舌辯之士陳說利害，東吳肯定會起兵襲擊合肥，牽動其勢，曹操必定會退兵回救，如此西川可安。後來的情勢果然如諸葛亮所言，吳國興兵，曹操放棄攻蜀，回師合肥，劉備得以喘息，安定了西川根據地，並由此立國建業。

　　如果說諸葛亮與劉備的捨得是一種戰略和無奈之舉，那麼秦穆公的捨得則是一種完全意義上的高尚。史載秦穆公有一次丟失了自己的馬，岐山附近的三百多百姓揀到這匹馬後，竟把馬殺掉，吃了肉。官吏追捕到這些人後，準備繩之以法。秦穆公卻說：「有道德的人是不會因為牲畜的緣故而傷害人的，我聽說吃馬肉不喝酒會傷身體的。」說完便命人赦免了這些人，並賜酒給他們。這些人喝完酒，都慚愧的走了。三年後，晉國攻打秦國，秦穆公被晉兵團團圍住，情勢非常危急。正在這時，只聽週邊有人喊道：「咱們可得為君王拚死作戰，以報當年食馬賜酒的恩惠。」原來是那三百多百姓聽說秦穆公被圍，個個拿著武器，拚死作戰，來救秦穆公。在這些人的奮力衝殺下，秦穆公不僅衝散了包圍，倖免於難，還打敗了晉國，俘獲了晉侯。

　　當時的晉侯是晉惠公，他姓姬名夷吾，是晉獻公之子，晉文公之弟。在歷史上，晉惠公雖然也不是什麼昏庸之人，但明顯不能與他的老爸與老兄比，尤其是在捨得這一方面。

　　先說晉獻公。他在位共 26 年，期間攻滅驪戎、耿、霍、魏等國，擊敗狄戎，史稱其「併國十七，服國三十八」，絕對稱得上「有作為」。不過晉獻公為後人所熟知，更多的還是因為那個著名的成語 —— 假道滅虢。雖說當大夫荀息一開始提出讓晉獻公把自己心愛的寶馬和寶玉送給貪小便宜的虞國國君時，晉獻公也很捨不得，但當荀息說您的美玉和寶馬不過是暫時存放在虞公那裡時，他立即便心領神會，採納荀息的計策，很快便把兩個小國併入了晉國的版圖。

　　至於晉文公重耳，那更是歷史上鼎鼎大名的春秋五霸之一。早先他的另一個兄弟姬卓子被太傅里克所殺時，里克就想把他推出來繼位，但他深知當時的晉國王位根本就是個燙手山芋，因此不為所動，寧可繼續流亡。後來，晉惠公自取其辱，被秦穆公所擒，他才在秦穆公的支持下回國繼位，而且不久就在戰場上「退避三舍」，以報恩的名義打敗了強大的楚國，執天下諸侯之牛耳。

　　那麼，秦穆公又為什麼要與晉惠公開戰呢？原來，當年里克被重耳拒絕後馬上便迎立了還是公子的晉惠公。他聽到消息，馬上就要啟程，但跟他流亡的人覺得此事可疑，說不定其中有什麼陰謀。於是獻計說不如派人到秦國，請秦穆公發兵護送回國即位。晉惠公言聽計從，並承諾秦穆公，事成之後會把晉國黃河以西的土地割讓給秦國。同時又派人送信給里克，許願說自己做了國君後不會忘了他的功勞，將把汾陽之邑封給里克。然而等秦穆公發兵送他回國，大權在握後，他卻背棄了對秦國的許諾，並且殺掉了里克。只因當時的秦穆公遠不像後來的秦國國君一樣如狼似虎，里克又是個殺過兩任國君的人，他的做法也符合晉國的利益，因此也稱得上舉止得當，但是經此一役，人心已經盡失。

　　西元前 647 年，晉國遇到了糧食危機，晉惠公不得不厚著臉皮請求

秦國賣給自己一些糧食。秦穆公聽從百里奚的建議，不計前嫌，派了很多船隻運糧到晉國，解了晉惠公的燃眉之急。可巧，第二年秦國也發生了災荒，秦穆公自然而然地請求晉國賣糧食給自己。但晉獻公與眾臣討論了很久，最後卻得出一個結論：這事不能答應，不然就是助長秦國的力量，給自己找罪受。結果等秦國渡過災荒之後，秦穆公便率大兵伐晉。初時晉惠公雖取得了局部優勢，但因為他的所作所為不得人心，士兵們根本不賣力，這就給了秦穆公喘息之機。等秦穆公衝出重圍後，晉惠公的戰車偏偏又陷了泥沼，晉惠公急命車夫把戰車趕出去，但車夫卻發起了脾氣，任憑晉惠公如何喊叫，就是一動不動，直到晉惠公做了秦軍的俘虜。

縱觀上下文，與其說晉惠公不懂得捨得之道，倒不如直截了當地說他沒道德。生活中也不乏這樣的人，我們其實並不指望他們捨什麼，我們只是希望他們別動不動就把那些本不該屬於他們的東西拼命往懷裡揣。然而除非他們自己頓悟，誰又能勸得了他們呢？相信他們遲早會像晉惠公一樣，一點一點地走向失道寡助，為自己的行為付出代價。

▎要捨得，也要割捨 ▎

> 現實社會中，大家都樂意做「加法」，不斷地給自己的生活加分，比如累積知識、累積財富、累積人脈等等，而不善於也拒絕做「減法」，使生活的過程變得非常沉重非常累。其實人生的最高境界是「花未全開月未圓」，不要去苛求盡善盡美，要捨棄一些東西，給心靈一點空間，給人生一些思考的餘地。

前面講過捨得，那麼什麼又是割捨呢？簡單來說，捨得是循環的，捨是為了得，而割捨則是一次性的，捨了就可能再也得不到。可想而知，割捨意味著更大的痛苦，需要更大的魄力。

　　割捨本是禪語，也稱斷愛。佛經中記載，佛祖在一次法會上講：「比如有一個人，他在旅行時遇到了大洪水，他所處的河岸邊充滿了危機，但彼岸非常安全，他想渡河，附近卻無船無橋，他便採集草木枝葉，紮了一個簡單的木筏，順利登上了彼岸。上岸後，他想：『這個筏子真是太有用了，這麼丟了太可惜了，我不如背著它上路，以後再渡河就不用著急了……』

　　接著，佛祖說：「這個人的行為非常愚蠢，因為他不能斷愛。」

　　「那麼他應該如何處置呢？」有弟子問。

　　佛祖說：「正確的做法是把筏子拖到沙灘上，或者停泊在一個水流平靜和緩的地方，然後繼續行程。因為筏子是用來渡河的，不是用來背負的。世人呀！你們應該明白好的東西尚應捨棄，何況是不好的東西呢？」

　　佛經上還說，「斷愛近涅槃」，「涅槃」就是修成正果，對於普通人來說就是有所轉機，有所成就。相反，不懂得割捨的人，就像那個扛著船前行的人一樣，只能是因愛負累，因愛生害。

　　但是，我們又不能統統捨棄，因為即便是涅槃的高僧大德，也離不開一些基本所需。割捨，只限於那些多餘的東西。

　　那麼什麼又是多餘的東西呢？說實話，這很難定義。我們只能籠統地說，或者說我們只能揀最重要的說 —— 很多東西對生命來說，都是多餘的。

　　唐宋八大家之一的柳宗元曾經寫過這樣一篇文章：

　　湘江地區的百姓都擅長游泳。有一次，秋洪暴漲，幾個人乘一隻小船橫渡湘江去做生意。但船到中途突然漏水，大家趕緊棄船，游水過江。其中一人氣喘吁吁，遠遠落後。一個同伴問他：「往日你不是遊得最快的嗎？今天怎麼了？」那人回答：「我腰裡綁著一千文錢，太重了，遊不

快。」同伴勸他：「水這麼大，你趕緊把錢解開扔掉吧，不然恐怕遊不到岸上！」那人不作聲，也不扔錢，繼續划水。但錢實在太重，他划得越來越吃力，游得也越來越慢。不一會兒，同伴們都已經到了對岸，而他還離岸有一段距離，看他精疲力竭的樣子，大夥兒都勸他趕緊把錢扔掉，但他仍不肯聽，堅持慢慢游，最終淹死在了水中。

以往說到這類故事，人們往往會說，這個人，真是要錢不要命啊！其實這麼說並不儘然，實際上，故事中的主角是既想要錢，又想要命。他只不過是高估了自己的泳技，同時也低估了洪水的威力而已。

在歷史這場大洪水中，由於不懂得割捨而被無情溺斃的人不在少數。比如五代十國時期的後唐莊宗李存勗的皇后劉玉娘。

用今天的話說，劉玉娘進宮前是個天涯歌女，從小跟著她父親江湖遊醫走南闖北，後來在戰亂中被李存勗的將領袁建豐擄走，袁建豐見她貌美豔麗，又有才藝，便把他獻給了李存勗。劉玉娘從婢女做起，又勤於學習，掌握了吹笙等技藝，加之她工於心計，最終成為了李存勗的妃子。後來，為了做正宮，她還狠心地趕走了失散多年後找上門來的老父親，給自己找了個體面的娘家。

劉玉娘做上正宮不久，曾經無比英明的李存勗便開始墮落，他聽信宦官之言，將國家的財賦劃分為內外府庫，州縣供奉的錢財納入外府庫，充當軍事和政治費用；藩鎮貢獻的錢財則送入內府庫，專供皇家進行酒宴、遊玩和賞賜伶人所用。在五代那個戰亂頻仍的年代，把錢都劃入外府庫都不夠，但在李存勗的授意下，後唐的外府庫是長期性的枯竭，陷入經費緊張，而內府庫的錢財卻堆積如山。劉皇后身為國母，非但不加勸止，反而樂享其成，甚至視為己有，哪怕國家再需要錢，也不願意拿出分毫。

西元 925 年，算總帳的時候到了。李存勗派出去平叛的士兵硬逼著

「十三太保」之一的李嗣源當了皇帝。莊宗親率大軍平叛，不料李嗣源的魅力實在太大，不僅吸引了很多地方節度使加盟，莊宗的士兵也紛紛開小差。趁著士兵還沒跑完，莊宗趕緊班師回朝，準備等兒子指揮的伐蜀大軍回來再進剿李嗣源。次年三月，李嗣源的先鋒石敬瑭兵臨汜水關下。莊宗大怒，決定親自率軍鎮守。但此時莊宗的軍隊已經嚴重缺餉，大臣們建議皇上打開國庫慰勞士兵，莊宗倒是同意了，但掌握著國庫鑰匙的劉皇后卻根毛不拔，宰相豆盧革無奈之下表示先跟劉玉娘借點錢，先解燃眉之急，日後再如數補還。劉玉娘仍是不肯借錢。豆盧革再次開口時，劉玉娘乾脆回屋把三個皇子領了出來，說你去把他們三個賣了犒賞將士們吧！這種刁蠻撒潑的做法讓士兵們又氣又恨，更多的人投奔了李嗣源。大臣們都指望莊宗能說說劉玉娘，但莊宗始終沒有表態。在這種情況下，就連莊宗以往最寵幸的伶人們也不爽了，他們一路殺奔內宮，莊宗雖然和近侍們殺了數百名亂兵，但自己也中了流矢。在這種情況下，劉皇后非但沒有好好護理莊宗，反倒和李存勗的弟弟李存渥在最短時間內勾搭成奸，二人在騎兵的掩護下帶著大批財寶逃到太原，但守城的官兵看到他們連門都沒開。不久，李存渥被部下殺死。走投無路的劉玉娘只好取出一部分錢財，建了座尼姑庵，做了尼姑。但新登基的李嗣源不肯放過這個誤國的昔日皇后，不久便派人結束了她吝嗇而又殘忍的一生。

　　明皇末代皇帝崇禎的岳父大人與劉玉娘在關鍵時刻的表現有得一拚。李自成攻破北京前，崇禎照樣遇到了國庫空虛的難題。但崇禎知道，自己那些大臣們一點兒也不空虛。於是便號召大家捐款。但號召了半天，只有內閣首輔魏藻德拿出了一百兩銀子，其餘人則表示正在「籌措」。崇禎哪裡等得及？這時太監王承恩（就是後來陪他上吊的那個）出主意說，不如找人帶頭示範，並提醒說國丈周奎就是最好的人選。國丈捐了，他們再不

捐，您就算抄他們的家也師出有名。崇禎表示同意。但周奎不同意，轉而向自己的女兒求救。要說這周娘娘倒真是個深明大義的人，她也沒有指望自己的老爹能鐵公雞拔毛，而是拿出自己的私房錢，甚至還找宮女們借些了些，湊了一萬兩，派太監悄悄送到周奎那裡，讓他像捐自己的錢那樣捐出去就行。誰知這個周奎見了別人的銀子也心疼，經過一番激烈的內心交戰，他最終扣下了七千兩，只捐了三千兩……

關於周奎的最後命運，史書上沒有交待，但想來好不到哪裡去。我們透過魏藻德的命運，即可推知一二：北京城破後，魏大人立即被劉宗敏抓獲，要求只有一個，跟崇禎幾天前的要求一樣 —— 捐款助餉。魏藻德在嚴刑拷打之下交出了白銀數萬兩，但劉宗敏根本不信他一個內閣首輔僅有幾萬兩白銀，照打不誤，最終被活活打死，死前還慘呼悔當時不為國盡忠云云，其子隨後也被殺死。

對劉玉娘、周奎、魏藻德等不懂割捨的人來說，割點錢、割點東西，往往就跟割他們的肉似的。但他們最後無一不遭受了更殘酷的命運宰割，即使想割捨，都捨掉，也已不能。可見該割捨的總要割捨，只不過是由誰動手而已。

第 11 堂課

平和 —— 上善若水，平以求真

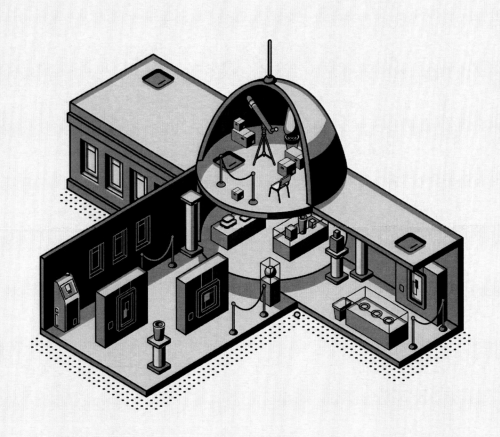

‖ 心平氣和，笑傲人生 ‖

> 任何一個人，包括我自己在內，以及任何一個生物，從本能上來看，
> 總是趨吉避凶的。因此，我沒怪罪任何人，包括打過我的人。我沒
> 有對任何人打擊報復，並不是由於我度量特別大，能容天下難容之
> 事，而是由於我洞明世事，又反求諸躬。假如我處在別人的地位上，
> 我的行動不見得會比別人好。

人生活在社會中，總會受情感的影響，或喜或悲，或苦或甜，或欣
喜或落寞，或榮耀或屈辱。心理學研究表明：「人一旦受到情感因素的衝
擊，就會心理失衡，甚至導致神經系統紊亂，這時就需要自我調節，維繫
平衡，保持平和。」當一個人能夠保持平和時，他就能夠坦然面對一切。

北宋人富弼，年紀輕輕便成為文壇翹楚，人稱「洛陽才子」，很是
招人嫉妒。有一天，富弼走在大街上，有人過來悄聲說：「某某在背後罵
你！」富弼說：「大概是罵別人吧。」那人又說：「人家指名道姓罵你呢！」
富弼想了想說：「怕是在罵別人吧，估計是有人跟我同名同姓。」如此氣
度，連令那個罵他的人都「聞之大慚」，趕緊向富弼道歉。一個人「不認
罵」，反而成就了兩個人的美名。而我們現實生活中卻往往相反：你罵我
我就罵你，你再罵我就打你，最終成為血淋淋的反面教材。

平和來自於強大的內心。生活中那些動不動認為別人不尊重他的人，
其實質往往是他們過於自卑。

平和源於智慧。只有那些沒有智慧的人才會火冒三丈，怒髮衝冠。人
與人之間的差異，也在於智慧。真正的智慧是知識和思想的疊加，是對事
物的深層次的理解和全盤考量。當然，性情粗暴的人也會有智慧，但任何
人的智慧都離不開平和的心境。

誰是《三國演義》中最有智慧的人呢？大家都知道是諸葛亮。諸葛亮的智慧從哪裡來呢？應該不是從平和中來，但諸葛亮卻曾經說過：非寧靜無以致遠。如果在關鍵時刻，諸葛亮做不到心無雜念，凝神安適，怎麼開拓思維，想出如許妙計？

誰又是《三國演義》中最魯莽的人呢？很多人認為是張飛。其實張飛固然是個粗人，但很多時候也是個粗中有細的人。在《三國演義》中，劉備一見到馬超，便生了愛才之心，非常器重他，不僅將他與「關張趙黃」並稱五虎將，還任命他為平西將軍。馬超見劉備對自己很器重，自己做過老闆的他就忽略了君臣之間應有的禮節，因此與劉備相處時往往大大咧咧，說話時還張口閉口「玄德」，而不是叫「主公」。旁人不說，劉備的二弟關羽最是看不過眼，氣憤的他幾次藉故請求劉備允許自己殺了馬超，劉備當然不會同意，但又說服不了關羽。張飛看在眼裡，便找了個機會勸二哥道：「馬超雖然可惱，但終究是些小節。我認為咱倆不如給他做個樣子，讓他明白如何去遵守禮節，何必一定要殺他呢？」關羽表示同意。第二天一早，劉備召集部將時，關羽和張飛便都持刀站立在劉備身旁，並顯出很嚴肅的樣子。馬超進來後，發現二人並沒有像往日一樣坐在席子上，而是直挺挺地立在劉備身旁侍候，當即大吃一驚，並迅速想通了其中的微妙，此後，他再也不敢大意，每每以君臣之禮小心侍奉劉備。

除了巧妙地教導馬超，張飛還曾有過義釋嚴顏之舉，並且懂得用自己喜歡飲酒的弱點麻痺敵人從而賺取了關口，這些舉動都需要過人的心計才能辦到，而後人卻一味地將他視為粗人，實在是太冤枉他了。

北宋的宰相文彥博也是個深諳平和之道的人。文彥博早年曾做過成都知府，有一次，文大人在大雪天裡與客人觀飲達旦，夜很深了還沒有要停下來的跡象，一直在外面站崗的親兵們非常不滿，竟將府中的一些木柱拆

掉，升火禦寒，並且圍著火堆大聲發牢騷。當軍校將這一情況報告給文彥博時，客人們聽了都嚇得發抖，害怕發生兵變，項上人頭不保，文彥博卻輕描淡寫地說：「這不是挺正常的嗎？天這麼冷，就應該拆點木頭燒火取暖。」說完，他神色自若，飲酒如故。親兵們見裡面沒有任何反應，便找不到繼續鬧事的理由，再說他們也烤上了火，不久氣便消了。但文彥博的氣可沒消，第二天，文彥博不費吹灰之力就查出了那個最先拆柱子的士兵，打了幾十軍棍，然後將其革職。

文彥博的故事告訴我們，怒氣如同火氣，挑動它，就像火上燒油，只會越燒越旺；而平心靜氣則如釜底抽薪，沒有了柴草，火自然就熄滅了。現實生活中，平和的最大敵人便是憤怒。就連那些平日裡一貫胸襟開闊、修養極高的人，也會偶爾為一件微不足道的小事而怒從心起。人一憤怒，平和便飛到了九霄雲外，智慧和冷靜也便不復存在，把人際關係搞僵、把事情搞砸也是顯而易見的。

平和並不是對熱情的否定，恰恰相反，熱情是平和最好的詮釋。因為平和是積極進取、奮發向上的人生態度，熱情就是這種人生態度的外化。社會發展的終極目的是人的全面發展，而人的全面發展是和諧社會的最高追求。保持平和，我們就會不因一時的失意而放棄理想和追求；保持平和，我們就會在身處絕境之時，想到的不是絕路而是出路；保持平和，我們就會在平凡生活中懷著熱情去實現人生的價值。

生氣不如爭氣，爭氣還要順氣

> 很多年輕人習慣把自己的平庸歸咎於先天條件的不足，喜歡跟人鬥
> 氣，惹一肚子閒氣。事實上，輸在起點並不意味著就會落於人後。
> 命運是自己掌控的，所有的不凡都源自於平凡。只要付出足夠的努
> 力，便可以跑到最前面！

清末著名學者辜鴻銘學貫中西，精通 9 國語言，先後取得 13 個博士學位，號稱「清末怪傑」，以至當時西方學術界均稱「到中國可以不看紫禁城，不可不看辜鴻銘」。

辜鴻銘之所以享譽全球，與其年輕時的聞恥發憤分不開。28 歲那年，辜鴻銘從歐洲歸國，做了兩廣總督張之洞的幕僚。1896 年，適逢張之洞六十大壽，嘉興大儒沈曾植前來祝壽。宴會上，辜鴻銘高談闊論中西學術，沈曾植卻始終一言不發。辜鴻銘覺得奇怪，便問：「先生為何沉默不語？」一向自視飽學無匹的沈曾植當時根本瞧不起這個沒什麼國學根基的年輕人，當即冷冷地說：「說了你也不懂。你的話我都懂，但你要懂我的話，還須勤讀 20 年中國書。」

辜鴻銘受此羞辱，並不生氣，只是從此更加發憤，潛心研讀中國典籍。兩年後，沈曾植再次前來拜會張之洞，辜鴻銘聽說後立即叫手下將張之洞的藏書搬到客廳，沈曾植不解地問：「你讓他們搬書作什麼？」辜鴻銘說：「沒別的，就是請教一下沈公，有哪一部書你能背，我不能背？又有哪一部書你懂，我不懂！」沈曾植大笑說：「今後，中國文化的重擔就落在你的肩上啦！」乾脆掛起了「免戰牌」。

辜鴻銘既是聖哲，也是怪傑和狂儒，坊間關於他的段子非常多。比如有一次，一個外國人嘲笑他用飯菜祭奠祖先，說這樣做你的祖先就能吃到供桌上的飯菜嗎？辜鴻銘馬上反唇相譏：「你們在親人的墓地上擺鮮花，

他們就能聞到花香嗎？」他曾經倒讀英文報紙嘲笑英國貴婦，在美國說美國人沒有文化，在德國用純正的德語挖苦一群德國人。英國作家毛姆來中國時特別想見辜鴻銘，但請了很多次，辜鴻銘也不肯賞光，毛姆只好自己找到辜鴻銘的小院。一見面，辜鴻銘就不客氣地說：「你的同胞以為，中國人不是苦力就是買辦，只要一招手，我們便非來不可。」一句話，便讓毛姆陷入尷尬境界，不知所對。

對待他看不對眼中國人，辜鴻銘也很狂。慈禧太后過生日，他做了「賀詩」一首：天子萬年，百姓花錢。萬壽無疆，百姓遭殃。袁世凱羞愧而死，全國舉哀三天，辜鴻銘卻特意請來一個戲班，在家裡熱鬧了三天。

然而上述都不是真正的辜鴻銘。辜鴻銘的狂放，是一種帶淚的表演，是以狂放來保護強烈的民族自尊心。就像他在《中國人的精神》一書所說的那樣，他本質上也是一個溫良恭謹讓的中國人。辜鴻銘曾經在幫學生上外語課時說：「讓你們學習英文詩，是為了你們將中國人的平和、寬容去曉諭那些四夷之邦。」辜鴻銘還曾將中國人與美國人、英國人、德國人、法國人進行過對比：美國人博大、純樸，但不深沉；英國人深沉、純樸，卻不博大；德國人博大、深沉，而不純樸；法國人沒有德國人天然的深沉，不如美國人心胸博大和英國人心地純樸，卻擁有這三個民族所缺乏的靈敏；只有中國人全面具備了這四種優秀的精神特質。也正因如此，辜鴻銘說，中國人給人留下的總體印象是「溫良」。

辜鴻銘生活在一個不幸的時代，生活在一個所有中國人不堪回首卻又必須回首的時代。事實上，也正是因為正視歷史，明白落後就要挨打、生氣不如爭氣，中國人才能一改昔日任人宰割的悲慘命運，驕傲地屹立於世界的東方。如果說辜鴻銘時代的中國人是被迫「溫良」的話，那麼今天的中國人流露出來的則是一種自然而然的平和。

　　當然，這種平和仍不是我們期望中的那種平和。在中國，對上平和對下不平和者、對外平和對內不平和者、對順境平和對逆境不平和者、自己獨處很平和一到人群中就心理不平衡的人，都大有人在。概言之，這都是因缺少一顆平和的心。

　　因為不平和，所以不清醒，從而不能正確面對五光十色的誘惑，無法處理錯綜複雜的是非，無法站在全域的高度想問題、辦事情，不能平靜對待世態炎涼，正確處理個人與社會的關係，甚至於守不住自己的道德底線，人為地導致自己的命運陷入無盡的凶險之中。

　　如何保持一顆平和的心呢？我們還得取法古人。古往今來，無數自甘貧賤者，能淡泊名利，安貧樂道，處深山，居陋巷，仍不改其樂，原因就是他們有一顆平和安詳的心。與此相對，無數富貴者，常貪得無厭，長年累月，心勞力絀，神經緊張，心裡煩亂，這種生活無異於是對生命的一種煎熬，原因就是沒有一顆平和安詳的心。

　　說到這裡，不得不提一下我們之前講到過的北宋宰相富弼。史載自唐朝以來，就有一項不成文的規定：百官向宰相行禮時，宰相可以不用還禮，而來拜見的人，無論老少都要行禮；宰相送客時，不用下臺階；等等。但到了富弼做宰相時，即使是芝麻小官和普通百姓來見他，他也會以平等的禮節來對待，請對方坐下，心平氣和地與他們說話，客人走時還每每送到門口，看到客人上馬才回轉。可以說，富弼絕對稱得上平易近人。然而有一次，告老還鄉、迷上了佛法的富弼去參訪華嚴修顯禪師，適逢修顯禪師正在說法，富弼見前來聽法的信眾那麼多，心中頗有感觸。不一會兒，說法結束，他去見修顯禪師，剛一進禪房，修顯禪師就說：「你已經進來了，但富弼還在外頭。」富弼一聽，頓時汗流浹背。所謂「富弼還在外頭」，是指富弼神不守舍，他之所以神不守舍，是因為他對修顯禪師的影響力感到羨慕，或者說是

不平衡。其實他曾經是三朝元老，一人之下，萬人之上，即使是告老還鄉後，也是無數人羨慕的物件，反過來還要羨慕別人，這一方面說明人們對於生活，尤其是對於精神生活的迷惘；另一方面也說明了人類的貪心永不知足：財富越多越好，權利越大越好，地位越高越好……

不要羨慕別人。其實你羨慕的不是人，而是名利物慾。更不要嫉妒別人，因為那折磨的同樣是你自己。當然也不必為用消極的眼光去看等平和，平和不等同於苟且偷生。真正的平和，其實是一種對榮譽、金錢、利益的豁達與樂觀，是人生的至高境界。只有心態平和的人，才能耐得住寂寞，長久地去追求屬於自己的那種人生；也只有心態平和的人，能夠在失敗時冷靜面對，反躬自省，同時給自己鼓勁，為自己加油；即使遭遇命運之神的殘酷對待，心態平和的人也懂得為自己療傷，為自己鼓掌，順其自然，「一蓑煙雨任平生」，於不平的人生中發掘出無限的蓬勃與樂趣，而不是放任生命在無常中煎熬。

多些寬容，少些計較

現在人的容忍程度，看了真讓人感嘆。在公車上，擠擠碰碰是常見的現象。如果碰了或者踩了別人，連忙說一聲：「對不起！」就能夠化干戈為玉帛。然而有不少人連「對不起」都不會說了，於是就相吵相罵，甚至於扭打，甚至打得頭破血流。

海納百川，有容乃大。寬容是一個人有修養的表現。寬容是一種素養，一種情操，更是一種美德。寬容不是懦弱、膽怯，而是海納百川的大度與包容，是笑看風雲的開懷與爽朗，那些具有像大海一樣寬廣胸懷的人是值得我們尊敬和學習的人，透過他們人生軌跡不難看出，他們的心胸的寬窄和其所開創的事業是正比的關係。

魏武帝曹操是個非常複雜的歷史人物，關於他，歷來評價不一。這裡我們僅從容人的角度來一窺這位亂世英雄的內心。

曹操在官渡打敗袁紹之後，袁紹的許多東西都落入了曹操手中，包括大量的輜重，以及珍寶、圖書等。曹操在清理這些戰利品時，意外地發現了許多手下將官寫給袁紹的信件。換言之，曹操手下有很多內奸。換作旁人，肯定要逐個查出，逐個清洗。但曹操卻沒有多看，便吩咐人將它們全部付之一炬，並公開說：「在袁紹沒被打敗之前，不要說我的這些部下很擔心自己的前途，就是我本人也有自身難保的憂慮。事先為自己找出路是正常的，不值得大驚小怪。」事實也的確如此，當人們得知曹操獲得了自己通敵的信件時，許多人的心都提到了嗓子眼，害怕遭到曹操的處罰，有些人甚至做好了逃跑或叛亂的準備。看到曹操把信燒了，人心頓時就踏實了，從此也就死心塌地地追隨曹操了。曹操的這一舉動，的確很了不起。不管曹操在別的方面做得如何，但此時的曹操，絕對稱得上心比瀚海。

曹操還有許多容人的故事。他手下有許多武將，比如張遼、徐晃等，都是收降的原來屬敵對一方的人，這些人做曹操的敵人時，對他是毫不手軟，曹操沒少吃他們的苦頭，可是曹操仍然毫無芥蒂地放心使用他們。可以說，沒有他們，曹操的事業就不可能做到這麼大。

除了武將，身為「建安七子」之一的曹操也沒少收編當時的文化菁英，其中最典型的人物就是陳琳。西元 200 年，袁紹與曹操爭雄中原，袁紹按謀士郭圖的建議，命書記陳琳起草討伐曹操的檄文。用現代話說，就是在軍事進攻前大造輿論，展開宣傳攻勢。陳琳素有才名，在建安七子中是排第二位的大牌作家，領命之後，他當即寫了一篇《為袁紹檄豫州文》，文中寫道：曹操的祖父曹騰，是從前的中常侍，與左悺、徐璜，同時興風作浪，驕橫放縱，損害風化，虐待百姓，他的父親曹嵩，是曹騰收

養的義子，借助曹騰的地位，乘坐金車玉輦，勾結權勢，篡奪皇位，顛覆皇權。曹操是宦官閹人的後代，本來就沒什麼品德，狡猾任俠，喜歡製造動亂和災禍……文中不僅罵了曹操，連曹操的祖先都沒放過，大張旗鼓，挖地三尺，刻薄狠毒，措辭用字無所不用其極。據《三國演義》載，檄文傳至許都，曹操的偏頭痛正在發作，臥病在床，聽完之後竟毛骨悚然，以至出了一身冷汗，不覺頭風頓愈，從床上一躍而起。官渡之戰後，陳琳被曹軍俘虜，一路上渾身發抖，面無人色。然而事情卻出現了轉機，《三國演義》載，曹操責問陳琳，你罵罵我也就行了，怎麼連我的祖宗也給了罵了？陳琳說，當時是箭在弦上，不得不發。曹操覺得這回答很老實，也很妙，便生了愛才之心，把陳琳留在了身邊。

客觀地說，陳琳的回答並沒有什麼出奇，他能得到意外的寬容，僅此一點，歷史又有幾人能超越曹操呢？當然，曹操是個複雜的人，但現實生活中的人們如果能多一份寬容，勢必就少一份紛爭，少一份干戈，少一份陰霾。

良好的人際關係，不僅能給人帶來朋友和快樂，也能助人走向成功。因為一個人心寬了，路也就寬了，欣賞他、幫助他、擁戴他的人多了，他想不成功都難。相反，一個人習慣於斤斤計較，心胸狹窄，容不得人，無論做什麼都不會太成功。比如司馬懿的高祖司馬鈞，他是漢安帝時的征西將軍。漢安帝二年秋，司馬鈞統領關中諸郡兵馬 8,000 餘人討伐羌人。臨戰前，司馬鈞再三叮囑部下的戰將，如果發現羌人逃跑，千萬不要追擊，以免中埋伏。但一個名叫仲光的將官卻不以為然，見羌人逃跑，便擅自帶兵出擊，結果果真中了羌人的圈套。仲光且戰且退，並派人向司馬鈞求救。司馬鈞惱恨仲光違背軍令，賭氣不肯相救。後來仲光又數次求援，司馬鈞仍不予理睬。可憐仲光所部 3,000 餘人，無一生還。漢安帝得知後大

怒，立即將司馬鈞下獄，司馬鈞這時也意識到了自己的過錯，但為時已晚，不久他便於獄中自殺身亡。

司馬鈞能提前預知羌人誘軍之計，堪稱明智；但部下不聽軍令，出擊中伏後卻堅決不肯相救，則大不應該，實為不智。現實生活中，我們也應該放下一時之氣，少計較，多退讓，必要時還要適當妥協，否則就有可能在無意中走向極端，或與目標背道而馳。只有放下怒火才能心平氣和，只有心平氣和的人才會有愛人之心和容人之量，才能識大體、顧大局，廣交朋友，多見世面，才不會把自己長期封閉在狹隘中。

第 11 堂課　平和—上善若水,平以求真

第 12 堂課
厚道 —— 厚道就是王道

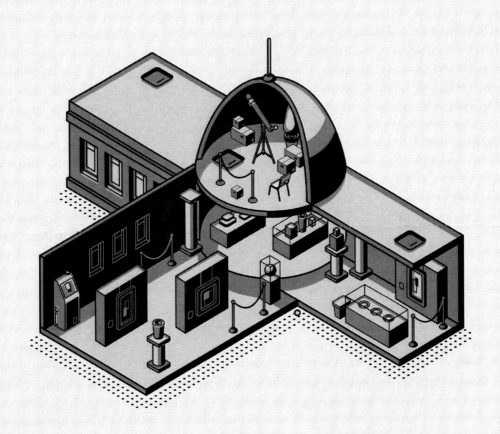

厚道是人生最大的財富

一個人如果不厚道，那麼他的本事越大，禍害也就越大。像夏朝的亡國之君履癸，文武雙全，徒手可以把鐵鉤拉直，不可謂沒有本事，但他荒淫無度，暴虐無道，還自比太陽，希望永生不滅，氣得老百姓直截了當地詛咒說：「如果你是太陽，那我們寧願和你一起毀滅！」最後，這個失道寡助的「太陽」眾叛親離，日暮途窮，被商湯俘獲並餓死在放逐的路上。他死後，商湯還特別為他起了個謚號 —— 桀，意思就是「凶猛」。但後世有幾個人知道其中的含義呢？人們只記住了桀是個著名的無道昏君。

什麼叫厚道呢？儘管人們經常把它掛在嘴邊上，動不動就開玩笑說「做人要厚道」，但卻很少有人能給出一個準確的定義。實實在在、表裡如一是厚道，本本分分、穩穩當當也是厚道，不挖苦人、不打擊人還是厚道，但它們都代替不了厚道。因此，厚道是個極其寬泛的詞彙，不過有一點是共通的 —— 厚道的人最起碼是個誠實的人。

中國歷史上不乏厚道者，比如東漢光武帝時的劉昆。有一次，時任江陵縣令的劉昆突然得報，境內發生了嚴重的火災，請縣太爺趕緊找人滅火。而劉昆聽到消息後卻沒有號召任何人，而是對著著火的方向撲通跪倒，然後恭恭敬敬地磕起頭來。屬吏們和百姓們見了，一個個目瞪口呆。然而令他們更加目瞪口呆的事情還在後頭 —— 劉昆一連磕了十幾個頭後，火勢居然慢慢小了，後來竟自行熄滅。對此，人們普遍認為這是劉昆為官有德，才會有這樣的福報。消息傳到皇帝劉秀耳中，他覺得頗為怪異，於是藉口把劉昆升為光祿大夫，讓他進京面聖。甫一見面，劉秀就急不可耐地問：「你到底做了什麼，才會導致大火自行熄滅這樣的奇蹟發生？」換作旁人，即使不就勢吹捧一下自己，也得說是皇恩浩蕩什麼的滅

了火，但劉昆卻老老實實地說：「偶然耳。」大臣們都笑了，唯有劉秀沒笑，他長嘆一聲，誇讚道：「真是長者之言啊！」

什麼是厚道？這就是厚道 —— 說老實話，吃老實飯，辦老實事，做老實人。老實人可能在面對某些緊急情況時會像劉縣令那樣一籌莫展，但如果可以選擇，人們還是寧願選擇跟這種人一起倒楣，也不會選擇和那些雖有智慧但不地道的人一起走運。原因非常簡單：倒楣畢竟是少數情況，而且即使是倒楣，也是跟前者一起倒楣；而跟後者在一起，即使逢著走運，也往往是被賣了還幫他們數錢！若是逢著黴運，能做個墊背的就算萬幸！這倒不是說大家都不如他們聰明，而是因為這些敗類一肚子壞水，令人防不勝防。

老百姓常說，惹不起咱躲得起。如果一個人走到哪裡，別人都躲著他走，他想必不會太開心，當然也不會太成功。老百姓也說，三十年河東，三十年河西，一旦這種人落到那些不厚道的人手裡，其後果可想而知。

歷史上最典型的例子莫過於三國第一猛將「溫侯」呂布，劉關張三人車輪戰加圍攻也只能令他暫退，呂布的戰鬥力委實可怕。更可怕的是他那反覆無常的性情，別人在旁邊哄哄他，給點兒好處，立即就是乾爹；而一旦乾爹稍有慢待，就送乾爹去見閻羅。這樣的人誰不怕？因此當失道寡助的呂布落到曹操手裡時，連一向寬厚的劉備也委婉地提醒呂布乃虎狼之輩，除非曹公你想步丁原、董卓的後塵，否則……氣得呂布破口大罵：劉備，大耳賊！劉備是不是大耳賊並不重要，重要的是曹操並不覺得他有多賊，相反，曹操自己也認為呂布不能留，於是當即吊殺了他。

現實生活中也是如此，如果你正準備和某人合作，而且是在你出大頭他出小頭或者你出現金他出其他「資源」的情況下，突然有人提醒你：此人不厚道，小心些！你是不是還會跟他繼續合作下去呢？也許你會，但大

多數人不會，至少也會像提醒他們的那個人說的那樣，在接下來的合作中變得異常小心。

「不厚道」的反面是不是就是「厚道」呢？未必。如果僅僅是不坑人、不騙人、不損人利己，那充其量叫「本分」，或者叫「遵守遊戲規則」，而「厚道」還需更進一步，說白了也就是損己利人。

毫無疑問，這種事不符合人性。因為人都是趨利避害的，因此古往今來，能做到這點的人一向不多。那些損己利人的人，表面上看來或許是吃了些虧，但人世間的事情就是這麼奇怪，越是想占便宜的，往往占小便宜吃大虧，而這些主動吃虧的人，人們反而不會讓他吃虧。邏輯倒也簡單：因為他們肯吃虧，大家又都想占些便宜，因此大家都樂於跟厚道的人合作。合作的人多了，還怕沒錢賺嗎？

占便宜不等於賺錢，生意人尤其要明白這個道理。華人首富李嘉誠的兒子李澤楷在一次接受採訪時被問及：「你的父親李嘉誠教過你怎樣的賺錢祕訣？」李澤楷說：「我父親從沒告訴我賺錢的方法，他只教了我一些做人處世的道理。父親叮囑過，和別人合作，假如你拿 7 分合理，8 分也可以，那我們李家拿 6 分就可以了。什麼叫厚道，厚道就是 2 分錢！別小看它，因為它正是所有經商有成者的共同起點。」

當然，我們也不能簡單地把厚道視作損己利人，尤其是與金錢有關的「厚道」。因為很多人的厚道往往是故意做出來的假像，故意拋出來的釣鉤。一個人是不是真正的厚道，是裝不來的，因為他可以裝一時，但絕對裝不了一世。

厚者千秋，仁者無敵

城市中，應該放寬對小攤販的管制。應該給小攤販留條路，不要讓
這些小攤販整天躲來躲去的。

由於劉備在關鍵時刻不肯在曹操面前為呂布美言兩句，導致呂布臨死
前對劉備下了一個「大耳賊」的臨終鑑定。那麼這一鑑定是不是準確呢？
我們先來回顧幾個精彩片段：

三讓徐州

漢獻帝初平四年（183 年），徐州太守陶謙得知曹操的家人途經徐州
去往曹操駐紮的兗州，特派部將張闓護送，以交好曹操。不料弄巧成拙，
半路上，黃巾餘黨出身的張闓將曹操全家殺害，席捲財物而去。曹操遷怒
於陶謙，並揚言要血洗徐州。陶謙自知不是曹操的對手，便採納部下糜竺
的建議，派他請北海相孔融出兵相救。孔融引薦劉備與糜竺相見，糜竺請
劉備救難，孔融也邀他同往徐州，劉備表示，自己兵微將寡，但為救百
姓，願往老同學公孫瓚處借兵以助徐州。孔融決定先行發兵，並一再叮囑
劉備不要失信，心直口快地張飛當即發作，說自己的大哥決不會出爾反
爾，劉備亦表示自古皆有死，人無信不立，不管能否借到兵，自己都將親
至徐州。果然，幾日後劉備便帶領關羽、張飛、趙雲和數千人馬來到徐
州，並在徐州城下與曹軍于禁所部小試鋒芒，初戰告捷，暫時解除了徐州
的危機。

陶謙自是大喜，親自迎接劉備入城，盛宴款待，席間主動提出將徐州
讓給劉備。劉備堅決不受，二人你推我讓，相持不下，糜竺從旁勸說待退
敵之後再議相讓不遲，陶謙只好暫時作罷。接著，劉備寫信與曹操，勸他
以國家大義為重撤兵，適逢呂布攻破了曹操的後院，曹操便賣了個順水人

143

情，退兵而去。曹軍撤走後，陶謙再次設宴答謝劉備、孔融等人，席間再度讓賢，糜竺、孔融、關羽、張飛等皆勸劉備接受徐州，劉備說自己若領徐州將成為不義之人，堅決不肯接受。陶謙又勸其留駐小沛，眾人也從旁勸說，劉備方始同意。

不久，陶謙身染重病，他擔心曹操殺敗呂布後再來報仇，彌留之際，派人把劉備召來三讓徐州。劉備依舊推辭，並提議讓陶謙的兩個兒子接班，陶謙說自己的兒子難當大任，劉備還是辭讓，陶謙便以手指心而死。劉備這才「被迫」接受了徐州印信。

徐庶相馬

化名單福的徐庶聽說劉備乃「仁義之主」，前往投靠，但不知劉備是否真的仁義，便借相馬考驗於他。徐庶指著劉備的「的盧」馬說：「此馬雖有千里之能，卻是妨主。」假意勸劉備將「的盧」先送給一個他討厭的人，待妨死了那人，自己再騎就沒事了。劉備聽後非常生氣，並且毫不含糊地下了逐客令，徐庶感到劉備果然名不虛傳，遂死心塌地輔佐於他。

攜民渡江

劉備、諸葛亮火燒新野後，移駐樊城。曹操勸降無果，分兵八路殺奔樊城。諸葛亮認為曹軍勢大，樊城池淺城低，難以抵擋，勸劉備速棄樊城，渡過漢水，退往襄陽。劉備不忍拋棄跟隨多時的百姓，就派人在城中遍告：「願隨者可一同過江。」百姓皆寧死相隨。有人歸附當然是好事，但逃難不是旅遊，單是數萬百姓渡江用的船隻就是個大難題。用《三國演義》的插曲說就是：「水滔滔，路漫漫，扶老攜幼步履艱，百姓何辜遭離亂，欲渡長河少行船……」百姓拖家帶口，扶老攜幼、號泣而行，哭聲不斷，劉備在船上見到此情此影，「瞻前顧後心愴然」。到了江南，劉備

見對岸尚有無數百姓招手呼號，急令關羽催船去渡百姓過江。直到百姓將要渡完，劉備方才上馬離去。這件事傳開以後，劉備愛民如子的名聲更加響亮。

有些心理陰暗的人固執地認為，劉備幫助陶謙抵禦曹操，並不是出於仁義，而是有所圖謀 —— 這是他好好表現自己的良機。但問題的關鍵是，劉備根本不是曹操的對手。明知自己不是對手，還要去救，說好聽點叫自不量力，說難聽點簡直就是找死。為自己的利益找死，是不理智的表現，但若是為別人的利益找死，則是偉大的體現。更難能可貴的是，劉備之前並不認識陶謙，當時也沒有兵，為了救陶謙，他不得不去找自己的老朋友公孫瓚借兵。這就好比你向一個陌生人借錢，陌生人囊中羞澀，立即跑到朋友家借了錢幫助你，這是非常了不起的境界，如果把這麼了不起的行為說成是有所圖，良心何在？

陶謙兩度要把徐州讓與劉備，劉備皆力辭不受，他是真的不想要嗎？怎麼可能！劉備當時有將領、有人馬，唯一缺的就是根據地。但正如很多曾經想入非非但最終沒有越雷池一步的男同胞一樣，劉備最終沒有把自己的獲得建立在別人的失去上。這未必是仁德的表現，但也稱得上君子 —— 君子愛財，取之有道。

「的盧」妨主是一件小事，但恩格斯說：「一件小事可以反映一個人的優秀品格」，劉備寧可讓「的盧」妨死自己，也不能讓「的盧」妨死別人，即便是自己討厭的人，這若不是君子的行為，仁德的表現，還有什麼行為堪稱君子，還有什麼表現配稱仁德？

至於攜民渡江，後來的事實雖然證明，正是劉備的感情用事、婦人之仁害了很多百姓，但是劉備這種「危難時刻即使顯不了身手，但也絕不逃走」的做法，卻贏得了更多的民心。與揚言盡屠徐州百姓為報父仇的曹操

相比，更顯得劉備愛民如子，值得追隨。所謂得民心者得天下，劉備這樣的人不成功，還有誰能夠成功？反之，背棄了道義，失去了民心，本就一窮二白的劉備還能靠什麼東山再起？事實上劉備自己也這麼說過：劉備率百姓行至襄陽，劉琮根本作不了主，蔡瑁不僅拒絕放劉備入城，還命兵士射殺無辜百姓！很有正義感的魏延打開城門迎劉備入城，劉備卻說：「本欲保民反而害民，我不入襄陽。」一行人又轉投江陵而去。行不多時，探馬來報，曹操大軍已進占樊城，正命人收拾船筏，即刻就要渡江追來。張飛等人建議說，數萬百姓拖家帶口、扶老攜幼不說，還帶著大量的生活用品、糧食、牲口，行進速度太慢，日行不過十餘里，幾時能到江陵？倘曹操追至，又如何迎敵？不如暫棄百姓，先行為上。劉備說：「舉大事者必以人為本。今人歸我，奈何棄之？」何謂「以人為本」，說白了就是以人為資本。這當然是一種功利行為，但是要知道，劉備當時可是在逃命，不是在踏青，行的慢了，說不定小命就不保了。如果說這也是假仁假義，那麼能用自己的生命為我們這麼假仁義一下的有幾位？

不過，劉備也確有其偽善的一面，比如取西川時，他嘴上說不忍奪同宗基業，但奪西川早已是日程上的事了 —— 是早在諸葛亮一出山就為他定下的戰略方針。他所謂的「同宗之情」，不過是演戲而已，當不得真。然而還是那句話，劉備固然偽善，但中國乃至世界歷史上能達到這種道德境界的帝王卻少之又少。古人云：仁者無敵，而「仁」是劉備身上最主要的氣質，也正是因為「仁」，劉備才從一個織席販履的落魄貴族一步步成長為留名青史的蜀漢昭烈皇帝。

最後要說的是呂布，他只知道責怪劉備忘恩負義，可曾想過單就忘恩負義這一點，十個劉備也不及他？他不僅不值得救，也沒有鑑定劉備的資格。

做人要厚道，做事要精明

> 無論是做學術、研究還是產業，都要注意自己和社會融合的能力。
> 做人最高的境界是「精明而厚道」。對我個人來說，精明不一定能
> 做到，但起碼能做到比較厚道。

明朝正德年間，江南有個姓夏的大富翁，有一天，他乘船經過一座石拱橋時，突然有人從橋上倒下兩桶大糞，不偏不倚地淋在夏富翁的船上，還濺了夏富翁一身。大家抬頭一看，原來是鎮上的一個小生意人，夏富翁的僕人們個個都很惱火，想上去把那人暴打一頓，為夏富翁也為他們自己出出氣。夏富翁卻攔住他們，心平氣和地說：「算了吧，他肯定不是故意的，就算是故意的，他也不知道是我在船上，否則他怎麼敢冒犯？」回到家，夏富翁翻出帳本，發現此人曾借過他三十兩銀子至今未還，這對一個小生意人來說不啻一筆鉅款，想來他是因為無力償還，才故意冒犯自己，以求一死，夏富翁想到此節，當即就燒毀了債契，並命僕人告知那人。那人知道後感恩戴德，此後再也沒有冒犯過夏富翁，夏富翁也贏得了仁德的好名聲。

無獨有偶，當時江南還有一個姓尤的大富翁，他在蘇州城裡開了一家大當鋪，有一年年關前，他突然聽到門外傳來一陣吵鬧聲，走出去一看，原來是位鄰居。小夥計見老闆出來了，立即上前彙報：「他先前把幾件衣服當在我們這裡，拿了錢走，如今空著手就想把衣服要回去，小人跟他講理，他反而罵人，天下哪有這樣的道理？」尤富翁聽完後微微一笑，他讓小夥計暫且退下，然後走到依舊氣勢洶洶的鄰居面前，心平氣和地說：「老兄，你怎麼跟年輕人一般見識呢？我明白你的意思，不就是為了過年嗎？這點小事，犯不著傷了和氣。」說完，他轉過身去，吩咐小夥計去後

面找鄰居先前當在這裡的幾件衣物出來，小夥計找出來後，尤富翁指著其中的一件棉衣對鄰居說：「這件棉衣禦寒不可少，你先拿回去。」然後又指著一件袍子說：「這件給你拜年用，也先拿回去。其餘幾件我看你一時也穿不著，不如就先放在這裡吧？」那鄰居顯然沒有料到這種狀況，他用異樣的眼光看了尤富翁幾眼，然後什麼也沒說，拿起衣服就走。也沒有想到，當天夜裡，這個窮鄰居竟然死在了別人家裡！那家人也是一個富商，在城裡開著幾間店鋪，窮鄰居的家人與那個富商家打了好長時間的官司，狠狠地敲了那家人一筆。

原來窮鄰居根本就是有備而來。他因為好賭成性，在外面欠了很多錢，無路可走，便想自殺，但妻兒老小無法安置，於是他事先服了毒，本想敲詐尤翁，但尤翁不跟他計較，他只好轉移目標，禍害了另一家人。事後，當鋪的夥計問尤翁，您老是怎麼事先預知的？尤翁說：「我也沒料到他會走絕路。但我知道一點，凡是無理挑釁的人，一定有所依仗。如果在小事上不能忍耐，那麼多半會招災惹禍。」

如果說夏富翁的做法是單純的厚道的話，那麼尤富翁的做法則是厚道與精明兼備。現實生活中的某些人，往往就像尤富翁說的那樣，明明自己沒理，偏要無理取鬧，有的人是仗著自己塊頭大、力氣足、財力雄厚、有個善於貪贓枉法的後臺，等等；有的人則是像故事中的窮鄰居一樣，仗著自己能把貧窮堅持到底，仗著自己活著比死了強不了多少，用他們的話說便是：我這光腳的還怕你這穿鞋的不成？！俗話說：軟的怕硬的，硬的怕橫的，橫的怕不要命的，不要命的怕既不要命又不要臉的。這幾種人都不是好人，如果你不想跟他們一樣，辱沒了我們生而為人的高貴，最重要的是不想因一時之氣葬送自己的幸福生活，那麼，別跟他們講理，因為他們若是講理的話根本就不會無理取鬧。你只需冷靜地想想他們跟你折騰究竟

是為了什麼，必要時做一些必要的讓步就行了。事實證明，這些人要「爭取」的往往並不多，因為他們的素養和格局早就決定了他們只能在雞毛蒜皮的小事上兜圈子。人生還有很多大事等著我們去做，即使只是為他們浪費點兒時間，也是很不值得的。

　　不過，僅僅是不與那些無理取鬧的人一般見識，還算不上真正的厚道，更貼切的叫法應該是「明哲保身」。那麼什麼是真正的厚道呢？明代的楊士奇為我們做好了榜樣。有一次，有個叫徐奇的地方官進京面聖，順便帶了些當地特產的竹席，準備贈給朝裡的幾個大臣，有好事者自以為這是打擊徐奇等人的證據，便想方設法把徐奇的送禮名單搞到了手，然後直接呈送給了明成祖朱棣。朱棣看了看名單，發現朝中許多重臣都在其中，唯獨沒有楊士奇，便單獨召見楊士奇，詢問其故。楊士奇略一思索，說道：「徐奇去地方任職時，名單上那些大臣都曾前往賦詩送行，所以才有這次回饋。我當時疾病纏身，沒能前往，不然恐怕也得送我。但這禮物實在微不足道，即使徐奇送我，我也收了，也沒有其他的意思啊！望陛下明察！」朱棣心頭的疑雲頓消，不再追問此事。還有一次，有人向朱棣報告說，與楊士奇並稱「三楊」的楊榮常常接受邊關將領們的禮物，朱棣便向楊士奇求證。楊士奇為了保護白璧微瑕的楊榮，說：「楊榮知曉邊關的形勢，臣都趕不上他，懇請陛下不要介意他的這點小過失。」朱棣笑著說：「真是奇怪，楊榮曾多次在我面前說你如何如何不好，你怎麼反倒為他說起情來了呢？」楊士奇說：「懇請陛下像原諒臣一樣原諒楊榮。」朱棣佩服之餘，打消了追究楊榮的念頭。

　　有明一朝，說到賢相，必稱「三楊」，而布衣出身的楊士奇卻能位列「三楊」之首，在於他的學識，更在於他的人品。單就上面兩個例子而言，楊士奇輕描淡寫便保全了兩位朝廷重臣，同時化解了君臣之間的猜

忌，表面上看不出任何用智的痕跡，實質上卻是一種大仁大智，絕不僅僅是厚道而已。現實生活中，人們之所以讚美厚道，呼喚厚道，在於社會上不僅存在太多不厚道的人和事，也在於社會上缺乏楊士奇這樣德才兼備的好人。期望大家都成為楊士奇是不現實的，但隨著社會文明水準的不斷提升，相信會有越來越多的張士奇、劉士奇、王士奇出現在我們身邊，同我們一道抑惡揚善，共建和諧社會，共用美好生活。

第 13 堂課

坦蕩 —— 君子坦蕩蕩，小人常戚戚

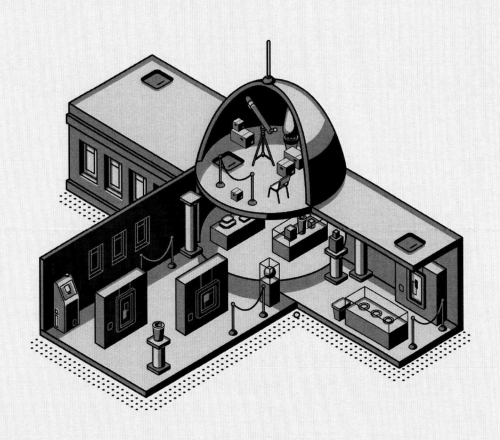

‖ 坦蕩如砥，其直如矢 ‖

> 言人之所言，那很容易；言人之欲言，就不太容易了；言人之不敢言，
> 那就更難了。我就是要言人之欲言，言人之不敢言。

　　說到坦蕩，歷史上最著名的例子莫過於「祁奚請老」。祁奚是春秋時期晉國人，官至中軍尉，相當於一國最高軍事指揮官。西元前 570 年，已經年過花甲的祁奚請求告老還鄉，但晉悼公一時找不到接替他的人選，便問：「誰可以接替你的職位呢？」祁奚回答：「解狐可以。」悼公吃驚地問：「解狐不是你的仇人嗎？你為什麼推薦他呢？」祁奚回答：「大王問的是誰接替我的職位最合適，又沒有問誰跟我有仇。」悼公很佩服祁奚的見地和胸懷，馬上下令徵召解狐來接任中軍尉，然而解狐還沒上任就去世了，悼公便讓祁奚再次推薦一個合適的人選。這一次，祁奚推薦的是祁午，也就是他的兒子。悼公又問：「他不是你的兒子嗎？你怎麼除了推薦你的仇人，就是推薦你的親人？難道不怕別人說閒話嗎？」祁奚答道：「大王問的是誰能夠勝任，而不是問誰是我的兒子。」悼公認為有理，便不再多問，當即任命祁午為中軍尉。事實證明，祁午的確是個稱職的人選。後來，中軍尉的副手羊舌職也死了，祁奚又推薦羊舌職的兒子羊舌赤接替，悼公也同意了。

　　這就是「外舉不避仇，內舉不避親」的故事。後人稱讚祁奚正直無私、胸懷廣闊，「建一物而三官成」，這種政治操守令人肅然起敬。而晉悼公之所以五次三番向他徵求意見，也正是出自對祁奚人品的高度信任。

　　如果僅僅是向國君推薦幾個賢人，並不足以表現祁奚的坦蕩。《左傳》記載，西元前 552 年，執掌晉國朝政的大臣范宣子害怕政治對手欒盈對自己不利，便找了個藉口，欲治欒盈之罪。欒盈被迫逃亡到楚國，但他

的親族好友卻遭了殃，范宣子不僅殺了以大夫羊舌虎為首的一批人，還關了一批了，其中不乏被冤枉的，羊舌虎的弟弟、大夫叔向就是其一。

　　好在叔向不久便被釋放，不過仍然軟禁在家。有人問他：「你無緣無故被關，現在還不能為自己洗清罪名，不感到難過嗎？」叔向卻說：「我這算得了什麼呢！有人還被殺、被迫逃亡呢！比起他們，我直到今天還過著優哉遊哉的日子，這不是很好嗎？」其實叔向也不是不著急，只是他堅信自己的冤屈總有一天會得到伸張。

　　沒多久，晉王的寵臣樂王鮒便來拜訪叔向。他對叔向說：「您無故獲罪，真是冤枉，我會為你向國君鳴不平，還您清白。」叔向聽了，只是微微一笑，並未順勢拜託對方為自己求情。樂王鮒自討沒趣，便起身告辭，而叔向居然連送都沒送。叔向手下的人們都認為他對樂王鮒很不禮貌，叔向卻說：「樂王鮒即使是一片好心，又能起得了什麼作用呢？只有祁奚祁大夫能救我。」有人不解：「如今樂王鮒是國君的寵臣，他的話，國君沒有不照辦的。而祁大夫已告老還鄉，指望不上，您應該依靠的不依靠，指望不上的卻要指望，這是何道理？」叔向說：「樂王鮒之所以能得到國君的寵愛，是因他一切都順從國君的意見，如果國君認為我罪有應得，他怎麼會為我辯解呢？而祁大夫就不同了。想當初，國君讓他推薦人才，他既肯推薦解狐這樣一直與他作對的人，又敢推薦自己的親人，沒有公正無私的心是做不到這一點的。因此，也只有他會為我辯解。」

　　果然，祁奚聽說了叔向的事情後，不顧自己將近 90 高齡，當即從自己的封地驅車去面見范宣子，義正辭嚴地說：「《尚書》中講，對於有智慧、有謀略的人應當相信、保護及安慰，而叔向就是一個參與謀劃國家大事少有過錯，教誨別人又從不知疲倦的人啊！對這樣的人不給予重用，反而使其受株連，這是國之大失啊！當年，鯀被處死，其子大禹卻得到重

153

用；伊尹放逐太甲，太甲登基後也沒有絲毫怨恨他；管叔、蔡叔被殺逐，其兄周公仍然輔佐成王。這樣的事例在古代還有很多，我們怎麼能因為叔向的哥哥羊舌虎是壞人就一定要牽連他呢？」范宣子聽了很感動，當即和祁奚一起去面見晉王，說服晉王赦免了叔向。事後，祁奚悄然而歸，叔向也未登門拜謝。但祁奚這種以國家社稷為重、外舉不避仇、內舉不避親、救人不圖報的精神，卻在更廣泛流傳開來，備受世人的稱道。

無獨有偶，祁奚的仇人解狐也曾經有過「外舉不避仇」的事例。解狐的仇人是他的家臣刑伯柳，在很長一段時期內，解狐都認為他很忠誠。然而有一天有人悄悄告訴解狐說，刑伯柳在背地裡和解狐的愛妾芝英私通。芝英生得貌美體嬌，如花似玉，深得解狐的喜愛，也一向很忠誠，因此解狐不肯相信。那人見他不信，便獻上了一條妙計，以使刑伯柳和芝英暴露原形。

第二天，解狐突然接到晉王的旨意，命他到邊境巡視數月。由於任務緊急，解狐連刑伯柳也沒有帶，就匆匆忙忙地上路了。早就耐不住寂寞的芝英不由心中竊喜，好不容易熬過三天，她實在熬不住了，便找機會溜進了刑伯柳的房間。但兩人正在房中偷歡之際，房門突然大開 —— 解狐滿面怒容站在門口。原來他根本就沒有接到什麼命令，而是在附近躲了起來，結果把姦夫淫婦逮個正著。

經過一番拷打、審問，解狐認為主要的罪責不在刑伯柳，是芝英愛慕刑伯柳年輕英俊，屢次找機會勾引刑伯柳，刑伯柳才與她勾搭成奸。因此，解狐忍著怒火，把二人痛打了一頓，然後將他們趕出解府，並沒有殺掉他們。後來，解狐的好朋友趙簡子的國相突然死了，趙簡子就讓解狐幫他推薦一個，解狐想來想去，覺得只有昔日家臣刑伯柳比較合適，便向趙簡子推薦了刑伯柳。刑伯柳到任後，果然把趙簡子的領地治理得井井有

條。趙簡子十分滿意，誇獎他說：「你真是一個好國相，解將軍沒有看錯人啊！」刑伯柳這才知道是解狐推薦了自己。他也一直都在為先前的事情後悔，便決定去拜訪解狐，感謝他不計前嫌，舉薦自己，有機會的話還想與昔日主公和好。

　　然而，解狐得知刑伯柳來拜訪自己後，根本就不讓他進門，只讓門官問他：「你來這裡，是因為公事，還是因為私事？」當刑伯柳明確表示自己是專程負荊請罪而來後，解狐仍然不讓他進門。刑伯柳便站在府門前不走，最終，解狐手持弓箭突然出現在門前臺階上，一箭射向刑伯柳，差一點將他射死。刑伯柳當即嚇出一身冷汗。這時解狐再次張弓搭箭，瞄準他說：「我推薦你，那是為公，那是因為你能勝任；可你我之間有奪妻之恨，你還敢上我家裡來？！再不走，射死你！」刑伯柳這才明白，解狐依然對自己恨之入骨，他慌忙遙施一禮，轉身逃走了。

▎磊落處世，坦蕩做人▎

> 我有我的性格，不想改，有人想透過一些事來改變我，說實話，不可能。我對母親，該哭就哭，該笑就笑；我對學生，該哭就哭，該笑就笑，哭和笑不傷害大家，更不會傷害全國人民，你們放心好了。這是我的情感表達，你不喜歡，沒辦法，我不是演員，你可以不喜歡我，也不需要你喜歡！

　　魯宗道是宋真宗朝的諭德官，主要職責是引導教喻皇太子。有一天，真宗忽然要召見他，傳令的小太監找到魯宗道家中時，魯宗道卻不在家。過了好一會兒，他才回到家裡，一問方知，他在附近的酒店裡喝酒去了。小太監一邊把皇上要召見他的事告訴魯宗道，一邊與他商量道：「我在這裡已經等了您一段時間了，恐怕皇上會怪罪您去的晚了，您還是找個理

由推託一下吧！」魯宗道卻說：「不用，實話實說就行。」小太監好心提醒道：「那樣的話，你老兄就一定要受到皇上的處罰了！」魯宗道坦然地說：「喝點酒是人之常情，或許可以得到皇上的原諒，但撒謊欺騙皇上，那可是不可饒恕的大罪啊！」於是二人一起進宮，宋真宗聽完小太監的彙報後，果真責問魯宗道為何私自去酒店，魯宗道照直回答道：「臣家裡太窮，沒有招待客人的餐具，而酒店裡一應俱全，剛才恰好有鄉親遠道而來，因此我便請他去酒店喝了幾杯。不過，臣去時已換下了官服，穿上了便服，而且市民中也沒有人認識臣。」宋真宗聽後笑道：「愛卿作為宮廷的內臣，恐怕要因此受御史的彈劾了。」然而從此以後，宋真宗卻對魯宗道十分看重，屢次在朝中說魯宗道忠誠老實，磊落坦蕩，可堪大用。

　　漢人張敞的故事更具生活氣息。據說，張敞的妻子與他同村，張敞小時候特別頑皮，有一次投擲石塊，誤傷了後來成為他妻子的女伴，由於害怕被治罪，他選擇了肇事逃逸。後來，張敞長大成人，並且做了官，有一次他無意聽人說起，那個被自己的誤傷的女子因為傷及眉毛，破了相，一直未能出嫁，便上門提親，娶了那個女子，並在婚後每天為妻子畫好眉毛才去上班，即使做到了京兆尹的高官也照畫不誤。一時間，京城裡都傳說張京兆畫得眉毛很嫵媚。這就給那些無事生非的小人預留了可乘之機，他們參奏張敞，說他身為朝廷高官，卻沒有做官的威儀。漢宣帝就把張敞召來，當著很多大臣問他究竟有沒有此事。換作旁人，即使明知這事無關緊要，恐怕也會不好意思，予以否認。張敞卻一五一十地說：「陛下用臣，無非消弭奸宄，肅清京畿。至於畫眉，臣以為五倫之中自有夫婦一倫，閨房之內，遠有比畫眉毛更親暱的事情，所以臣以為陛下沒有理由不容許。」此番真情實意，打動了漢宣帝，他不僅沒有責備張敞，反而升了張敞的官，並特賜通天犀管十支，螺黛一斤，以供張敞夫婦畫眉之用。

應該承認，上述兩位主角之所以敢說實話，在一定程度上利益於漢宣帝與宋真宗雖不是什麼絕對的明君，但也稱得上寬宏大度，且懂得有意無意地匡正吏風。也只有在這種說實話得大用的大環境裡，人們在遇到事情時才敢於暢所欲言，那些擅長搬弄是非、欺君罔上的小人們也會因此而稍事收斂。然而我們也應該往反方面想想，是什麼原因造成了大環境不好呢？說到底還是因為大家都太明哲保身了。有些人一開始或許只是想保護自己，但凡事都有慣性，有些人保來保去，最後往往與小人沒有什麼實質性的區別了。另一方面，大環境越糟，胸懷坦蕩的人便愈發顯得珍貴。我們曾無數次作為反面教材的蘇東坡，就是這樣一位可敬的古人。

蘇東坡曾經對弟弟蘇轍說過：「吾上可陪玉皇大帝，下可以陪卑田院乞兒。眼前見天下無一個不好人。」事實上他也真的達到了這種境界。縱觀蘇東坡的一生，除了被起用，就是被貶黜，富貴和災難始終相伴。但無論沉浮升降，他始終寵辱不驚，也始終堅持著自己的原則：只做好人，不做壞事。

蘇東坡一生最凶險的遭遇莫過於「烏臺詩案」。但蘇東坡被捕下獄後，除了初時有些驚魂不定，後來便非常淡定了。他的想法是，自己反正沒做虧心事，擔心也沒用，不如生死由命。因此他釋然於懷，該吃就吃，該睡就睡，每晚呼嚕打得山響。這種態度給他帶來了好運。一天，打不定主意的宋神宗派人到監獄去暗探蘇東坡，當來人回報說蘇東坡吃了就睡，睡下就打呼嚕時，宋神宗說：「我說蘇軾沒做虧心事，你們就是不信。」於是網開一面，把他貶到黃州了事。

如果說蘇東坡一定要恨一個人的話，那麼他最恨的人應該是新黨人物章惇。章惇是個典型的妒賢嫉能之輩，尤其看不慣蘇東坡。不為別的，只為他處處比章惇強。因此剛剛當上宰相，章惇便把禮部尚書蘇東坡貶到了

定州任太守。蘇東坡還沒走到定州，貶書又來了——去英州任從八品的承議郎。剛到英州第 10 天，又一道聖旨傳來，命他捲舖蓋去惠州任寧遠軍節度副使。在惠州，蘇東坡寫了一首小詩：「白髮蕭散滿霜風，小閣籐床寄病容。報導先生春睡美，道人輕打五更鐘。」這本是一首苦中作樂的小詩，但傳到章惇耳中，卻恨得他牙根發癢：「想不到蘇東坡還過得這麼舒服！我讓你春睡美！」當即又把蘇東坡放逐到了他所能放逐得最遠的地方——海南島。在各方面都很落後的海南島，蘇東坡食無肉、病無藥、居無室、出無友、冬無炭、夏無泉，但他不怨天，不尤人，很快就和當地百姓打成一片，教當地子弟學習文化，並且教出了海南有史以來第一個進士！這自然令百姓更加敬重於他，但也更讓章惇氣不打一處來。於是他又下了一道「命令」：蘇東坡從此不得簽署公事！把他教授學生知識的權力也給剝奪了。

不是不報，時候未到。建中靖國 1101 年，宋徽宗即位，將章惇革職流放，並讓已 65 歲的蘇東坡速速北歸長安，官復原職。當朝狀元章援，也就是章惇的兒子，認為蘇東坡北歸後定能拜相，也定會報其父屢次迫害之仇。於是他便先寫了一封信給蘇東坡，一再乞求蘇東坡能放他父親一馬。蘇東坡收到信後，立刻回信，表示自己雖與其父不和，但都是為了國家利益，同時對章惇偌大年紀仍要被流放深感痛心，並希望他能多多保重身體，早日歸返。更不可思議的是，蘇東坡還在信中提供了一些養生的體會。返京後，又經常請章援到自己府上，噓寒問暖，徹夜談心，令章援感動至深，不止一次地感慨：「恩師的肚量與我父相比，一個天上，一個地下啊！」

林語堂先生曾這樣評價過蘇東坡：「像蘇東坡這樣的人物，是人間不可無一難能有二的……我們未嘗不可說，蘇東坡是個秉性難改的樂天派，是悲天憫人的道德家，是黎民百姓的好朋友，是散文作家，是新派的畫

家，是偉大的書法家，是釀酒的實驗者，是工程師，是假道學的反對派，是瑜伽術的修練者，是佛教徒，是士大夫，是皇帝的祕書，是飲酒成癮者，是心腸慈悲的法官，是政治上的堅持己見者，是月下的漫步者，是詩人，是生性詼諧愛開玩笑的人……蘇東坡的人品，具有一個多才多藝的天才的深厚、廣博、詼諧，有高度的智力，有天真爛漫的赤子之心。說到底，他是個好人，從未做過一件壞事。」

林先生對蘇東坡的評論，想來也是歷史的公論。

‖ 行藏不昧鬼神欽 ‖

> 我是一個像空氣一樣自由的人，妨礙我心靈自由的時候，絕不妥協。

春秋時期，魯國有個名叫邱成子的大臣，他與衛國的右宰相穀臣是好朋友。有一次，魯君派邱成子出使晉國，途徑衛國時，穀臣盛宴邀請了邱成子。二人推杯換盞，把酒言歡。但邱成子隱約感覺到穀臣總是欲言又止，便刻意留心。二人喝到興處，穀臣命令府中的樂隊奏樂，但樂曲一點兒也不歡快。邱成子聽在耳裡，記在心上。當二人快要喝醉的時候，穀臣又把自己家傳的名貴的璧玉送給邱成子，邱成了不動聲色，沒有任何推辭就收下了。

總之，穀臣對邱成子稱得上盛情款待。然而當邱成子完成出使任務，從晉國回來，又經過了衛國時，他卻連穀臣的面也沒見，便徑直回國了。邱成子的車夫對此很不解，就問：「上次我們途徑衛國，右宰相宴請了您，你們的感情很歡洽。而今天我們重新經過這裡，您為什麼不去拜訪他，向他告別呢？這是不是有點失禮？不符合您的做人標準啊！」邱成子解釋說：「你有所不知。他留下我並宴請我，應該是要與我歡樂一番。可

是他命令樂隊奏樂的時候，樂曲並不歡快，這是向我委婉地表達他的憂愁啊！在喝酒正暢快的時候，他又把璧玉送給了我，這是說要把璧玉暫時寄存在我這裡。但以我對他的了解，他怎麼會在乎一塊璧玉？他的真實想法應該是把家小託付於我啊！從這些跡象看，衛國大概要有禍亂了！」果如邱成子所預料的那樣，他們一行剛剛離開衛國三十里，便聽到了寧喜作亂殺死了衛君，右宰相穀臣為衛君殉難的消息。邱成子馬上下令車夫掉轉車頭，轉回衛國哭悼穀臣，一連哭了三次才回魯國。回到魯國後，邱成子又派人去衛國把穀臣的妻子兒女接到魯國，讓他們居住在自己家裡，用自己的俸祿供養他們。等穀臣的兒子長大後，邱成子又把璧玉還給了他。

以往說到這個故事，人們總是強調邱成子是個善於觀察、心細如髮的人，這的確不假，但歷史上善於觀察的人不在少數，而像邱成子這樣肝膽照人的卻沒有幾個。關於邱成子的品行，連孔子都欽佩不已，他說：「那智謀能夠洞察他人的機關，那仁義又能夠保管好他人的財物，說的正是邱成子啊！」

當然我們不能動不動把孔子當道德標杆。事實上，這種境界就是連天地、鬼神都佩服的。古人有詩云：「行藏不昧鬼神欽，有德無私感上真。利眾方知還利己，平心自有好收因。」說的便是一個人品行端正、行事光明磊落，連鬼神都會欽佩他，那些胸懷大德、心底無私的人，連上天都會被感動。連上天都能感動，當然更不用說凡人了。這樣的人，自然會在幫助別人的同時得到眾人的幫助，用老百姓的話說就是「好心有好報」。

反過來說，一個人就算聰明到了能逃脫法律制裁程度，但若總是損人利己，甚至做一些喪盡天良的事，到頭來終究不會有好結果，因為離地三尺有神靈，老天不會總是不開眼。

我們看《三國演義》，能看出一條主線，那就是報應不爽。即使是像

曹操那樣權傾天下，羅貫中也得給他杜撰出個梨樹精來懲罰他。事實上，即使是《二十四史》這樣的正史中，也不乏類似的記載。在筆者看來，這未必全是虛構，很可能是當事人在臨死之前良心受到極度煎熬，腦中從而出現了他們最不願意看到的幻覺。

我們來看一段野史：

明朝時，有個叫陳良謨的隱士，隱居在浙江某個村子裡。有一年，當地發生了大旱，很多農田顆粒無收，唯獨陳良謨所在的村子因為有水利工程得以取得了豐收。然而村裡人卻向州官報告說自己村裡也受了災，從而得以與其他村子一樣，免交當年租稅。第二年，當地又發生了洪災，很多農田被淹沒，洪水退去後，大幅減產，唯獨陳良謨所在的村子因為地勢較高，再次得以倖免。嘗到了甜頭的村民們故伎重施，又一次向州裡謊報災情，再次享受到免稅待遇。不僅如此，唯利是圖的村民們還乘機利用這筆錢大肆收購周圍各村的破產村民的產業，獲得數倍，然後用這些不義之財天天吃喝玩樂。陳良謨見到這一幕後對本族人說：「咱們村子要遭大禍了！很快人們就沒福享了。像咱們陳姓和郁、張兩姓大戶，根基較厚，或許還能勉強應付，像俞、費、芮、李等小姓，恐怕在劫難逃了！」同族人都不以為然。然而正如陳良謨所預言的那樣，沒過多久，村子裡就發生了瘟疫，俞、費、芮、李等小姓人家幾乎全死光了，只有費氏還剩下五六個人。族人們這才相信陳良謨的話，他們慌慌張張地跑去問陳良謨：「咱們三家大姓不會步他們的後塵吧？」陳良謨說：「雖然沒他們那麼悲慘，但倒楣的事還是免不了的。」果然，一年後，州裡查出了他們村裡偷稅且發災難財的事情，不僅責令其補上該交的租稅，還狠狠地罰了他們一筆。

看到這個故事，很多有正義感的人可能會很氣憤：三家大姓不也偷稅併發災難財了嗎？為什麼瘟疫不找他們呢？或者說，老天到底有沒有眼

呢？其實這跟老天沒關係。什麼叫瘟疫，簡單來說就是傳染病。不論是古代，還是現代，最先得傳染病的往往都是那些窮人，因為窮人不僅營養跟不上，生病後也缺乏求醫問藥的錢。而俞、費、芮、李四小姓的人之所以死於瘟疫，恐怕多半就是因此。但這又能怪誰呢？他們不僅賺了連鬼神都忌諱的不義之財，還揮霍浪費，暴殄天物，怎麼能不受到老天和自己的雙重懲罰呢？

這麼說，是不是意思著一個人只要光明磊落，鬼神就不會找他的麻煩呢？未必，但老百姓說得好：不做虧心事，不怕鬼敲門。歷史上也不乏類似的記載。比如唐代有個叫魏元忠的官員，有一天，他家的婢女告訴他，剛才自己出去打水，回來後居然看到一個老猿猴在幫自己燒火！人們都感到有些害怕，魏元忠卻若無其事地說：「這沒什麼，老猿猴同情咱家人手不夠，特意來幫忙燒火，這很好嘛！」又有一次，魏元忠在書房裡呼喚僕人，一連喊了幾聲都沒有應聲，這時他家的狗居然學著魏元忠的聲音喊叫了起來！人們自然既吃驚又害怕，魏元忠又說：「這條狗懂得為主人代勞，真是孝順！」此後，魏家又一連發生了幾次怪異事件，但魏元忠每次都本著「為人不做虧心事，半夜敲門心不驚」的精神坦然看待，後來就再也沒有類似的事情發生了。

總之，心底無私天地寬，行藏不昧鬼神欽，慢說上述故事都是古人杜撰的，就算真有類似的靈異事件，只要你沒做虧心事，又有什麼好害怕的呢？見怪不怪，其怪必敗。只有那些做了虧心事的人才會一有風吹草動就局促不安。

第 14 堂課

戒貪 —— 知足天地寬，貪得宇宙隘

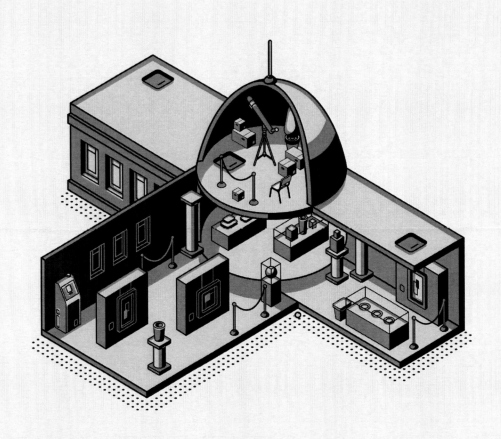

︱知足不辱，知止不殆︱

> 到了今天，名利對我都沒有什麼用處了，我之所以仍然怕，是出於慣性，其他冠冕堂皇的話，我說不出。「爬格子不知老已至，名利於我如浮雲」，或可道出我現在的心情。

相傳有一日，宋代大儒蘇東坡與老友佛印和尚參禪論道時，佛印即興念出一首詩偈，也就是後人皆知的《酒色財氣歌》：

酒色財氣四堵牆，人人都在內中藏。
若能跳出牆垛外，不是神仙命亦長。

蘇東坡不以為然，立即和詩一首：

飲酒不醉最為高，見色不迷真英豪。
不義之財不可取，和氣忍讓氣自消。

姑且不論狷狂一生的蘇東坡本人是否能夠做到「和氣忍讓氣自消」，但他這首詩宣導的人生境界無疑令人神往。酒色財氣，人皆必需，如能徜徉其中又不被其傷，自然是人生快事。

不過世人也明白，「酒是穿腸毒藥，色是刮骨鋼刀，財是下山猛虎，氣是惹禍根苗」，千百年來，害在這四個字上的人，英雄有，梟雄有，忠臣有，奸臣有，普通老百姓也有，而究其原因，就在於沒把握好一個「度」字。

老子說，「知足不辱，知止不殆」，意思是說，知道滿足的人，就不會遭到困辱，知道適可而止的人，就不會遇到險惡。紀曉嵐亦說：「事能知足心常愜，人到無求品自高。」曾國藩也說：「知足天地寬，貪得宇宙隘。」這些樸實無華的詩句，都是在告誡人們，知足才能常樂，不知足，不僅會導致心理失衡，還極有可能招致災禍。

　　佛家認為，人生有八苦，「求不得」便是其一。其實這種說法未免失之精準，世人之苦未必是求不得，而是求得了之後還想求更多，求更多更多，求無止境。有首古代打油詩說得好：「終日奔波只為飢，方才一飽便思衣，衣食兩般皆俱足，又想嬌容美貌妻。娶得美妻生下子，恨無田地少根基，買到田園多廣闊，出入無船少馬騎。槽頭拴了騾和馬，嘆無官職被人欺。當了縣丞嫌官小，又要朝中掛紫衣。若要世人心裡足，除是南柯一夢兮。」所以佛家又說：有求皆苦，無欲乃樂。

　　有求皆苦，也不一定是因為貪欲無止境。用傅佩榮先生的話來說，那叫「擁有就是被擁有」。一個人有的越多，就越不是他自己，因為人擁有的越多，越沒有時間做自己。擁有的東西越多，注意力就越分散，思考勢必減少，生命內涵就更少，以至最終被擁有物所擁有，成為擁有物的奴隸。

　　很明顯，這絕不意味著只有那些一無所有的人就是自由人，而是提醒我們無須擁有那些無須擁有的東西，我們所擁有的應當是我們所能掌控或者說對我們有意義的。唐代奸相元載，其被唐代宗抄家時，人們不僅從其家中抄出了堆積如山的珍寶錢財，還抄出了多達 800 石的胡椒！有人算過一筆賬，800 石胡椒，相當於今天的 64 噸。人們不禁要問：設若元載不死，他將用多少輩子的時光吃完這 800 石胡椒呢？也許只有在劊子手舉起屠刀那一剎那，元大人才能明白，無論他對胡椒有多麼熱愛，他也不可能將任何一顆胡椒留到來生。

　　西方歷史上最偉大的帝王之一亞歷山大也為人們留下過類似的教訓。亞歷山大臨死前，特意留下三個遺願：第一，他的棺材必須由其醫師獨自運回國。第二，當他的棺材運向墳墓時，通往墓園的道路要撒滿其寶庫裡的金子、銀子和寶石。第三，他的棺材兩側要各挖一個洞，讓他的雙手放

在棺材外面。人們都很好奇，但沒人敢問為什麼。只有一位新晉職的年輕將軍壯著膽子，吻了吻亞歷山大的手，說：「陛下，我們一定按您的吩咐去做，但您能告訴我們為什麼要這麼做嗎？」亞歷山大喘息著回答：「我想讓世人明白我剛剛學到的三個教訓。讓醫師運載我的棺材，為的是讓人們意識到醫生不可能治療人們的所有疾病。面對死亡，他們也無能為力。希望人們能夠珍愛生命。第二個遺願是告訴人們不要像我一樣追求金錢。我花費了一生去追求財富，但很多時候是在浪費時間。第三個遺願是希望人們明白我是空著手來到這個世界的，而且我也是空著手離開了這個世界。」說完，亞歷山大便停止了呼吸。

我的朋友張紹民先生寫過一首精鍊的小詩：「人生就是一個碗，扣過來它就是墳！」人生，一碗飯而已，最終的歸宿都是一丘土罷了，何必為難自己？作踐自己？趙本山也曾在小品《心病》中總結過：人生在世屈指算，最多三萬六千天；家有房屋千萬所，睡覺就需三尺寬！

說這麼多，不是不讓人追求上進。對於那些連房奴都當不上的人來說，他們或許更有理由因房子而鬱悶，為生計而犯愁。他們需要積極的追過，但他們同樣需要知足。因為知足不是一般意義的不求進取，當追求可控時，它就是一種進步的動力，向上的助推器。而一旦這種動力失控，人們就會像原野上的越野車一樣，除非他自己及時清醒過來，最終結果要麼是踩著油門衝向名利盡頭的懸崖，要麼是側翻在路旁的物欲之淵。再者說，不擇手段地追求，未必就能追到，順其自然地追求，也未必就追不到。世路無如貪欲險，人生路上，必須走穩。

┃莫作人間第二杯┃

> 貪污是中國歷史的一大污點，歷朝歷代，官員無數而清官極少，一旦出一個清官，立刻成為名垂青史的人物，這從一個側面說明找出一個清官是何等的困難。明朝200多年的歷史，有名的清官只出了一個海瑞，即便如此，海瑞其實也沒什麼可值得稱道的，他不過是做了他應該做的事，一個人按照規定做了他該做的工作，他是不是就應該成為千古傳唱的人物？我想，只有人們在一堆腐爛的肉中發現一塊好肉時，才會有如此的驚嘆。

「莫作人間第二杯」一句，源自明代作家馮夢龍的《古今笑史》。馮氏在書中記載：明成化年間，汝寧有個姓楊的太守很清廉，但他的下屬劉知縣卻很貪婪。有年冬天，楊太守微服私訪，走到一百姓家中，這家的老太太招呼她的女兒給客人倒酒，說：「天氣寒冷，喝杯酒暖暖吧。」酒瓶裡的酒不多了，女兒先倒出了一杯清酒，說：「這一杯是楊太爺！」接著再倒出一杯，有些渾濁，說：「這個是劉太爺！」此事傳開後，有人賦詩道：「憑誰寄語臨民者，莫作人間第二杯。」

既然說到了詩，不妨來個古代戒貪詩大集錦：

唐代是中國詩歌史上的黃金時代，中國戒貪史上最著名的戒貪詩人陳王蕃也出生在唐代。史載陳王番出身「卒徒」，說白了原先就是個小卒，後來陳小卒靠著溜鬚拍馬、曲意逢迎逐步混到了太守的高位。由於大肆貪腐，陳太守最終被判處以極刑，臨刑前，本不以文墨見長的他竟向獄卒索要紙筆，寫了一首絕命詩：「積玉堆金官又崇，禍來倏忽變成空。五年榮貴今何在？不異南柯一夢中。」此詩言簡意賅，而且稱得上「功夫在詩外」，然而沒有絲毫的覺醒，沒有意識到自己的「禍」正是因為「積玉堆金」所致。

第二位出場的是北宋奸相蔡京，關於他的貪，單是《水滸傳》中就令人髮指：每年都過生日，旁人不說，其女婿梁中書都送了十萬貫錢的「生辰綱」。但由於宋徽宗與他是藝術領域的知己，他又擅長奉承拍馬，因此在徽宗沒倒臺之前，蔡京是想貪多少就貪多少，除了梁山好漢能打劫他，旁人都是敢怒不敢言。然而歷史是最嚴明的審判官，出來混，總是要還的。西元 1125 年冬，金兵大舉南侵，徽宗在金兵兵臨城下時，慌慌張張把帝位傳給兒子欽宗，帶著蔡京等一幫寵臣南逃。他們前腳剛走，開封的太學生陳東等人便聯名上書欽宗，要求嚴懲以蔡京為首的「六賊」。欽宗迫於情勢，下令把蔡京流放到海南島。蔡京在流放途中死於潭州（今長沙），在潭州，蔡京留下了自己生命中的絕筆 —— 《西江月》：

八十一年住世，四千里外無家。如今流落向天涯。夢到瑤池闕下。玉殿五回命相，彤庭幾度宣麻。止因貪此戀榮華。便有如今事也。

且不論這首詞的藝術成就如何，至少蔡京找到了自己人生悲劇的原因，那就是「貪戀榮華」，儘管這種反省失之膚淺 —— 他豈止是貪戀榮華，他是如假包換的禍國殃民！

說到貪官，必然繞不過清代大貪官和珅。仗著自己的才華和圓滑，和珅深得乾隆寵信，大清國上上下下，裡裡外外，沒有一處不是他和中堂發財的地方。有個小笑話：有一天，乾隆問劉墉：「國家的銀子哪裡去了？」劉墉答：「掉河裡了。」乾隆又問：「怎麼不撈呢。」劉墉答：「河深（和珅）啊！」這一點兒都沒冤枉和珅。嘉慶帝上臺後，光是白銀，就從和珅家抄出了八億兩之多。據最新研究，和珅光是可以計價的財產就有 2,750 億兩白銀 —— 和曾經的世界首富比爾蓋茲差不多 —— 只不過和珅的錢幾乎全是貪贓枉法得來。即使放眼上下五千年再加上所有外國貪污犯，恐怕也沒人能超得過他。

　　而這位大貪官在等待處死的時光裡，也寫下了一首絕命詩：「月色明如許，嗟爾困不伸。百年原是夢，卅載枉勞神。室暗難挨暮，牆高不見春。星辰環冷月，繯絏泣孤臣。對景傷前事，懷才誤此身。餘生烊無幾，辜負九重仁。」與前面提到過的陳王蕃一樣，和大人也是至死不悟，並不認為是貪心害了自己，而是覺得自己滿身是才，以致「懷才誤此身」。

　　關於中國古代究竟有沒有清官的問題，坊間一直爭論不休。縱觀史冊，我們應該客觀地承認，歷史上的清官儘管很少，但終究是存在的。會寫詩的清官也不乏其人，如時代監察禦史吳納，他曾受朝廷之命巡視貴州，考察「三司」吏治。在貴州考查之際，一切如常，但等返京的吳納行至四川境內時，後面送來一份姍姍來遲的大禮 —— 黃金百兩。吳納不肯收受，而是命隨從取來文房四寶，即興在禮盒上賦詩一首：「蕭蕭行李向東還，要討前途最險灘。若有贓私並土物，任教沉在碧波間。」

▎錢病還需錢藥醫▎

> 古代有個叫李之彥的文人，他曾用拆字的方法解析過錢。他說：你看「錢」這個字，從「金」從「戈」，意思就是說，想得到錢，離不開武器，真乃殺人之物，但人們卻不能了悟，也不願了悟。人們總是喜歡扛著「戈」去爭「貝」，真是「賤」啊！

　　一個人有了錢，是不是會更快樂、幸福呢？理論上是的。有了錢，可以買到所有可以用錢買到的東西，擁有了這些東西，自然就不會有想擁有而求之不得的苦惱。然而這只是個理論。理論之外不乏一些不成理論的事實，最明顯的一點就是有些人有很多錢，但同樣不開心。還有些人，自己或許很開心，但正因為他自己過於開心，從而導致了一家人不開心，甚至導致了全國人民不開心。

　　關於這種種不開心，我們可以歸結為兩個字 —— 錢病。所謂心病還需心藥醫，錢病自然需要《錢本草》來醫。

　　《錢本草》是中國古代的一篇奇文，作者為唐代張說，累官至朔方節度使，可謂位高權重。那麼張節度使為什麼要寫這樣一篇奇文呢？這篇奇文又講了些什麼、奇在哪裡呢？蓋因張節度使在任期間好物貪財，斂錢好利，結果最後東窗事發，被貶到岳陽做了個地方小官。大難不死的張說開始有所醒悟，從而認識到人固然離不開金錢，但人絕不能做金錢的奴隸，否則就會被金錢所害，於是就寫下了奇文《錢本草》。

　　《錢本草》全文如下：

　　錢，味甘，大熱，有毒。偏能駐顏采澤流潤，善療飢寒，解困厄之患立驗。能利邦國、汙賢達、畏清廉。貪者服之，以均平為良；如不均平，則冷熱相激，令人霍亂。其藥，采無時，采之非理則傷神。此既流行，能召神靈，通鬼氣。如積而不散，則有水火盜賊之災生；如散而不積，則有飢寒困厄之患至。一積一散謂之道，不以為珍謂之德，取與合宜謂之義，無求非分謂之禮，博施濟眾謂之仁，出不失期謂之信，入不妨己謂之智。以此七術精煉，方可久而服之，令人長壽。若服之非理，則弱志傷神，切須忌之。

　　此文翻譯成現代文就是：

　　金錢這味藥材，味甜、性熱、有毒，卻能預防衰老，駐容養顏。在治療飢餓、寒冷，解決困難方面，更是效果明顯。它可以有利於國家和百姓，可以汙損賢達，唯一害怕的只有清廉。貪婪之人服用時以不過分為好，否則就會因冷熱不均引發霍亂。金錢這味藥材沒有固定的採摘時節，不合時宜地採摘會使人精神損傷。如果只積攢、不發散，會有水、火、盜賊等災難。如果只發散、不積攢，會有飢寒、困頓等禍患，只有邊積攢、邊發散，才是金錢的大道。不把錢當作珍寶稱為德，取得、給

予都適宜稱為義，使用正當稱為禮，接濟大眾稱為仁，支出有度稱為信，得不傷己稱為智，用此七種方法精煉此藥後，才可長久服用，從而延年益壽。如服用不得法，則會智力減弱、精神損傷。以上種種，千萬不要掉以輕心。

張說為什麼要說「錢」味甜呢？很簡單，錢這東西人人喜愛，有了錢心裡都會甜滋滋的。至於「大熱、有毒」的特徵，更是準確生動，入木三分。錢雖然不可或缺，讓人甘之如飴，但對錢的追求要有度，要講道，超出了度，偏離了道，便會讓人變得瘋狂，挖空心思往錢眼兒裡鑽，從而導致「大熱」，成為金錢的奴隸，整天為錢著急上火（發熱）。此外，是藥三分毒，而錢的毒性尤甚，服用過量便會產生毒副作用，或者身心俱疲，家庭不和，或者鋃鐺入獄，命斷黃泉。

接下來，張說為我們分解了錢的藥理：錢一般分為小錢和大錢兩種，小錢能「療飢」，解人燃眉之急，救人於水深火熱之中；大錢則能「邦國」，讓國家富強起來。但金錢這種藥材不像大力丸那樣，有病治病，無病強身，金錢往往玷污毀掉那些不缺錢卻想更多地占有金錢的達官貴人們的名聲氣節和前程，除非他們是清廉之士。尤其需要提醒的是那些貪心的人，服用金錢這味藥材時一定要謹慎，否則就會陷入困境，輕則如炒股者被套血本無歸，重則如身居高位卻貪欲難抑重演歷史貪官們的殺身悲劇。另外，錢是流動的東西，錢多的人最好將多餘的錢財用於社會，否則自身不會太好受，社會也不會太平。也就是說，不管由於什麼原因，社會貧富差距都不宜過大。

其後，張說又著重介紹了錢的採收，強調錢要取之有道，不能亂撈，不然神靈便要降罪，天怒人怨。不僅採收要得宜，還要學會花錢。如果只知道攢錢，就會有人惦記，如果花錢如流水，賊人倒是不惦記了，但自己

的衣食住行也會成為問題。所以對待花錢，是既要學會節儉，又要學會把錢花到刀刃上，節流開源，量入為出，這樣才能求得生活與金錢的平衡。

在文章的最後，張說又告誡世人，獲取錢財要講「道、德、義、禮、仁、信、智」，此所謂「君子愛財，取之有道」。如果一個人能夠在講究「七術」的基礎上，獲取錢財，那麼就會在金錢的助益下延年益壽，不然就會「弱志傷神」。

綜合看來，張說的《錢本草》並沒有因為時間的推移而絲毫失效，尤其是對於當今社會越來越多的金錢至上論者來說，不啻靈丹妙藥。

第 15 堂課

反思 —— 聞過則喜，見賢思齊

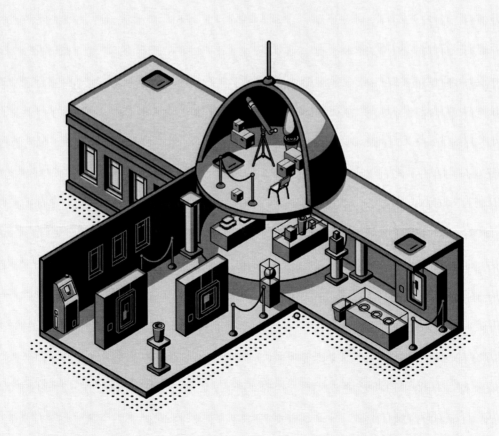

∣ 先認識自己，再了解別人 ∣

有的人只願意做講者，不願意聽，即使別人的言語正確，也聽不進去，因為習慣了發號施令，即使他人的談論有理，想法正確合理，也不願意採納。有的是虛榮心作怪，有的是放不下架子，有些是逆反心理作怪，類似於某些年齡段的兒童。

《百喻經》是一部由古印度流傳而來的古籍，單是從梵文譯成漢文後的時間，距今已有 1,500 多年。其中有個譬喻講到，有幾個人坐在一起，談論某人的品行，其中一個人說道：「這個人，別的都還好，只有兩件事不好：第一，他常常發火；第二，他做事很魯莽。」或巧他說話時，所說的那個人剛好經過，聽到這些話他立即怒氣衝衝走過來，揚手就要打談論他的人，並說：「你這個傢伙，胡說八道，我什麼時候曾經發過火？什麼時候又曾經做過魯莽的事？」一個年長的人勸住他，反問他：「你現在的舉動，難道不能證明你的惱怒和魯莽嗎？」

生活中有不少這樣的人，一旦聽到不同意見，不但不虛心接受，反而容易惱羞成怒，挾隙報復。這樣的人，不僅走到哪裡也處不好，也阻礙自己的進步，甚至招致不良後果。

古人云：人非聖賢，孰能無過？但正如那句流行語所說的，宣導什麼就缺失什麼，從古至今，中國人能坦然面對自己的不足和缺點的人屈指可數。用柏楊先生在《醜陋的中國人》一書中的話說，中國人不但不習慣認錯，反而往往有一萬個理由，掩蓋自己的錯。為掩飾一個錯誤，中國人不能不用很大的力氣，製造更多的錯，來證明第一個錯並不是錯。

柏楊先生還在文中舉了一個例子：「中國有句俗話：閉門思過。思誰的過？思對方的過！我教書的時候，學生寫周記，檢討一周的行為，檢

討的結果是：『今天我被某某騙了，騙我的那個人，我對他這麼好，那麼好，只因為我太忠厚。』看了對方的檢討，也是說他太忠厚。每個人檢討都覺得自己太忠厚，那麼誰不忠厚呢？」想想我們自己，看看周圍的人，你不得不佩服柏楊先生的深刻。

當然，真正閉門思過的人雖少，但還是有的。至少，這個成語的締造者韓延壽本人就是。

韓延壽是西漢昭帝時期的左馮翊太守。有一次，他到高陵縣巡視，遇到兄弟二人向他告狀。其中的哥哥說：「我弟弟占了我的地。」弟弟則說：「這地本來是我父母在世時分給我的，哥哥不講理，硬說是分給他的。」這件事對韓延壽觸動很大，他說：「我身為太守，不能教化百姓，以致民間發生骨肉爭訟。這既傷風化，又使賢人孝子受恥。其責任在我，我應該退職讓賢。」當天，韓延壽推脫有病，不再處理公務，而是獨自一人呆在館舍裡，關門閉戶，思考自己的過錯。事情傳到那兄弟倆耳中，他們感到很不好意思，當即痛心疾首地流著淚，光著膀子前往韓延壽那裡請罪，一樁訴訟就這樣圓滿地解決了。

古時候每個縣衙裡面都有一間房子叫「退思堂」，縣太爺每天處理完公務回家前，都要獨自在裡面待一會兒，回顧一下自己今天都做了些什麼，反思一下有沒有哪裡地方做得不妥當？應該怎樣補救，等等。不知道設立「退思堂」是不是受了韓延壽的啟發，但這無疑是個好的制度。今天的各級政府是不是也應設立個類似的場所呢？

需要反思的絕不止縣太爺。那麼在房價越來越高的今天，對普通百姓來說，都設立個類似的場所，無疑不太適用。所以古人教導我們，要「從五更枕席上參勘性體」。所謂「性體」，說通俗點兒就是人的本性，「參勘」則是一種非常深刻的自我反省、自我檢討。為什麼要在五更枕席上做

此事呢？古人也說了，因為這時「氣未動，情未萌」。我們在白天忙碌的時候，情緒煩躁不安，哪有心情自省？即使自省，也往往由於受情緒的影響，容易分辨不清，感情用事。

　　古人又有「聞過則喜、聞善則拜」一說，這當然值得推崇，但更值得推崇的無疑還是反思能力。因為生活中很有一些人，由於諸多原因，有時候會聞不到「過」、也聞不到「善」，比如一些「不能得罪」的領導，以及一些脾氣暴躁到了大家都敬而遠之的人。

　　戰國人鄒忌就曾遇到過類似的問題。鄒忌是齊國大臣，身長八尺，瀟灑挺拔。有一天早上，鄒忌穿好衣服，戴上帽子，照著鏡子問妻子說：「你認為我跟城北的徐公比誰更漂亮？」妻子立即說：「當然是夫君更美，徐公哪裡比得上你呀！」原來城北的徐公是齊國的著名美男子。鄒忌雖然長得確實很帥，但跟徐公比總覺得缺乏信心，於是他又問自己的妾說：「我跟徐公誰漂亮？」妾與妻子說得差不多。不一會兒，來了位客人，鄒忌又問：「我和徐公誰漂亮？」客人也認為徐公不如鄒忌漂亮。巧的是，客人剛走，徐公來了，鄒忌仔細地把他看了又看，送走徐公後鄒忌再次照著鏡子端詳自己，方覺得相差太遠。晚上躺在床上，他反覆考慮這件事，終於明白了：「妻子讚美我，是因為偏愛我；妾讚美我，是因為害怕我；客人讚美我，是想要向我求點什麼。」第二天上朝時，鄒忌便從此事出發，勸諫齊威王說：「我根本不如徐公漂亮。可是我的妻子偏愛我，我的妾怕我，我的客人有事想求我，都說我比徐公漂亮。如今齊國的國土方圓一千多里，城池有一百二十座，王后、王妃和左右的侍從沒有一個不偏愛大王的，朝廷上的臣子也沒有不害怕大王的，全國的百姓也沒有不想求得大王的恩遇的……由此看來，您受的蒙蔽想必不少。」齊威王點頭稱善，當即下了一道命令：「各級大小官員和老百姓能夠當面指責我的過錯的，

得頭等獎賞；書面規勸我的，得二等獎賞；能夠在公共場所評論我的過錯讓我聽到的，得三等獎賞。」命令剛剛下達，許多大臣都來進言規勸，宮門口和院子裡熱鬧得像菜市場。幾個月後，偶爾才有人進言規勸；一年以後，有人即使想規勸，也沒有什麼說的了。齊國得以大治。

聞不到過，不等於受了蒙蔽，但世上大多數過錯，往往都是從自己蒙蔽自己開始的。做人，首先要認識自己，正視自己。否則，就算讀遍天下所有的《讀心術》，又有何用？

‖ 別站在自己的立場上想問題 ‖

一天只有 21 小時，剩下 3 小時是用來反思的。

吾日三省吾身 —— 眾所周知，這是曾子的名言。孟子也說過「君子必自反」。這兩位儒家頂梁柱的反思精神是毋庸置疑的，但這並不等於他們就真的像後人所說的那樣，這聖人那聖人，從不犯錯。關於曾子迂腐的故事此前已經講過，下面講一個孟子的糗事。

有一次，孟子的妻子獨自一人在屋裡伸開雙腿坐在席子上，這在當時是不符合婦道的，可巧被孟子見到了。不一會兒，孟子便去拜見母親，說：「這個女人不講禮儀，請準許我把她休了。」孟子的母親吃驚地問：「什麼原因呢？」孟子說：「她伸開兩腿坐著。」孟母問：「你是怎麼知道的？」孟子說：「我親眼看見的。」孟母說：「這是你不講禮儀，而不是你妻子不講禮儀。《禮經》上不是這樣說嗎：將要進門的時候，必須先問屋中有誰在裡面；將要進入廳堂的時候，必須先高聲傳揚，讓裡面的人知道；將進屋的時候，必須眼睛往下看。《禮經》這樣講，為的是不讓人沒準備，無所防備。如今你到妻子閒居休息的地方去，進屋沒有聲響，人家不知道，

因而讓你看到了她兩腿伸開坐著的樣子，不能怪她，而應怪你啊！」孟子聽的滿腦門汗，再也不敢說休妻的事了。

孟子有個好母親，不僅肯為孟子的學習三遷其所，也懂得站在兒媳婦的立場上規勸、教育自己的兒子，而不是像很多生活和電視劇裡的婆婆一樣，千方百計地整自己的兒媳，一旦輸招還哭天搶地的讓兒子給自己出氣。女孩們若有幸遇到孟母一樣的婆婆，那真是好福氣。

不過孟母仍不是 No.1。她充其量做到了以人為本，而我們之前提到過的楊朱卻做到了人與自然和諧發展。史料記載，楊朱有個弟弟叫楊布，有一次，楊布一大早就穿著一身白衣服出了門，晚上回來時，因為淋了雨，他就脫了白衣服，換了一身黑衣服。結果家裡的狗可能眼神有問題，沒認出這位二主人來，對他狂吠不止，楊布便像大多數狗主人一樣，怒不可遏，抄起一根大棍子就要耍打狗棒法。楊朱及時攔住他說：「你為什麼打它呢？假如你的狗早晨出去是黑毛，晚上回來卻變成了白毛，你不奇怪嗎？」

若不是哲學家，絕說不出這麼有意思的話來。不過這種有意思的話有時候也經不起檢驗。比如楊朱去遊說梁惠王時說，我治理天下，就好比翻翻手掌那麼簡單（易如反掌），梁惠王卻說：「你算了吧，你家裡二畝大的菜園都拔不淨草，一妻一妾也管理不好，還談什麼治理天下？」這麼看來，梁惠王倒是頗懂反思。

如果說梁惠王是頗懂的話，那麼前面提到過的范仲淹就是深諳了。史料記載，慶曆三年，南方出了個叫張海的大盜，不僅無惡不作，而且還有一支數百人的隊伍，而各地方政府卻只有少數獄卒、捕快，因此難以制衡。有一天，高郵城的軍事長官晁仲約得到消息，張海正率大批人馬向高郵城而來，他思考再三，自認無法抵擋，便號召了一批有錢人，捐了一批

金錢、牛羊、酒菜等，提及前去歡迎慰問賊兵。張海見沒費力氣就得了這麼多錢財，非常高興，吃足喝足後便率眾揚長而去。但消息傳到朝廷中，他這種開門揖盜的做法卻引起了軒然大波，大臣富弼當場提議必須處死晁仲約，以正國法。范仲淹卻持反對意見，他說：「我們應該站在晁仲約的立場上想一下：如果他手上有足夠的兵力，哪怕只夠防守，那麼他遇到賊兵不抵禦反而去賄賂，必須處死；但當時實際情況是高郵兵力不足，根本沒有辦法防守。況且這樣做最終免使百姓遭遇殺戮和更大的搶劫，所以沒有必要殺死晁仲約。」宋仁宗最終採納了范仲淹的意見。與他持不同意見的富弼自然很生氣，他私下問范仲淹：「我要弘揚法令，你卻多方阻撓，這樣如何治理百姓？」范仲淹答道：「本朝從祖宗開始，未曾輕易處死臣下，這是一種美德，怎麼可以輕易破壞？假如皇上做慣了這種事，他日一旦手滑，說不定你我的性命也不保啊！」富弼當時不以為然，但後來遭遇政治危機時卻感嘆道：「范公真是聖人啊！」

富弼在中國歷史上也是個頗有正能量的政治人物，但跟范仲淹一比，立即落了下風。儘管范仲淹的做法未必符合今人的法律觀念，但他總體來說還是做到了「先天下之憂而憂、後天下之樂而樂」，且在具體操作一些問題時很有靈活性，上面的例子就是明證。而富弼，不僅處理問題相對僵化和片面，也缺乏一顆基本的仁愛之心。即使是到最後感嘆「范仲淹真是聖人」時，他也不是發自內心地佩服范仲淹的做法，而只是因為自己遇到了類似晁仲約一樣的危機而已。所以，我們不僅應該學會站在他人的角度上想問題，還應該盡量站在道德的高度去想問題。如能這樣，不管是思自己、還是思別人，都不難思出其中的是非對錯。

∣不要跌倒在同一個地方∣

儒家說，正心誠意是修身的出發點，修身則是治國、平天下的根基，
因此我想，救國必先救己。

「不經歷風雨，怎麼見彩虹？沒有人能隨隨便便成功！」這是大家很
熟悉的一首歌，也有不少人用它來指導生活。無可否認，誰的人生都沒有
絕對的勝算。遭遇失敗，在所難免。而且失敗也並非一無是處 —— 失敗
是成功之母嘛。

不過失敗絕不等同於成功之母。這個世界上失敗的人多了，但從失敗
中站起來的人卻少之又有。原因，就在於他們往往知道執著，而忽略了從
失敗中吸取教訓，一而再、再而三的穿新鞋、走老路，直到有一天，他自
己也開始質疑，自己屢戰屢敗、愈挫愈勇到底有沒有意義？

如果說這算得上一種可悲，那麼還有一種人更可悲。因為他們已經歷
千辛萬苦，贏得了成功，但最終卻因為管不住自己，並最終死在了一些小
節上面，豈不是更可悲？

北齊文宣帝高洋就是這麼一位可悲人士。高洋是中國歷史上殘忍的暴
君之一，他在位時，宮女、宦官和親信，每天都有人慘死在他的盛怒下。
後期，他甚至還設立了一個專門機構，讓相關人員為自己供應死囚，供自
己大開殺戒，可見其殺人之多。高洋還喜歡打人，包括他的岳母在內的很
多人都遭過他的毒打。他之所以如此，很大原因是酗酒造成的。在執政後
期，高洋幾乎每天從早喝到晚，喝醉了就發酒瘋。有一天，他的老母親實
在看不下去，拿起拐杖責打他。高洋受杖數下，不敢還手，但卻氣憤地指
著老母說：「你敢打我？看我不把你嫁給胡人！」老母親大怒，但她也管
不了高洋，只是從此再也不復言笑。高洋醒酒後，也覺得自己很過分，屢

次向老母謝罪，並表示自己一定要戒酒。但老母剛一原諒他，他便好了傷疤忘了疼，最終反反覆覆，越喝越厲害，最後直接死在昏醉之中，年僅三十歲。

與之相反，梁武帝蕭衍則是毀在了自己的濫愛上。蕭衍當上皇帝後，有感於很多王朝都因為皇室內部骨肉相殘最終導致國破家亡，於是他想盡辦法維護皇室的團結。即使其中有些人威脅到自己的皇位和生命，他也格外寬容。比如他的六弟蕭宏，生活上腐敗墮落、無惡不作，上戰場則臨陣退縮，導致梁軍慘敗，而蕭衍非但不懲罰他，反倒好言安慰，並加官晉爵。在蕭衍的「嬌生慣養」下，蕭宏越來越有恃無恐，最後竟做起皇帝夢來。西元 518 年，蕭宏第一次刺殺梁武帝未果，梁武帝給他講了一番大道理後僅僅罷免了他的官職。這助長了他的野心 —— 反正造反不成也不會死。於是沒過幾年，蕭宏再次造反，這次他還給自己拉了個墊背的 —— 與梁武帝的親生女兒永興公主勾結造反。再次失敗後，梁武帝也只是將永興公主趕出宮，對蕭宏仍沒有治罪。不過蕭宏自己不爭氣，不久便驚恐而死，但他的兒子蕭正德接了班。他倒是沒敢直接刺殺蕭衍，而是直接跑到了梁朝的敵國北魏。可惜北魏根本不缺他這號，因此沒得到重用的蕭正德不久又跑了回來。事實證明，他跑回來算對了，因為梁武帝只是哭著將他訓斥了一番，便照舊予以重任。

僅僅是對家人「仁慈」，尚不足以體現梁武帝的濫愛。他人生最大的敗筆，同時也是導致他活活餓死的仁慈之舉，是收留了小人侯景。西元 547 年，侯景前來投降。當時人們都知道他是個反覆無常的小人，因此誰也不接納他，梁武帝不僅力排眾議接納了他，並封其為大將軍。不久，為解救被東魏俘虜的另一位侄兒蕭淵明，梁武帝準備與東魏講和。侯景聽到消息後，為求自保，立刻舉兵反叛。梁武帝立即派蕭正德統帥軍隊征討，

侯景早就知道蕭正德的劣跡，於是便騙他說只要肯做內應，推翻梁武帝後便擁戴他為皇帝。蕭正德喜不自禁，便幫助侯景順利渡過長江和秦淮河，可惜轉眼他就被侯景殺死。侯景攻入南京後，將梁武帝團團圍住，而平日受梁武帝嬌縱的王公貴族們，儘管握有幾十萬兵馬，卻都袖手旁觀，最終 86 歲的梁武帝被活活餓死，死前倒是沒少罵那些不孝子孫，但悔之已經太晚。

高洋和梁武帝的故事，有力地證實了人可以犯錯，但不能在同一個地方犯兩次相同的錯誤。人們常說，老天無情，歷史無情，其實老天也好，歷史也罷，往往不會一次性地趕盡殺絕，當一個人發展到某一階段時，只要他細心，只要他願意反思，他就會發現老天對自己的警醒，比如一場尷尬，一點小懲。所謂天作孽，猶可違；自作孽，不可活。只有那些無視歷史的提醒的人，才會將尷尬升級，將小懲釀成天怒人怨。

同理，大浪淘沙，優勝劣汰，縱觀歷史，成功總是屬於那些備嘗艱辛、異常頑強而又能時刻總結自己、重新上路的人。芸芸眾生在對他們頭上的光環頂禮膜拜的同時，也應悄悄地反思：到底是成功之神不曾來過，還是自己總是吃一塹卻從沒長一智，眼睜睜地看著成功的機會一次次從身旁溜走？

當然，歷史有時候確實只會給人一次機會。換作是別人，別說就精心安排的數次刺殺，一個小小的意外，就有可能丟了國家與卿卿性命。因此，我們不僅要盡量做到自己不在同樣的地方跌倒兩次，還要經常到別人摔跤的地方看看，看看別人為什麼會摔倒？換作自己會不會也摔倒？如果不想摔倒應該怎麼做，等等。這其實也是我們讀歷史的最直接的初衷。熟讀歷史的人，如果也讓同一塊絆腳石絆倒兩次，那麼原因只能是他一直都在看花紅熱鬧，而不是以史為鑑，讓歷史照進現實。

第 16 堂課

格局 —— 成大事者不拘小節

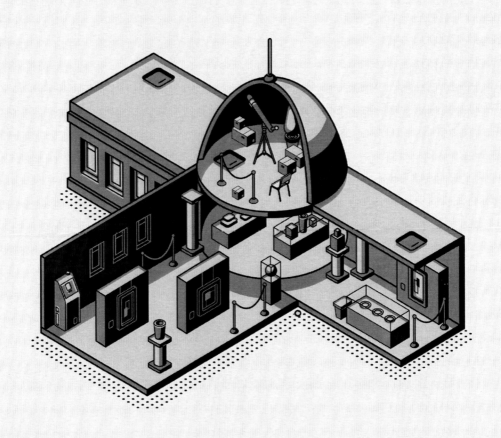

‖ 心有多大，世界就有多大 ‖

《金瓶梅》說：「審格局，決一世枯榮，觀氣色，定行年之休咎。」

做人、成家、立業，全在格局之中。

說到格局，有這麼一個小笑話：

古時候，某地有個富翁，特意從京城高薪請來一位先生教兒子讀書。但沒過幾天，先生便找到富翁辭行。富翁問，難道是嫌錢少嗎？我可以再加。先生連連說不是，但又不肯明說。富翁一再追問，先生無奈道：「說出來您可千萬別生氣。」富翁說：「但講無妨」。於是先生說：「你兒子將來有不了大出息，不用枉費心機了。」富翁欲怒又止：「何以見得」？

先生說：「我來府上已多日，公子已學會了對對子。昨天，我見院裡春暖花開，楊柳吐翠，野外農人開埸，水牛犁田，便給他出了一道上聯，讓他對下聯。上聯是：『青青柳條拂牛背』，他卻張嘴對道：『彎彎棗棍打狗腿』 —— 這這這，這不是叫化子所為嗎？」

富翁不悅，回敬道：「彎彎棗棍打狗腿固然是叫化子所為，但青青柳條拂牛背也不過是牧童所為。再說了，你總是出些牛啦、樹啊、馬啊、羊啊的，他哪能對得上高雅之作？」

先生不服氣，便讓富翁把兒子叫來，讓他自己考上一考。富翁也多少讀過聖賢書，叫來兒子，當即出了個高雅的上聯：「聖天子坐明堂，列兩旁文文武武。」兒子隨口就對：「窮乞丐跪大街，叫一聲爺爺奶奶 —— 」話音未落，富翁一把掌扇過去：「果真是叫化子所為！」

一笑。繼續說我們的主題 —— 格局。

若論歷史上有格局的人物，我們首先就會想到秦末的劉邦和項羽。這兩位一出場格局就不是一般的大。

先說劉邦，他本是一個小小的亭長，去咸陽服徭役時有幸看到了秦始皇出遊的場面，遠遠望去，羨慕之餘感嘆道：「大丈夫當如是哉！」項羽更牛，秦始皇巡狩經過南江（今江蘇吳縣附近）時，儀仗萬千，威風凜凜，大路兩旁佇立著無數看熱鬧的百姓，少年項羽和叔父項梁就在其中。看著看著，項羽竟脫口而出：「彼可取而代之也！」嚇得項梁一把捂住項羽的嘴。

在「專業」選擇方面，項羽也比劉邦厲害。項梁教他讀書，不學，記個姓名而已，沒意思；項梁教他學劍，不學，只能跟一個人打，要學萬人敵！而劉邦，從小遊手好閒，不學無術，別說跟項羽沒法比，跟當時的許多「同行」都沒有可比性：文，沒法跟張良、陳平、范增等人比；武，不能跟韓信、龍且、英布等人比。但就是這個沒得比的人，最終掃蕩群雄，開創了漢朝。

那麼，劉邦憑什麼？

憑格局。

劉邦乃小混混出身，不僅不工作，還動不動往家裡帶些狐朋狗友蹭飯。父親責怪，便跑去哥哥家吃。哥哥倒沒說什麼，嫂子有意見了，有次嫂子聽見他來了，拿著鍋鏟把鍋敲得咣咣響，表示飯已吃光。但劉邦依舊故我，該帶了還帶，姑且拋開他那些朋友人品是好是壞不說，但至少證明一點，劉邦是個重夥伴、重友情的人。事實上，當年秦末大起義時，劉邦的朋友蕭何、樊噲和周勃等人論能力都不在他之下，但大家就是願意推舉他為首領並且推著他走，這裡面固然有別的因素，但誰又能否認這是劉邦當年打下的基礎呢？

用一些野史學家的話說，劉邦這種性格直接導致他贏得了當地一些寡婦的青睞，但也間接導致了他入不了良家女子的法眼。因此劉邦成年很

久，依然是光棍一條。直到從咸陽回來，他才意外地撿了個老婆。當時劉邦的未來岳父呂公為躲避仇人，投奔到了沛縣縣令門下，縣裡的大小頭目都想借此巴結縣令，紛紛前往祝賀。由於人多，堂上根本坐不下，劉邦的朋友、負責收禮的蕭何便對賓客們說：「送禮不滿千錢的坐到堂下，超過千錢的坐到堂上。」不一會兒，劉邦來了，雖然他一個錢也沒帶，但他一張口就說「賀錢一萬」，呂公見了大為吃驚，親自把劉邦讓到貴賓席上。劉邦也不客氣，非常坦然地坐在了上座。蕭何對呂翁說：「劉邦這個人喜歡吹牛，很少做成過什麼事。」呂公卻不以為意，並且當場表示，要把自己的女兒許配給他！劉邦高高興興地走了，呂公的妻子卻對丈夫發起了脾氣：「你總是說我們的女兒非同一般，一定要把她許配給貴人。沛縣縣令是你的好朋友，想娶她你都不同意，今天怎麼隨隨便便地把她許給劉季了？」呂公說：「這不是你們女人家能明白的。」呂公堅持把女兒嫁給了劉邦，就在於他看出了劉邦雖然沒錢，但至少敢吹牛 —— 吹牛或許算不上格局，但很多人卻連牛也不敢吹！

　　劉邦平定天下後，曾經總結自己成功的經驗說：「夫運籌帷幄之中，決勝千里之外，吾不如子房；鎮國家，撫百姓，給饋餉，不絕糧道，吾不如蕭何；連百萬之軍，戰必勝，攻必取，吾不如韓信。此三人，皆人傑也，吾能用之，此吾所以取天下也。」然而我們知道，三傑中除了蕭何是劉邦的原始部下外，韓信、張良都不是，張良是韓國貴族之後，原本是準備自己幹的，韓信則是從劉邦的勁敵項羽處跳槽來的，後來楚漢相爭關鍵時期，項羽還曾派人遊說韓信回原單位，也有謀士勸韓信自立為王，但都被韓信拒絕，從而才有了後來的十面埋伏。那麼，張良為什麼要放著自己的事業不幹而要給劉邦打工呢？韓信又為什麼要從項羽處跳槽到劉邦處呢？

　　其實這裡有劉邦的過人之處，同時也有項羽的不如人之處，其中最重

要的一點就是劉邦懂得尊重人才，並且懂得分享。而項羽，一方面瞧不起除自己以外的人，另一方面動輒歸功自己，史書說他往往是把印章都快磨平了，還捨不得交給別人。這些人又不是混不了飯吃非得跟著你，不跳槽豈不是傻子？

項羽格局之小，還體現在很多方面，比如他滅秦之後不定都長安而是執意回老家彭城，不建帝號而自號「西楚霸王」，動不動就要與劉邦單挑，殺秦王、誅義帝、屠百姓，等等，當然最重要的一點，自刎於烏江——人都沒了，還談什麼格局？如此看來，格局絕不是心情激動時發發「彼可取而代之」之類的言論那麼簡單。

┃格局決定布局，布局決定結局┃

> 人生猶如棋局，要學習的不是技巧，而是布局；格局大了，未來的
> 路才能寬。

吳三桂無疑是中國歷史上的大奸臣，他的奸史甚至不需要我們作必要的交待。但我們不妨問這麼一個問題：假如吳三桂當年有幸贏得了江山，歷史又該怎樣書寫他呢？

無須正面回答這個問題，我們只需看一個與之類似的歷史片段：

隋朝末年，好大喜功的隋煬帝對內橫徵暴斂，不顧百姓的死活，對外一再發動戰爭，卻一再失利，終於在西元 611 年引發民變。隨著長白山農民王薄那首「無向遼東浪死歌」的廣泛流傳，此後幾年間，各地農民起義活動風起雲湧，此起彼伏，較為著名的就有李密等人領導的瓦崗軍、竇建德領導的河北軍、杜伏威等人領導的江淮軍，還有隋煬帝的表哥李淵領導的太原軍。

史料記載，在楊廣登基之前，李淵混得並不如意，始終難以突破中層軍官的地位。楊廣登基後，對他是一升再升，而且三次征伐高麗也沒捨得讓他上前線，只讓他在後方負責督運糧草。但李淵非但不思報答，反而在很早的時候就起了背叛朝廷的野心。西元 617 年，色膽包天的劉武周給李淵提供了機會，他打著討伐劉武周的名義，大量招兵買馬。由於李淵當時還代表著官方，因此沒幾天就招了萬餘人。早就「陰結豪傑，招納亡命」的李淵迅速坐大。

如果能夠繼續吃著官飯放自己的私駱駝，李淵自然是願意的。不過他背後的突厥人眼看中原亂成了一鍋粥，突然也跑過來湊熱鬧，動用數萬兵馬衝擊太原城池。身為太原留守的李淵命部下王康達出戰，卻險些全軍覆沒，多虧使用疑兵之計，才嚇跑了突厥大軍。不久，突厥可汗又暗中支持郭子和、薛舉等人起兵鬧事，搞得李淵焦頭爛額，一邊要防備突厥人，一邊還要防備被隋煬帝治罪殺頭。

經過一番周密的思考，李淵選擇了無恥的向突厥稱臣。為了打動突厥可汗，他還親自手書一封，在內中稱：「若能從我，不侵百姓，征伐所得，子女玉帛，皆可汗有之。」然後命謀士劉文靜出使突厥，隨信附帶大批金銀珠寶。有財寶自己送上門來，省得搶了，而且日後還會源源不斷地送來，突厥可汗哪有不答應的道理？突厥可汗架不住李淵的低姿態和糖衣炮彈，立即表示願意與李淵修好。少了協力廠商勢力角逐，李淵派李世民出馬，很快平定了郭子和等叛軍。同年五月，李淵正式起兵反隋。他一方面召募軍隊，另一方面遣劉文靜出使突厥，請求可汗派兵馬相助。得了好處的突厥可汗非常大方，送了不少馬匹和士兵給李淵，李淵又乘機從突厥那裡購買了許多馬匹，從而在最短時間內擁有了一支戰鬥力極強的騎兵，為日後一統天下奠定了軍事基礎。

　　李淵對突厥人俯首稱臣，歷來為後人所不齒。從本質上來說，這與吳三桂當年的作為沒有任何區別。批判賣國賊不是本節的主題，我們要說的是，為什麼吳三桂沒有成為李淵？原因或許有很多，但最重要的一點，吳三桂是迫不得已，而李淵是早有預謀。什麼叫做格局？用網友們的話說，格局就是下一盤很大很大的棋。作為主帥，該衝時要衝，該退時要退，該忍時要忍，該犧牲時要犧牲，該合縱連橫時也要合縱連橫。事實證明，李淵的這手棋下得確實不錯。至於其是否無恥，歷史的棋壇從未禁止過此類人參賽！

　　人生如棋，歷史亦如棋，但歷史很少有和棋的時候。歷史的殘酷性，決定了歷史的對弈者們只能有一個人笑到最後，其餘人等至多能做陪襯。不過，這個人之所以能笑到最後，往往在於他能在對弈過程之中對內對外不斷地和棋。

　　比如我們前面提到過的漢高祖劉邦，對外，他曾幾次與勁敵項羽握手言和，或者委曲求全，保存實力以待時機，或者兵不厭詐，打項羽個出其不意。對內，他也曾屢次以自己的高姿態化解集團內部的危機，確保自己的棋局不至於崩盤。

　　如果把劉邦的集團比做一個公司的話，韓信無疑是其中最有才華的員工。然而這位超有才的員工，也沒少給劉邦找麻煩。比如西元前 203 年，劉邦命韓信移兵攻齊。韓信率大軍行至齊國邊境時，得到消息說，劉邦的謀臣酈食其已說降了齊王田廣。在這種情況下，韓信本應即刻回師，助劉邦攻打項羽。但韓信卻出於私心，聽信了謀士蒯通之言，非得要用武力降伏齊國不可。雖然他取得了成功，但也害得酈食其被田廣烹殺。

　　韓信平定齊地之時，也是楚漢相爭最艱苦的階段。劉邦在滎陽眼巴巴地盼著韓信率兵回援，韓信卻派人給劉邦帶了一封信，要求做代理齊

王（假齊王），劉邦氣得當場就要爆粗口，好在一旁的張良及時踩了他一腳，湊近他的耳朵說：「漢軍處境不利，阻止不了韓信稱王。不如就此機會立他為王，好好善待他，使他自守一方，否則可能發生變亂。」劉邦立即明白過來，及時改口道：「韓信這小子真沒出息。大丈夫要做就做真齊王，做什麼假的？」說完便派張良親自帶印綬前往齊地，封韓信為齊王，同時徵調他的部隊攻打楚軍。

韓信得了額外的福利，滿心歡喜，此後不管外界誘惑多大，他也沒再背叛過劉邦。然而他畢竟只是歷史的棋子，西元前 197 年，在劉邦的默許下，呂后設計擒殺了韓信。

韓信不是歷史上唯一被殺的功臣，劉邦也不是歷史上唯一卸磨殺驢的老闆。英布、臧荼、韓王信、盧綰、張耳、陳豨、彭越，都是韓信的同事，也都是被劉邦打著叛亂的旗號誅殺的。比劉邦有過之而無不及的朱元璋在平定天下前，也是頗有胸襟、頗有格局的。只是當功臣的使命已完成，功臣在他們的眼中就不再是功臣，而是必須防範的人。因此，打天下時以格局吸引人才、定鼎江山，坐天下後卻越來越小家子氣，甚至動輒以莫須有之罪殺人殺到不眨眼的帝王，一直是歷史的普遍現象。都說中國人是勝者為王，敗者為寇，然而即使是勝者，又有幾個結局完滿的？所以，儘管「格局決定布局，布局決定結局」，但不得不說，很多結局不是我們希望中的結局，與之相關的格局也絕不是我們提倡的格局。

要容得下宇宙，也要容得下沙子

蔡元培說希望學習辜鴻銘先生的英文和劉師培先生的國學，並不要
你們也去擁護復辟或君主立憲。

關於漢高祖劉邦，晉人阮籍曾有一句著名的評語：世無英雄，遂使豎
子成名！

應該說，劉邦雖是最後的勝利者，但的確不符合人們心目中的英雄形
象。但若說世無英雄，那未免太過。拋開劉邦的老對手項羽是不是英雄不
談，至少二人共同的前輩陳勝便是一位大英雄。

所有上過學的人都知道，陳勝的社會地位比劉邦還不如，劉邦再差也
是個小官，而陳勝一出場則是與人傭耕，說白了就是現在的臨時工。但
這位臨時工胸懷大志，借著休息的功夫說出了名垂千古的六個字 —— 苟
富貴，勿相忘。面對同事們的諷刺，陳勝再吐豪言 —— 燕雀安知鴻鵠之
志哉！

後來，陳勝這只鴻鵠終於騰飛，騰飛的同時還打出了一條更有魄力也
具號召力的宣傳語 —— 王侯將相，寧有種乎？

陳勝不僅有種，也有一定的智謀，讓人扮狐狸在樹林裡喊「大楚興、
陳勝王」就是明證。

如果仍有人不同意陳勝是英雄，那我們不妨再舉個例子：你認為林
沖、武松等梁山好漢是英雄嗎？相信大多數人都認為是。那麼，同樣身為
農民起義軍領導人的陳勝為什麼不是？

不過，陳勝雖是個好漢，卻不是個好領導。史書上說，他在陳縣稱王
後，一個早年和他一道與人傭耕的同鄉特意前往投奔，卻被狗眼看人低的
侍衛以「衣冠不整」為由擋在宮外。同鄉開動腦筋，趁陳勝出遊時在路

旁高呼其小名，總算入得宮門。因是故友，同鄉表現得比較隨便，時常在公眾場合講些陳勝在家鄉時的舊事，估計其中不乏糗事。有人建議陳勝：「您這位同鄉愚昧無知，專門胡說八道，有損您的威嚴。」這話說得有道理，但當年誓言「苟富貴，勿相忘」的陳大王竟然一刀結果了同鄉的性命！這下威嚴倒是有了，故舊們卻一個個寒了心，先後離他而去。僅半年，眾叛親離的陳勝就死在了車夫莊賈的刀下，黯然走下歷史舞臺。

用現在的話說，是「面子問題」害了陳勝。與之相類似的古代的帝王將相們，動不動就殺人，往往並不是因為對方犯了多大的錯，而只是一不小心觸犯了他們那顆敏感而又殘忍的心。

古人云：「海納百川，有容乃大。」現代人則說：「如果你能容下 500人，你就可以做個連長；如果你只能容下 5 個人，那你頂多能做個代理班長。」一個人容不下別人，別人自然也容不下他。而最終結果，往往是兩敗俱傷。反過來說，一個人只有容得下人，才能贏得他人，成就自我。當然，能做到這一點，本身就是一種偉大的成就。

受一些影視作品的影響，很多人都知道唐代有個叫狄仁傑的宰相，並且提到他就會想到「神探」兩個字，以及那句「元芳，你怎麼看？」其實狄仁傑真正留名青史的地方並不在於他的智慧，而在於他的人品。

武則天執政時期，狄仁傑曾被任命為宰相。有一天，武則天心血來潮，在朝上問他：「愛卿，你在外地做刺史時，政治清明，百姓安居樂業，是個難得的地方官。可你知道嗎，當時朝中有人跟我說你的壞話，現在我把他們的名字告訴你，你以後小心為妙。」誰知狄仁傑卻說：「陛下千萬別把他們的名字告訴我。如果我有過錯，我應該改正。如果我沒有過錯，那是陛下聖明。至於別人說什麼，我不想知道。人最怕私怨，有了私怨，好人也會被看成壞人。一旦我知道了誰彈劾過我，難免心生怨恨，從

而難以公正地對人對事，就會辜負陛下的厚望。如果不知道，大家仍是好友，還能心照不宣地合作。所以，希望陛下不要讓臣知道。」武則天聽後，愈發覺得他光明坦蕩、寬容豁達，從此更加倚重。西元 700 年狄仁傑病故時，不僅朝野俱皆悲慟，武則天也哭泣著說「朝堂空也」。

看慣了中國歷史，我們不妨看一段外國歷史，調劑一下口味：

亞歷山大大帝（前 356 —— 前 323 年）是歐洲歷史上最偉大的軍事天才，也是世界古代史上最著名的政治家之一。除此之外，亞歷山大還是亞里斯多德的弟子，富有智慧，也富有戲劇性。

比如有一次，亞歷山大去一個地方微服私訪，他走來走去，最後迷了路。這時，他看見一家商鋪門口站著一個軍人，便走上前去問道：「朋友，你能告訴我回城的路嗎？」

軍人嘴上叼著一隻大菸斗，頭一扭，高傲地把身穿普通衣服的亞歷山大上下打量了一番，傲慢地答道：「朝右走！」

「謝謝！」亞歷山大又問，「請問離 ×× 客棧還有多遠？」

「一英里。」軍人生硬地回答，並瞥了他一眼。

亞歷山大抽身道別，剛走出幾步又停住了，他轉回來微笑著說：「請原諒，我可以再問你一個問題嗎？請問你的軍銜是什麼？」

軍人猛吸了一口菸：「你猜。」

亞歷山大風趣地說：「中尉？」

軍人的嘴唇不屑地動了一下，意思是說不止中尉。

「上尉？」

軍人擺出一副很了不起的樣子說：「還要高些。」

「那麼，你是少校？」

「是的！」軍人高傲地回答完，轉過身來，擺出對下級說話的高貴神

氣，問道：「假如你不介意，請問你是什麼官？」

亞歷山大樂呵呵地回答：「你猜！」

「中尉？」

「不是。」

「上尉？」

「也不是！」

軍人不由得走近了些，仔細看了看亞歷山大，說：「那麼你也是少校？」

「繼續猜！」

軍人取下菸斗，用十分尊敬的語氣低聲詢問：「那麼，你是部長或將軍？」

「快猜著了。」

「殿……殿下……是陸軍元帥嗎？」軍人結結巴巴地說。

「我的少校，再猜一次吧！」

「皇帝陛下！」軍人的菸斗從手中一下子掉到了地上，猛地跪在亞歷山大面前，忙不迭地喊道：「陛下，饒恕我！陛下，饒恕我！」

「饒恕你什麼？朋友。」亞歷山大笑著說，「你又沒有傷害我。我向你問路，你告訴了我，我還應該謝謝你呢！」

我們總是說，做人要有境界，對己要嚴，待人要寬。其實寬容主要是針對那些有些瑕疵的人而言的。人要容得下宇宙，也要容得下沙子。要親近君子，也不要把小人都逼到牆角。別人對你好，你也對別人好，那是正常現象。別人對你不好，你仍對別人好，那叫偉大。每個人都應擁有一顆王者之心，像亞歷山大那樣，多些寬容，少些計較。

第 17 堂課
處下──地低為海，人低為王

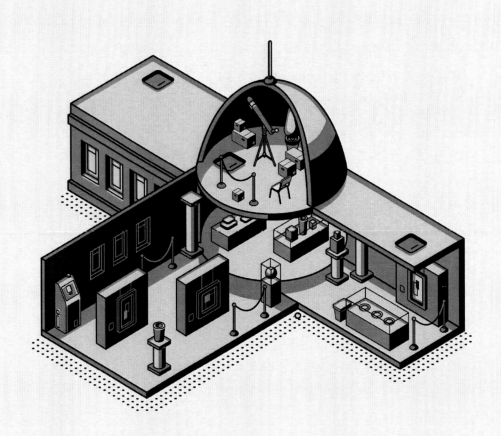

低調，千萬低調

> 當年劉備落魄之時，創業之初，公司只有兩個鐵桿員工，關羽跟張
> 飛。而他們倆的官銜一個是馬弓手，一個是步弓手，連公孫瓚都說
> 「如此可謂埋沒英雄」，此時劉備跟公孫瓚對話時也提及自己不過
> 是平原縣令，想想如果劉備當時說：「這倆是我兄弟，一起打黃巾的，
> 關羽是驃騎大將軍，張飛是兵馬都督……」那我想公孫瓚也不會拉
> 著劉備一起投奔袁本初去了。

　　網路有句頗有意思的流行語：「高調也罷，低調也好，就是千萬別不
著調；離譜也罷，靠譜也好，就是千萬別沒譜！」單就這句話本身來說，
並沒有錯，但歷史經驗告訴我們，有時候高調往往比不著調還可怕。

　　網路上還有這樣一副對聯，上聯：做雜事兼雜學當雜家雜七雜八尤有
趣；下聯：先爬行後爬坡再爬山爬來爬去終登頂；橫批：低調做人。詼諧
幽默中，道出了低調做人的真諦。

　　阿里巴巴創始人馬雲也曾經說過：「如果你的公司目前只有兩個人，
你就在名片上把自己的稱呼放低一點兒，這樣會贏得尊重！這個情況在很
多小企業和小網站太常見了，明明是個四五個人的小地方，非得告訴人家
說這是 CEO，這是 COO，這是 CFO，這是 UFO……哦，UFO 是飛碟。
講個小故事，當年劉備落魄之時，創業之初，公司只有兩個鐵桿員工，關
羽跟張飛。而他們倆的官銜一個是馬弓手，一個是步弓手，連公孫瓚都說
『如此可謂埋沒英雄』，此時劉備跟公孫瓚對話時也提及自己不過是平原
縣令，想想如果劉備當時說：『這倆是我兄弟，一起打黃巾的，關羽是驃
騎大將軍，張飛是兵馬都督……，』那我估計公孫瓚也不會拉著劉備一起
投奔袁本初去了……」

　　學低調，劉備的確是個不可多得的好榜樣。下面我們就來回顧一下《三國演義》中關於劉備的歷史片段：

　　片段一：東漢末年，朝政腐敗，加上連年災荒，盜賊四起，百姓生活非常艱難。出身皇族的劉備雖家道沒落，但自幼立下雄心壯志，有心幹一番轟轟烈烈的大事。適逢朝廷詔令各州郡自募鄉勇，結果引出了屠戶張飛和逃犯關羽，三人不打不相識，一番推心置腹之後，更是情投意合，遂有桃園三結義。試想一下，如果劉備自視身分，不肯與屠夫張飛和殺人犯關羽結為異姓兄弟，那麼他還能夠得到二人的死力嗎？也許你會說，劉備不過是褪毛的鳳凰，沒什麼大不了的，但是別忘了，封建社會最講究的就是出身地位。比如八路諸侯準備討伐董卓時，劉備就因為是漢室宗親可以坐在椅子上，關張二人卻只能站著，甚至連上陣殺敵的資格都沒有。

　　片段二：建安三年，曹操將呂布吊死於白門樓後，帶著劉關張回到許昌，之後劉備與漢獻帝談宗論祖，從編織小販搖身一變為響噹噹的劉皇叔。曹操的手下都認為劉皇叔是心腹禍患，勸曹操早日殺之。曹操也知道劉備不過是英雄失勢，急欲除之而後快。劉備深知曹操之心，便請求曹操賜地，自己與關張二人每日種菜，麻痺曹操。曹操雖放鬆警惕，但終不能放心。一日，曹操派人請來劉備，於亭中飲酒。曹操從天氣談起，最後問劉備誰是當世英雄。劉備深知曹操對自己猜忌之心，便東扯西扯，但都被曹操否決。最後，曹操以手指著劉備說：「天下英雄，只有我和你！」驚得劉備聯手中的筷子都掉了，恰巧此時空中巨雷炸響，劉備趁機重拾筷子，並說：「這麼大的雷，真夠嚇人的。」曹操說：「這有什麼可怕的。」劉備回答說：「孔聖人尚且怕雷，何況我一介草民。」曹操見劉備如此膽小，以為他不足為患，後袁紹、袁術意欲合併，劉備乘機請命截擊袁術，曹操不疑有他，劉備始脫身樊籠。試想一下，如果曹操指著劉備說「世上

的英雄只有咱倆時」，劉備高調地宣稱「沒錯，其他人全白給」，曹操還會讓他走嗎？

片段三：建安十二年，劉備得司馬徽指點，請得徐庶出山，但不久即為曹操用計賺入曹營，徐庶臨走時深感劉備仁厚，特意回馬推薦臥龍諸葛亮。劉備求賢苦渴，先後三次前往南陽隆中，諸葛亮感其心誠，遂誠心相輔，於草廬中便三分天下。自此，劉備如魚得水，諸葛亮更是用兵如神，為蜀漢政權的創立立下汗馬功勞。試想，如果劉備端著自己的老闆架子，堅持不肯親自去請諸葛亮，或者只是意思意思而已，那麼諸葛亮是否會親自送上門來呢？

片段四：赤壁之戰前夕，益州牧劉彰派別駕張松出使曹操。張松素知劉彰生性懦弱，胸無大志，難成大器；又聞曹操雄才大略，有一統天下之心，便生棄劉投曹之意。於是，他將私繪的西川軍事地圖隨身攜帶，欲獻曹操。但張松驕狂成性，遭曹操冷遇，張松遂言語頂撞曹操，被亂棍打出。張松落落寡合，悵然歸蜀。劉備得知張松被曹操所棄，立即派人出荊州百里恭候，並親自出城迎接，還把張松引為知己，誠心相待。張松感其知遇之恩，遂向劉備進獻西川地圖、推薦好者法正等人，之後劉備又收服馬超，建安十九年終於一統西川，自領益州牧，「三足鼎立」始成。試想，如果劉備像曹操一樣以貌取人，或者像某些人那樣喜歡打落水狗，張松還會不會把西川地圖送給他呢？

總之，如果劉備不懂得低調做人，那麼他很可能與關張無緣、與諸葛亮失之交臂、與張松擦肩而過，即便他英雄了得，最終恐怕也難逃英雄無用武之地的宿命，甚至極有可能被人一刀殺掉！命都沒了，還談什麼成就大事？

「低調不是所有人都能玩得起的風格，玩低調真的困難重重。」歷史上因為不懂低調或者不肯低調而大吃苦頭，甚至身首異處的人也大有人在，比如三國的楊脩、北宋的蘇東坡等等，都是因為太拿自己當回事，結果吃了大虧。鑑於篇幅所限，此處不再一一贅述。

‖無我才能成就自我‖

> 忘我是一種境界。因為有了「我」，才會有比較，有了比較才會考慮要競爭，競爭失衡時就會有不平，或有嫉妒，或有爭鬥。在現實生活中，競爭是無法避免的。但是，人不能老是處在緊張的狀態中，神經不能繃得太緊，因此要適時找回一種可以忘我的境界。

佛經中說，有一次法會，佛祖釋迦牟尼提了一個問題：「一滴水怎樣才能不乾涸？」沒有人能答得出。最後，佛祖自問自答：把它放到大海裡。

老子也說：「聖人常無心，以百姓心為心。」聖人之所以能站到世人達不到的高度，做出常人做不出的成就，就在於他們不僅能夠發現自我、建立自我，也能夠打破自我、放下自我，從而追求無我，成就人生。

老子又說：「上善若水，利萬物而不爭，處眾人之所惡」。意思是說，做人的最高境界，就是像水那樣。水是生命之源，不僅造化生命，還滋養生命，沒有水，一切皆無可能。但水從來不像某些做了一些事就叫苦叫累邀功請賞的人，而是「處眾人之所惡」，即向人們不喜歡的地方流動 —— 水往低處流，而人是想盡一切辦法向上走，並且一再地叫囂「擋我者死」！歷史經驗告訴我們，此類人氏往往死在別人前頭。這倒不是因為他們的能力太低、功夫太差，而是不具備相應的德行，甚至連起碼的低調都不懂。

何謂高處？何謂低處？「水往低處流」，那只是表面現象，水流千遭歸大海，但大海的水最終還是要化為茫茫水氣，回歸大山之巔。

同樣的道理，如果一個人總是挖空心思去想：我如何才能出人頭地呢？或者說，我如何才能爬到別人頭上去呢？那麼這個人即便能爬得很高，最終也難逃爬得越高、摔得越重的宿命。

指望大家都「上善若水」是不現實的，但即使是凡人，也不能太自我。舉個很簡單的例子：心理學上有一個「人」和「入」效應，簡單來說就是當你讓一個人用雙手的食指做一個「人」字時，大部分都會站在自己的視角做「人」字，但在對方看來，他做的卻是個「入」字。所以，我們越是自我，離自己想要的答案也就越遠。

孔子的高足子貢「一言五國變」的故事就很能說明問題：

話說春秋末期，齊國王室萎靡，政權落入了田、高、固、鮑、晏五大家庭手中，其中又以田家的田恆野心最大，他想篡權，但又擔心其他家族勢多人眾，於是田恆便想透過對外戰爭的方式進一步樹立自己的威信。

說做就做，很快，齊國大軍就殺向了近鄰魯國。

當時，孔子正率領眾弟子在衛國遊學。聽到消息，他大吃一驚：「魯國是我的祖國，不能不救。」他權衡再三，派得意弟子子貢去處理這件事。

子貢很快來到齊國，打通關係見到了田恆，可是還沒等子貢開口，田恆就說：「先生此來，是為魯國做說客吧？」子貢說：「我這次來，專為相國 —— 我聽說『憂患在外面就攻打弱國，憂患在內部就攻打強國』，您的心思我非常清楚，但照您現在的做法，結果只能是為他人做嫁衣裳。打敗了弱小的魯國，功勞是國君和戰將的，沒有你的份，對方勢力、威望越來越大，相國您就危險了。反之，如果攻打強大的吳國，一時打不贏，

就把你的對頭困在了外面，那時你在國內做事就不會有人妨礙了，你說是不是？」田恆聽了大喜，但齊國大軍已殺到了魯國邊境，他也不好突然改變計畫去攻打吳國，子貢又說：「不如我去遊說吳王，讓他發兵打你，你不就有藉口了嗎？」田恆聽後，就派人命令部隊暫時不要進攻魯國，坐等吳軍。

接著，子貢到了吳國，對吳王夫差說：「吳國與魯國曾經聯手打過齊國，現在齊國攻打魯國，接下來肯定會打吳國，大王您為什麼不發兵攻齊救魯呢？」吳王說：「我也想攻齊救魯，但聽說越國準備攻打吳國，我想先打敗越國，然後再打齊國。」子貢說：「您不用擔心越國，我願意到越國去一趟，讓越王不敢攻打吳國。」

於是子貢以吳國特使的身分來到越國，他對越王勾踐說：「吳王夫差聽說你想攻打吳國，現在正準備打越國，您現在的處境可是太危險了。」勾踐一聽，大吃一驚，連忙說：「先生一定要想辦法救我！」子貢說：「吳王很驕傲，你就對他說要親自帶兵幫助吳國攻打齊國，他一定會相信。仗打敗了，吳國實力會大減，越國可以真機攻打吳國；打勝了，吳王必定要攻打晉國，稱霸諸侯，到時越國就有了可乘之機。」越王聽了大喜，一切照辦。

回到吳國，子貢對吳王說：「越王根本沒有攻打吳國的想法，過幾天就會派人來請罪。」果然，五天之後，越國大臣文種帶兵來吳，說要和吳王一起去攻打齊國。吳王不再懷疑，遂起大軍攻打齊國。

最後一站，子貢跑到了晉國，對晉定公說：「吳國正在攻打齊國，如果吳國勝了，肯定會來攻打晉國，以稱霸諸侯，大王可要早點做好準備呀！」晉定公說：「謝謝先生的教誨。」結果還沒等子貢返回衛國，齊國已經被吳國打敗了。得勝的夫差果然乘勝殺向了晉國，不料卻中了晉國的

埋伏，死傷無數，越國勾通踐乘機在背後起事，先攻下吳國都城，接著又擒殺了慌不擇路的夫差，結束了自己臥薪嘗膽的生活，也結束這場無中生有的世界大戰。

之所以說這場戰爭無中生有，就在於這場戰爭原本可以避免，至少與吳、越、晉三國沒有關係。很明顯，這得益子貢能說會道。但這僅僅是能說會道那麼簡單嗎？老百姓常說，會說的不如會聽的，我們都有過這樣的經歷：好話壞話都說盡了，對方就是不聽。為什麼子貢一說別人就乖乖照辦呢？原因就在於他雖然是為了實現自己的目的而遊說對方，但至少在遊說對方時始終站在對方的立場上考慮問題：為保住魯國，他先是站在田恆的角度去拉吳國參戰，又站在吳國的角度去越國看風向，接著站在越國的角度幫他們盤算吳王，惹得吳、齊、越各懷鬼胎，最後還不忘去晉國上好保險，將所有人都引入了自己的預定軌道之中。試想，如果子貢只是想著達到自己的目的，而不去為對方著想，那些爾虞我詐的政治大咖們會聽他的嗎？

應該承認，上述案例並不完全切合我們的主題。我們期待中的那種處下，應該是一種甘心情願且樂在其中的處下，是一種平等意義上的處下，而不是那種為了達到某種目的自賤、自墮、阿諛、奉承，等等；我們所宣導的無我，也不是類似子貢那樣以「無我」之名行「自我」之實的假無我。一滴毒液偽裝得再巧妙，終究還是毒液，即使稀釋一億倍，充其量也只能算污水。只有那些真正把自己當成水並融入大海的人，才能折射出太陽的光輝。

∣ 別把自己太當回事 ∣

「己所不欲，勿施於人」是作為精神層面而言，不是指具體的行為而言。如果將這種與人相處的原則套用到具體行為上，就容易用錯。比如，我不喜歡喝酒，也不許別人喝酒；我不喜歡談論什麼，以為別人也如此。這樣就會對「己所不欲，勿施於人」發生誤解，甚至會導致有相反的行為，不能處理好人與人之間的關係。正確的行為應該是我知道自己不喜歡喝酒，由此推知別人也有不喜歡的；我不希望別人用酒來招待我，同時也不用別人不喜歡的東西或者方式招待別人。

如今是個崇尚張揚的時代，也是一個強調自尊心的時代。從工作到生活，每個人都在想盡一切辦法，讓自己更拉風點，讓自己更有個性、更與眾不同些。應該承認，這至少比自我束縛要好。然而，誰又能否認，低調做人也是一種風度呢？

低調的人未必高尚，張揚的人也未必惡劣。我們不能以一個人是低調還是張揚來界定其人格。歷史上的很多賢士都個性張揚，有些是天性如此，有些則是出於對現實的憤怒，關於此類張揚，我們不僅不能貶損，還應該頂禮膜拜。不過歷史也一再地提醒我們，不管一個人是好人還是壞人，張揚絕不是好事。張揚的人招人煩、招人嫌、招人妒、甚至招來無妄之災。所以先哲告誡我們：「佼佼者易折，嶢嶢者易汙。」

《三國演義》中的楊脩是大家熟悉的例子。在《三國演義》中，楊脩表現得就好像曹操肚子裡的蛔蟲，就連曹操本人也非常佩服。然而這種聰明最終引起了曹操的煩惡，最終將其斬首。這固然證明曹操心胸之狹窄，但同時也可反證楊脩的聰明並沒有用在對的地方 —— 你很難說他在急老闆所急、想老闆所想。

人如此，動物也如此。

《莊子》中有一個寓言：某夏天，吳王渡過長江，率領眾大臣登上獼猴聚居的山嶺去打獵。猴子們見有人來了，轉眼間嚇得四處奔逃，躲進了樹林深處。唯有一隻猴子例外，牠從容不迫地躍上樹枝，跳來跳去，像是免費表演，又像是在挑釁吳王。吳王見牠不怕自己，非常生氣，當即張弓搭箭，想把牠射死。誰知這隻猴子居然是個「武林高手」，牠一把接住了飛速射來的利箭。這下吳王更惱怒了，他命左右隨從一起射牠，猴子躲避不及，被人們射成了個大刺蝟。吳王回身對大家說：「這隻猴子誇耀牠的靈巧，仗勢牠的便捷而蔑視於我，以至受到這樣的懲罰而死去！要以此為戒啊！」

如果故事中的猴子不是在吳王面前炫耀，而是在牠的猴群中展示自己的實力，那麼牠的結局可能不是這麼悲慘，而是贏得一些母猴的青睞。當然，就像所有弱肉強食的族群一樣，類似牠這樣功夫較強的個體，也一定會比普通個體活得更滋潤些。

然而牠太把自己當回事了。儘管牠稱得上很有能力，能夠接住射來的飛箭，但牠擋不住亂箭齊發。然而牠又不是死於自己的功夫不到家，而是像吳王所說的那樣 —— 這隻猴子誇耀它的靈巧，仗勢牠的便捷而蔑視於我。

我們有理由相信，吳王這句話是有深意的，是醉翁之意不在酒，訓猴之意不在猴，是在以巧妙的方式警示那些隨行的大臣，或者其中的某一位：別在我面前充老大，我才是老大！

吳王算不上一個好老闆，儘管他比曹操稍好些。然而這樣的老闆在生活中又比比皆是，我們也不可能活在一個沒有老闆的世界裡，因此，不管你願不願意，唯一的辦法就是學會做個知道自己的身分的下屬。

　　我們無意為那些應該批評的老闆開脫，但我們的主題從來都沒有局限在老闆與下屬之間。一個人過於把自己當回事，在哪裡都難以吃得開、行得通。

　　我家是個大家庭，小時候，每次吃飯時都是幾十人一起，非常熱鬧。有一次，我突發奇想，決定跟大家開個玩笑。吃飯前，我故意鑽進飯廳中一個不顯眼的櫃子裡，想等到大家遍尋不著時再跳出來，給他們一個驚喜。可是從一開始，根本沒有任何人注意到我的缺席。酒足飯飽之後，大家都離去了，我才自己走出來，吃了些殘羹剩飯。從那以後，我就告訴自己：「永遠不要把自己看得太重要，否則就會大失所望。」

　　人應該自重，但不能把自己看得比所有人都重，否則不是被俗世的「亂箭」射中，就是被自己的虛榮所傷。

第 18 堂課

變通 —— 此路不通，繞道而行

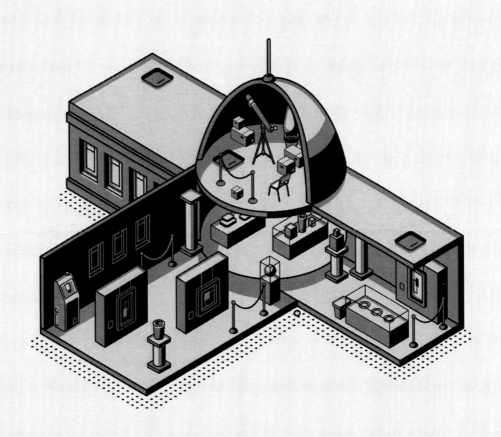

┃做人如山，做事如水┃

做人要像山一樣，踏踏實實，這樣別人才會信任你；做事要像水一樣，

能適應任何環境，能包容萬物，本身卻非常的純淨。

宋太祖趙匡胤是個文武兼備、智謀過人的開國帝王。說到他的武功，《水滸傳》中開篇即贊道：「一根杆棒等身齊，打得天下六百軍州都姓趙」；提起他的文采，雖不及當時的詞壇領袖李煜之婉約，但也氣勢雄渾，自有一番霸氣 —— 未離海底千山暗，才到天中萬國明。在智謀方面，用蔡明的話說，趙匡胤稱得上是「千年的狐狸」，下面我們就來看幾個與他有關的片段。

史載趙匡胤生於軍人世家，受家庭氛圍的薰陶和時代背景的影響，趙匡胤自幼喜歡舞槍弄棒，就是不愛讀書。21歲時，頗有冒險精神的趙匡胤告別家人，獨闖江湖，後輾轉投入後漢樞密使郭威帳下。在此後的軍旅生涯中，趙匡胤每次都是一馬當先，一如既往地英勇，也一如既往地忠誠。有一天，趙匡胤的父親趙弘殷深夜帶兵返回駐地，按照規定守城將官是不能開城放行的，但適逢趙匡胤守城，趙弘殷便心存僥倖，在城門外呼喚趙匡胤的名字，趙匡胤卻大義凜然地說：「我知道你是我爹，但夜裡不得開門是皇帝訂的規矩，你是我爹也不能放行。」直到天色放亮，才將趙弘殷放進城中歇息。

不過趙匡胤也不是什麼好員工。趙匡胤有個愛好 —— 飲酒，這從其後來「杯酒釋兵權」一事就可看出。當了皇帝的趙匡胤自然不會為喝酒發愁，但當皇帝之前，他曾做過後周世祖宗柴榮很長一段時間的近侍，不方便買酒，因此他便經常向掌管宮廷茶酒的曹彬討要。很顯然，像趙匡胤這樣的大官（當時已是將軍），曹彬這樣的小吏是得罪不起的。但曹彬是個

人精，每次趙匡胤找他討酒喝，他總是義正辭嚴地說：「將軍，我管的是御酒，可不敢私自給你。」但趙匡胤從來都不生氣，因為曹彬事後總是會自己掏錢，買來好酒送給趙匡胤喝，稱得上公私分明，不卑不亢。後來趙匡胤奪了曹彬的老東家的江山，每每對群臣說：「當年世宗手下不欺騙他的，我看只有一個曹彬，你們要好好向他學習。」

還有一次，周世宗派曹彬押送一批武器給吳越國。吳越王非常高興，想盡了法子討這位大國來使的歡心。返程之際，吳越王又派人以私人名義送了曹彬許多珍貴禮物。我們知道，所謂私人名義，其實是幌子，說白了就是變相行賄，以期曹彬能在關鍵時刻於世宗面前為吳越國美言幾句。毫無疑問，這是國家制度所不允許的。於是曹彬便對送禮者婉言謝絕，啟程離去。誰知吳越王聽說送禮遭拒，又著急又上火，當即另派別人用船載著禮物追上曹彬，曹彬還是不受，吳越王緊接著又安排了別人繼續送禮，堅決要求曹彬收下，如此往返四次，曹彬見實在不宜再推辭了，便說：「如果我再堅持不接受，那就是沽名釣譽了。」於是照單收下。但回國後，他馬上將所有禮物都上繳了國庫，周世宗非常感動，馬上借花獻佛，降旨把這些禮物賜給他，曹彬雖然接受了，但接受後又全部送給了親戚朋友，自己一點兒也沒留下。

明朝的馮夢龍在談到這件事時評價道，在當時的情況下，如果曹彬執意不接受，那不僅會傷害吳越王的面子，也體現不出大國的氣度；接受了，而裝入自己的腰包，又顯不出臣子的忠心。只有接受了再獻給國家，才是最得體的做法。

無獨有偶，趙匡胤也曾遇到過類似的事情。早在南唐後主李煜的父親、南唐中宗李璟執政時期，趙匡胤便已經頗有威名，為了自己的江山社稷，李璟曾試圖對趙匡胤和柴榮實施反間計。他故意派了一個使臣「光明

正大」地給趙匡胤送去一封書信，隨信饋贈白銀三千兩。趙匡胤當即洞察其奸，大大方方地將銀子收下，隨即全部上繳了國庫，既表明了自己的忠心，又為國家湊了一筆軍費。

那麼當時的趙匡胤有沒有想過將來這個國家可能是自己的呢？筆者認為是沒有。而且，不僅當時沒想過，即便是幾年後，趙匡胤攻占南唐軍事重鎮滁州時，他仍未想過。從這個意義上說，趙匡胤或許並不像我們所說的那樣，從骨子裡就是個老奸巨猾的人，後來決定其最終命運的陳橋兵變，或許也是一場非典型意外 —— 雖然想自立，但還未做好最終準備。

為什麼這麼說呢？因為當時趙匡胤若想奪後周的江山，他必然會更加小心謹慎，而史載他在攻戰滁州城後不久，曾讓手下的一員將官去找負責接收滁州錢糧的官員竇儀，提取自己私藏的錢財。這個竇儀當然也得罪不起趙匡胤，但他對來人巧妙地說：「趙將軍剛攻下滁州城時，即使想把所有錢糧都提走，誰能有話說？但現在我已經登記在冊了，這已經是國家的了，沒有皇帝的詔令，我可不敢讓您私自提走。還請您回復趙將軍，不要難為小人。」後來趙匡胤登基，也經常誇獎竇儀，若不是因為他壯年猝死，竇儀說不定還能當上宰相。

當然，不管趙匡胤從本質上是個什麼樣的人，歷史上他給人留下的印象，終究是在一眾叛徒的推動下，奪了人家孤兒寡母的江山。由於害怕這些人習慣性的賣主求榮，剛剛披上黃袍不久，趙匡胤便給他們導演了一出好戲。史載趙匡胤剛被部下擁立為皇帝時，朝裡尚有宰相范質、王溥、魏仁浦等坐鎮，因此當趙匡胤率兵至陳橋時，陳橋守門的官吏根本就不給他開門。趙匡胤只好前往封丘門，結果守封丘門的官吏二話沒說就把門給他開了。按理說，趙匡胤登基後應該嚴懲前者，厚賞後者，然而事實上他卻是斬了封丘門的守官，加封陳橋門的守官，以此警戒民眾，儘管我本人也

是個叛徒，但我絕不希望你們以我為榜樣！

現代人常說，做人如山，做事如水，所謂如山，其實就是忠誠、責任、擔當，等等，而如水，其實就是我們說的變通。然而縱觀上述案例，我們可以得出這樣一個結論：做人，既不能太像山，一味地墨守成規；也不能太像水，沒有任何原則地變通。否則要麼是使原則僵化，要麼是使變通變味，到最後，都不免「山」窮「水」盡。

傻子才會硬碰硬

> 不能彎曲的樹易折，不會彎曲的人常敗。所以人們說：「做人要能伸能曲。」有時候，前面的路看似堵塞了，但實質上通往前方的路不止這一條，只要懂得彎曲、變通，就不會碰壁，就總是有康莊大道擺在面前。

《莊子》中有一個「朝三暮四」的寓言：宋國有個老漢，他很喜歡猴子，家裡養了一大群。時間長了，他對猴子的脾氣秉性瞭若指掌，猴子也能聽懂他的命令和話語，讓老漢愈發地喜歡。但由於猴子養得太多，而且它們不吃一般的糧食，只喜歡吃橡實一類的果子，因此老漢家的經濟日益窘迫。這天，老漢想限定一下猴子們的食量，便對它們宣布道：「從今天起，你們每天早飯只准吃三個橡實，晚上吃四個，怎麼樣，夠了吧？」猴子們聽了一個個呲牙咧嘴，上躥下跳，顯出很不滿意的神色。老漢見猴子們嫌少，便重新宣布：「既然你們嫌少，那就早上四個，晚上三個，這樣總行了吧？」猴子們聽說早飯從三個變成了四個，都以為是增加了橡實的數量，一個個搖頭擺尾，咧嘴直樂。

現代人往往用「朝三暮四」來形容一個人反覆無常。然而不難看出，

莊子的本意是要透過它來告訴我們，看事情要看整體，要看本質，要看終極目標，而不能被類似「早上四個晚上三個」之類的形式所迷惑。

然而歷史上這樣的人絕不在少數。也正因為這樣的人不在少數，因此能否處理好與他們的利害關係，不僅直接決定了他們會像寓言中的猴子一樣，要麼很不滿，要麼很高興，也直接決定了「老漢」們的命運。

西漢的晁錯與主父偃就是一對典型。

漢高祖劉邦稱帝後，為鞏固劉氏政權，他先後消滅了長沙王吳芮以外的六個異姓王。同時他認為，秦祚短促是由於秦始皇不分封子弟的緣故，於是便在異姓王的故土分封了自己的兄弟子侄九人為王，同時殺白馬，與群臣共同立下了「非劉姓不王」的誓約。這一做法在漢初確實發揮了劉姓諸王拱衛中央的作用，但是後來這些王國逐漸坐大，都漸漸不服朝廷，各自形成了獨立王國。漢文帝時，還幾度發生過王國叛亂的事情。

漢景帝即位後，這種矛盾日益激化，時任御史大夫的晁錯便向漢景帝建議，削減諸王的領地，加強中央集權，以防止叛亂。消息傳出後，遭到了諸侯王的強烈反對，很多諸侯王也因此對晁錯恨之入骨。漢景帝擔心矛盾激化，因此很是猶豫，但晁錯一再堅持削藩，終於說動了景帝，開始著手準備。

晁錯的父親聽到消息後，急得從穎川老家趕到京城長安，勸晁錯不要「離間骨肉」，晁錯卻說：「如果不削藩，劉家的天下就保不住了。」晁錯的父親氣憤地說：「你只知道保劉家，就不顧我們晁家了嗎？」但晁錯仍然不聽，晁父只得回家，不久憤而自殺。後來果真應了晁父的話 —— 景帝三年，吳王劉濞聯合了其餘六國，起幾十萬大軍，打著「清君側、誅晁錯」的旗號造反，漢景帝嚇得慌了手腳，這時與晁錯有隙的重臣袁盎向漢景帝建議說，既然諸侯造反是因為晁錯，不如殺了晁錯，以換取七國罷

兵。漢景帝病急亂投醫，很快就腰斬了晁錯。但諸侯王並沒有就此收兵，漢景帝這才明白諸侯叛亂並不是因為晁錯削藩，而是要奪取漢朝的政權。後來，漢景帝傾盡全國之力，才勉強把叛亂鎮壓下去。

此後，漢景帝再也不敢提削藩了。直到漢武帝時期，主父偃提出了一種新的解決方案，才解決了這一問題，這就是著名的「推恩令」。主父偃對漢武帝說：「古代時，諸侯的土地從未超過百里，因此國君很容易控制。如今有的諸侯擁有數十個城池，土地方圓千里。天下太平時，他們容易奢侈驕慢，做出淫亂的事來；形勢急迫時，他們還會依仗他們的強大，聯合起來反叛朝廷。但是如果用法律強行削減他們的土地，他們就會反叛。所以必須採取更加切實可行的方法 —— 每個諸侯的子弟多達十幾人，但按照規定只有嫡長子可以世世代代繼承，其餘的子弟卻得不到尺寸之地。陛下可以命令諸侯推廣恩德，把他們的土地分割給子弟，封他們為侯；這些子弟必然十分高興，擁護陛下的措施，因為陛下幫助他們實現了願望。表面看來，陛下用這種辦法施給了他們恩德，但是實際上卻是分割了諸侯王的國土。這樣一來，陛下不用減少他們的封地，他們的勢力也削弱了。」

漢武帝聽了很高興，就採納了他的建議，果然得到了眾諸侯子弟的擁護，巧妙而有效地解決了這個棘手問題。

關於主父偃和晁錯，我們很難說誰是誰非，誰更高尚，兩相比較，有些人可能會更佩服正直的、敢作敢為的晁錯。但晁錯非但沒能成事，而且不得好死，看來有些時候，我們必須學會通權達變，否則世界雖大，我們又能找誰評理呢？

說到敢作敢為，有這樣一個小笑話：一位父親問自己的兒子：「要是遇見了狼，應該怎麼做？」兒子回答：「我就逃跑」。父親很不滿意，訓

斥他道：「胡說，你應該用刀對付它。」兒子接著問：「那麼兩隻狼呢？」「那就用獵槍打它們。」「要是有十條狼呢？」父親沒辦法了，無奈地說：「那你還是跑吧。」

歷史經驗一再告訴我們，社會上從來不乏「狼人」，不管是為保住自己的乳酪，還是為了動別人的蛋糕，他們往往成群結隊地出沒於光天化日之下，而那些缺乏基本技巧卻非常敢作敢為的人，往往是他們群起而攻之的對象。面對他們，我們必須有勇氣、有骨氣、有正氣、有俠氣，同時要有與之相適應的智慧，要懂得「角度決定高度，思路決定出路」。當客觀條件不利於我們時，我們還要明白形勢不由人的道理，切不可操之過急，更不能硬碰硬。

▎窮則變，變則通，通則久 ▎

> 處在「窮」的階段，那就該考慮變上一變了；變通達了以後又要怎麼辦呢？就要想辦法持盈保泰，讓這種良好的局面保持得更長久一些。總之，隨時都要有這種「通其變」的意識，這樣才能「自天佑之，吉無不利」。

窮則變，變則通，通則久 —— 這句話出自《周易》。眾所周知，《周易》是中國第一奇書，軍事家能從中看出軍事，哲學家能從中看到思辨，政治家能從中看到經世治國，企業家能從中看出經營與管理，普通人也能從中看到處世良方。而「窮則變，變則通，通則久」正是上述人生智慧的原始核心。不過後來，更樸實的老百姓又從這句話中摘出了兩個字，那便是「變」和「通」，合稱「變通」，用以警示後世遇事不必死鑽牛角，而應該懂得通融、屈伸。

值得一提的是，「窮則變，變則通，通則久」中的「窮」字，與現代人概念中的「窮」字大有不同。史載孔子去世以後，他的高足子貢做了衛國的相國，有一天，他去看望師兄原憲，見原憲的吃穿住行都不好，子貢便問：「難道你很窮嗎？」原憲回答說：「我聽說沒有財產的叫做貧，學習了道理而不能施行的才叫窮。像我這種樣子，是窮，而不是貧啊。」子貢聽出師兄是話裡有話，感到很慚愧，拜辭而去，此後至死都在為這次說的話而感到羞恥。

為什麼子貢會為一個「窮」字而感到羞恥呢？這還得回到「窮」在古代的意義上，古漢語中的「窮」，不是指貧窮、沒錢；而是指困窘，特指沒有功名、官職，與「達」相對。而子貢之所以感到慚愧，也不乎是因為自知自己不像原憲那樣堅持操守。

堅持操守無疑是值得提倡的，但有些時候，堅持操守也與堅持原則一樣，不僅沒有積極意義，而且容易被人拉大旗做虎皮。比如，魯迅先生筆下的孔乙己也曾說過「君子固窮」，他的困窘是毋庸置疑的，但他能算得上君子嗎？

生活中還有一些人喜歡窮較勁，在他們的腦筋裡，這個世界除了他自己，就沒有一個正派的人，尤其是在評價一些官員或主管時，他們不是說此人有「家庭背景」，就是說此人靠的是溜鬚拍馬，要麼說此人走的是夫人路線。如果有人是個富翁，他們首先聯想到的就是富翁的「原罪」。而他自己之所以不「達」而且很「窮」，正是因為他是個君子，不肯同流合污，等等。其實我們並不否認類似現象確實存在，但類似的人，不管把他放在哪個朝代，任何社會，相信他也不會「達」到哪裡，因為他已經不通情理，又怎麼可能通達？

下面我們來看一個通情達理的歷史人物 —— 叔孫通。

　　叔孫通本是秦二世時的儒士，因為有文采而被徵召為博士。陳勝、吳廣在大澤鄉起義時，天下紛紛響應，秦二世聽說後非常憂慮，曾召集各位博士問計。然而當博士們異口同聲地說「百姓造反乃是死罪，希望陛下快發兵討伐」時，秦二世卻勃然大怒，在一旁察言觀色的叔孫通一眼就看出他是個諱疾忌醫的人，於是上前說道：「如今四地安寧，怎麼會有人想造反？這不過是些偷雞摸狗的小賊罷了，皇上不必擔心。」秦二世聽罷轉怒為喜，不僅誇獎叔孫通說的對，還賜給他帛二十匹，錦衣一件。那些腦筋靈活的博士趕緊附和著叔孫通，討秦二世的歡喜，但仍有幾個腦筋僵硬的堅持說是百姓造反，結果被秦二世投進了監獄。

　　可氣的是，那些當時附合著叔孫通的人後來也罵他阿諛奉承，叔孫通反問他們：「不如此，我們恐怕都脫不了虎口，我有什麼錯？」說完便匆匆離去，後來更是索性連工作也辭了。因為他已經看到了秦朝敗亡在即，再留下去絕沒有好下場。

　　一開始，叔孫通帶著一群學生投奔了項梁，項梁死後又侍奉楚懷王，後來又投奔了劉邦，但劉邦討厭儒生，見到儒生往往把他們的帽子摘下來往裡面撒尿。儒生們非常生氣，有人負氣而走，叔孫通卻看出了劉邦的心思，他脫掉儒裝，改穿短小的衣服，劉邦一見之下果然非常高興。在此後的日子裡，叔孫通既不向劉邦宣講儒學，也不向他推薦自己的學生，反而向劉邦推薦一些草莽英雄，劉邦倒是很高興，但叔孫通的學生們飽受冷落，都暗地裡罵叔孫通。叔孫通聽到後耐心解釋：「如今漢王正冒著刀箭爭奪天下，你們這些儒生能上陣殺敵嗎？我並沒忘記你們，耐心等著吧。」

　　劉邦平定天下後，高興了沒多久，便開始煩那些功臣們，他們當中除了張良等少數幾人，其餘的都是沒文化的，動不動就在朝堂上喝酒，喝醉了就大喊大叫，有人甚至拔劍砍殿上的柱子，讓劉邦很是頭痛。叔孫通

看在眼裡,瞅準時機對劉邦說:「儒家雖不能爭天下,卻善於守成。我願為皇上召集天下的儒生,和臣的弟子們一起制定朝廷禮儀。」劉邦當即同意。但當叔孫通制定出禮儀後,散漫慣了的劉邦卻嫌禮節太麻煩,於是叔孫通便因時制宜,制訂了一套簡便易行的禮儀制度。從此無論是誰,上朝時都要嚴格遵循禮儀,稍有越軌便被一旁的監視御史拉下懲治,群臣不敢不敬,劉邦看著馴服的臣子們,感慨到:「我直到今日才知道做天子的尊貴啊!」當即升了叔孫通的官,又賜金五百。叔孫通見皇上高興了,趕緊趁機提出自己的學生們也很想為皇上效力,結果叔孫通的學生們都被封為郎官,叔孫通又把劉邦賜的金子分給了眾學生,大家都高興地說:「叔孫通先生懂得這個世界的規律和法則,堪稱聖人!」

宋代著名政治家王安石曾經寫過一首名為《嘲叔孫通》的詩:「馬上功成不喜文,叔孫綿蕝共經論。諸君可笑貪君賜,便許當時作聖人。」這首詩可以代表歷史學界對叔孫通的主流看法。然而我們若是暫且拋開微言大義,便不難發現,叔孫通不僅的確稱得上很通,而且他的通在一定程度上也是迫於無奈,對於當時的他和時下的我們來說,有些做法也是很有實際指導意義的。那麼,我們為什麼不能學學他好的方面,而一味地盯著他不好或者說是不盡如人意的地方呢?

第 19 堂課

謹慎 —— 小心駛得萬年船

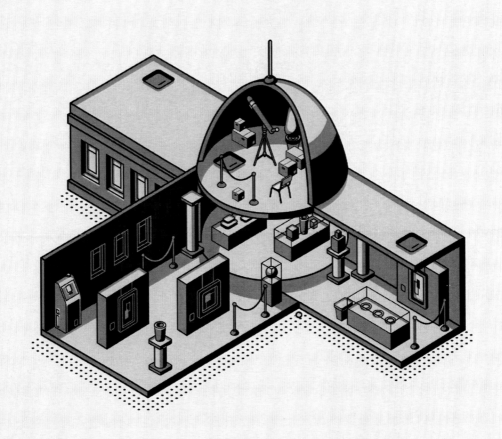

‖人生處處需謹慎‖

古往今來，只有常勝將軍，沒有永勝將軍。商場如戰場，只有長勝
企業家，沒有永勝企業家。企業危機乃至「商海沉浮」，都是經常
發生的事，關鍵在於正確應對。

曾看過一篇很有趣的文章 ── 《杯具們的穿越人生》，摘兩段以饗
讀者：

1. 某毫無女人緣的宅男一夢醒來，發現自己穿越成了皇帝，而且年僅八
   歲，身體健康，記憶超群可默寫諸般名著，熟知一百零八路內功祕法
   寶典，未來發展餘地極大。於是主角看看身上華麗的袞袍，再看看面
   前端上的淨是珍饈美味，還有兩邊站立的御姐宮女，那是一個比一個
   漂亮。不由躊躇滿志信手選了一塊桂花肉餅吃了，正心滿意足地舔手
   指，忽然聞聽太監通報：「大將軍梁冀求見。」

2. 某無敵醜宅女一夢醒來，發現自己置身紅羅帳內，一個英武偉岸的大
   叔正在龍床前寬衣解帶，偷眼往銅鏡處瞄去，只見自己國色天香，身
   材性感。整理心情，發現自己記得無數詩詞歌賦，擅長百種牛肉乾
   做法。於是躊躇滿志，打算淫亂宮廷之時，內監慌忙來報：「禁軍嘩
   變，楊國忠大人被殺了！」

   ……在文章的最後，作者總結道─穿越有風險，投胎需謹慎！

   然而，需謹慎的又豈止穿越？古代自然有漢質帝、楊貴妃這樣的政治
悲劇，但現在同樣不乏因不慎導致的悲劇。當然，我們畢竟是講一本歷史
大著，因此我們的話題盡量還是圍繞著歷史人物展開。

   既然前面提到了漢質帝，那我們就說說漢質帝。

   漢質帝是漢章帝劉炟的玄孫，由於他的曾祖父劉伉只是個諸侯王，因

此按理說他也沒有繼位的機會。可悲的是，在他 8 歲那一年，年僅 3 歲的漢沖帝去世，漢沖帝之母梁太后等人遍查族譜，認為劉纘與另一個叫劉蒜的劉氏宗親最適合做新任接班人。按理說，劉蒜當時已經 3 歲，而且言行舉止皆有法度，但梁太后最終在哥哥梁冀的鼓動下，還是立了年僅 8 歲的劉纘為帝。這倒不是因為他的名字比劉蒜好聽，主要是因為他年齡比較小，容易控制。

然而令梁冀沒有料到的是，8 歲的質帝也不簡單！剛進皇宮沒多久，他便感覺梁冀不是善類。事實上梁冀也當真不是善類，史書上說他外貌醜陋，雙肩聳如鴟鷹，兩眼凶光直射，猶如豺狼，自幼嗜飲酒，愛女色，擅賭博，三教九流無所不通，而且自幼被他父親安排在宦海裡游泳，對於官場上的一套他也很門清，尤其善於陰謀計算，可謂集紈絝子弟的驕橫，流氓的凶蠻，政客的狡詐於一身。這天，梁冀像往常一樣，在朝堂上不可一世，視質帝與眾臣為無物，質帝望其良久，忽言說道：「這是個跋扈將軍！」說完轉身便走。梁冀即驚且怒，心說這小孩子，長大了還有我的位子？退朝後便找到梁太后，商量害死質帝。第二天，梁冀便命心腹宦官將毒藥放進質帝喜歡吃的麵條裡，質帝吃完感覺肚子痛，立即大呼太尉李固，李固從前庭趕來，見質帝非常痛苦，忙問怎麼回事，當時質帝還會說話：「我吃了麵條，給我點兒水喝。」李固還未轉身，梁冀便出現在他身後，他阻止李固說：「不能給水，不然會吐！」話音剛落，質帝便一命嗚呼。

用現在的話說，質帝是個早慧的孩子，年僅 8 歲，便能分辨出梁冀「跋扈將軍」的本質，但他哪裡知道，梁冀以及歷史上一切跋扈的人之所以跋扈，其目的就是獨攬大權，一旦他們感覺受到威脅，立即便採取可以想得到的任何手段予以剷除。人們都說童言無忌，然而童言無忌往往也是

不討人歡喜的，而質帝由於所處的特殊地位，更因此賠上了性命，怎麼不令人扼嘆，不令人警醒？

西漢倒數第二位皇帝漢平帝的死與漢質帝的死如出一轍。西元 3 年，實力不斷攀升的王莽為了實現自己的終極目標，設法讓自己的女兒做了漢平帝的皇后。兩年後，西元 5 年，他又操縱了 50 餘萬人，給自己加上了「九錫」的特權象徵，其德望權位、儀仗用度，幾乎與皇帝不相上下。這種露骨的做法連他的兒子王宇也看不過去，王宇知道父親迷信，便派人在王莽的門前灑血，希望王莽相信這是上天的警告，也好有所收斂，但灑血的人被衛兵抓了現行，供出了王宇，王莽不僅「大義滅親」，誅殺其同黨，還借題發揮，將漢平帝的母親衛氏一族盡數屠戮。早就對王莽懷恨在心的漢平帝得知後，憤慨地說：「我長大後，一定為舅舅們報仇！」可惜，他已經沒機會長大了 ── 沒過多久，王莽便用一杯毒酒毒殺了這個 14 歲的小女婿。值得一提的是，他的女兒倒頗有節操。王莽自立為帝後，曾屢次拒絕父親安排改嫁他人。後來，綠林軍攻入長安，殺死王莽，王皇后不肯逃走，而是毅然走進火海，化為灰燼，終年 28 歲。

當然，無論是漢質帝也好，漢平帝也好，在我們眼中他們都還是絕對意義上的孩子。要求他們將所有的感情都藏在心底，可能只會醞釀更多的悲劇。然而同樣的事情放到一個成年人身上，那便只能怪他們自己不成熟了。有時候，他們的悲劇非但不值得同情，甚至還會為千夫所指。楊貴妃就是這樣一個人。

史料記載，楊貴妃本是唐玄宗李隆基的兒媳婦，因為長得漂亮，被唐玄宗強行從兒子身邊搶來。從這一點上說，楊貴妃也算是個悲劇。然而這一悲劇很快便被唐玄宗的三千寵愛沖淡，直至了無痕跡，以至於長期以來有很多人竟認為楊貴妃跟唐玄宗本是天生一對。得到男人的愛並不值提詬

病，紅顏也並非都是禍水。安史之亂時，士兵們之所以要求處死楊貴妃，也不在於她多吃了幾個荔枝，甚至不在於她「媚惑君王」，而在於人們普遍認為，她的堂兄楊國忠「通於胡人」，她身為叛徒的堂妹，怎麼可以繼續留在大唐領袖身邊？換言之，楊貴妃是受了堂兄楊國忠的連累。但楊國忠最初是怎麼連累上她的呢？歷史上說，她不過收了楊國忠從老家帶來的一些土特產，便為他在皇帝面前數次美言，從而給了這個小人直線上升的機會。想想看，她若不為楊國忠美言，還吃不上土特產嗎？但這事又算不上貪心。說來說去，只能說她自己不謹慎。

一個人的不謹慎，有時還往往意味著這個人沒有道德、不守法律、不遵守遊戲規則，等等。所以說，人生處處須謹慎，是一個極為寬泛的話題。一個人處處謹慎，或許仍避免不了各種不如意，但一個人不謹慎，尤其是那種人品、道德上的不謹慎，不僅極有可能導致個人的悲劇，還往往會把他身邊的一大批人帶進溝裡，甚至像楊貴妃一樣，禍國殃民。

鮮花後面有荊棘

> 月滿則虧，水滿則溢。榮辱、勝敗、福禍這些東西都是經常互相變化的，一個人一個家庭，不可能總是榮華富貴加榮華富貴，一輩子全是榮華富貴，他們也會碰到屈辱損害，會碰到天生的禍事，俗話叫做天有不測風雲，人有旦夕禍福，佛家的說法叫無常，誰無視這一點，他只會是自取滅亡。

說到謹慎，不能不提諸葛亮。古人曾有詩云：「諸葛一生唯謹慎，呂端大事不糊塗」。現代著名將領馮玉祥也有對聯曰：「成大事以小心，一生謹慎；仰風流於遺跡，萬古清高。」

當然，再好的機器也會有雜音。也有不少人指出，若諸葛亮早採用魏延之計，即領精兵取險道奇襲長安，搞不好早就北伐成功了，並往往以後來鄧艾奇襲成都成功為注腳。然而這場沒有發動的奇襲與鄧艾的奇襲畢竟有著本質的不同，不可類比。首先，鄧艾攻蜀時，蜀國已積弱很久，可以說是兵微將寡；其次，劉禪過於暗弱，剛得敵情便全無鬥志，相當於拱手相讓。然而即使是在這種情況下，鄧艾之軍也曾一度面臨「舉若卵翼行將傾覆」的危險境地，勝得實在過於僥倖。

反過來說，諸葛亮有沒有這樣的僥倖機會呢？理論上當然也有，但實際上卻微乎其微。縱觀諸葛亮一生，我們會發現，這位三國第一智者，也是當時第一辛苦的人。沒有他的步步為營、謹小慎微，莫說與雄魏、強吳三國鼎立，即使是能否創建蜀漢都是個未知數。

換言之，諸葛亮的謹慎，是一種被迫。除了謹慎，他沒有更好的選擇。

當然，諸葛亮的謹慎畢竟是性格使然，之從劉備三顧茅廬才把他請出山就能看出。要知道，他選擇跟劉備出山，那可是去玩命，尤其當時還是亂世中的亂世，一旦押錯寶，恐怕全家性命都得賠上，因此他不得不在出山之前對未來老闆進行一番測試。

劉備無疑是個不錯的老闆，然而很多朋友都知道，在一個公司裡，可不是做好份內工作同時把老闆伺候好就能萬事大吉。劉備是個性情寬厚的人，但劉備的義弟關羽和張飛可不是一般的暴脾氣，更何況諸葛亮的到來，還令關張非常失落，因此諸葛亮想不謹慎都不行。

事實上，即使是劉備本人，也稱不上完全信任諸葛亮。在劉備為報東吳殺關羽之仇，發動攻吳戰役前，諸葛亮、趙子龍曾屢次諫言，但劉備仍是不聽，最後諸葛亮說了一句：「法孝直若在，則能制主上，令不東行。」

這話雖然並不足以證明法正就真的在劉備的心目中比諸葛亮還重要，但在劉備心目中，關張是兄弟，是連女人（衣服）都可以暫且拋開的手足，而諸葛亮受再大的禮遇，仍不過是個軍師、外人而已。

事實上趙子龍估計也頗有此種感受。我們看《三國演義》中，當孫尚香要帶著阿斗回東吳時，趙雲雖然第一個追上了孫尚香，但他只能好言相勸，而不敢動粗。但張飛一來，立即就把阿斗搶了回來。之所以如此，不是因為趙雲就搶不過來，而是因為他有顧慮，擔心有一天，劉備與孫尚香和好，一陣枕頭風就可能把自己吹得悔不當初。

當然，諸葛亮的謹慎主要還是展現在其對外戰略上。身為三軍統帥，諸葛亮固然有時顯得謹慎有餘，但這種謹慎有餘也是建立在他對現實的清醒認識上的。換言之，就憑蜀漢那點國土和國力，他不能急功冒進、急於求成，否則就是自取滅亡。事實上也早有清醒的歷史學家指出，諸葛亮的北伐根本就是不切實際的，只是他一來身受「先主重托」，二來自感年歲不饒人，不能空等下去，所以才有了數次從一開始就難以成功的北伐。

以往說到這裡，人們往往會誇讚諸葛亮這是「明知不可為而為之」，其實這未嘗不是諸葛亮的另一種謹慎。關鍵時刻，諸葛亮還演過空城計呢！這種進攻性的戰略不僅能最大程度地以攻代防，禦敵於國門之外，也能培養蜀國上下的憂患意識，有利於蜀漢朝廷集權專制，延續國祚。

在個人生活方面，諸葛亮更是做到了「靜以修身、儉以養德」，不僅生活儉樸、嘔心瀝血，而且從始至終都對劉備無比忠誠。劉備臨死時，將他召至病榻前，說：「你的才能是曹丕的十倍，必定能夠安頓國家，終可成就大事。如果劉禪可以輔助，你便輔助他；如果他沒有才幹，你便取而代之好了！」很多人在談到劉備這句話時，往往認定它是劉備臨終前的對諸葛亮的最後試探。如果我們認同這一邏輯，那麼諸葛亮便更沒有理由不謹慎了。我

們甚至於可以沿著這一思路繼續深入：假設諸葛亮果真取代了劉禪，他或許會贏得一些人的支持，但也勢必會遭到一部分人的反對，那麼他又勢必會為保住自己的勝利果實而採取這樣那樣的措施，與反對者激烈競爭，到那時，那個讓所有人都驚喜的皇位便無異於一朵罌粟，雖然豔麗，但最終會讓他得不償失，遠不如他當丞相時的日子過得那麼心安理得與舒適。

當然，我們更願意也更應該從正面去看待諸葛亮的選擇。然而綜上所述，如此謹慎、如此有才、如此忠心、如此勤奮的諸葛亮，終其一生也未能完成劉備和他自己的艱難使命，那麼，不謹慎的話，結局豈不是會更糟？

與諸葛亮形成鮮明對比的同時代人可謂比比皆是，最為人熟悉的是令他不得不謹慎的關張。由於不謹慎，關羽大意失荊州，引發了一連患惡果；由於不謹慎，張飛牽怒於趕制孝衣的軍卒，最終被「踢貓效應」所害。所以說，不僅鮮花後面有荊棘，荊棘後面更有荊棘。越是不順利的時候，越是需要加倍謹慎從事。

有一種自保叫自汙

> 伴君如伴虎。成就越大，危險越高。這種現象不僅過去有，現在也存在。自救是個永恆的主題，謹慎永遠都沒害處。

白起指揮的最著名的戰役也是中國歷史上最悲慘的戰役 —— 長平之戰。昭襄王四十七年，白起率秦軍進攻趙國，殺死誇誇其談的趙軍統帥趙括，並於一夜之間坑殺了趙國降兵 40 萬人！至此，他在秦國的戰功無人可比，東方六國的將士們聞白起之名，無不膽戰心驚。照理說，秦王應該命令白起乘勢急進，一舉攻下邯鄲，滅亡趙國。然而秦王卻聽信了丞相范雎之言，同意了韓國、趙國割地求和的請求。因此，白起不僅對范雎懷恨

在心，對秦王也深表不滿。也因此，當年九月，當秦王再次命令白起發兵進攻趙國時，白起卻找理由推脫，拒不執行出兵的命令。秦王親自去請，他也不答應，秦王又派范雎去請，他非但不答應，反而還裝病不予理睬。

秦王一來念其功高，二來也想從側面敲打一下白起，便派別將王齕領兵攻趙，結果王齕遇上了由魏國公子信陵君魏無忌統帥的六國聯軍，因此大敗而歸。這時有人便趁機在秦王面前說白起聽說我軍大敗正在唱反調云云，惹得本來就有氣的秦王直接把矛頭對準了白起，強令他帶兵出征。而白起卻不懂得見好就收，而是繼續裝病，再次抗令。儘管如此，秦王也只是免去了他的職務，並沒有殺他。不過對心高氣傲的白起來說，這已經是難以承受得了。又氣又急之下，他倒真的病了。待他病好之後，已是三個月後了，而在這三個月內，秦軍又被聯軍打敗了好幾次，秦王於是更加遷怒於白起，先是令他離開京城，後來又怕他心懷不滿投奔敵國，最後索性派人帶著一把劍，逼著白起自殺而死！白起在自刎前仰天狂呼：「天啊，我到底犯了什麼錯誤和罪過，至於走到今天這一步？」稍頃又自言自語道：「我是應該被殺的，因為我太殘忍了，長平一戰就殺了40萬人的性命，死得太遲了！」說完便揮劍於頸，就此隕落。

白起雖死，但秦國的兼併步伐不會為他稍停。白起死後，他的部下、老將王翦被推到了舞臺最前線。適逢六國聯軍渙散，加之王翦力求一個穩字，因此他只用一年時間便滅亡了趙國。又一年多後，王翦攻滅了燕國。接著他又和兒子王賁一道，打敗了楚國、滅亡了魏國。但在滅楚之戰時，秦始皇與王翦意見分歧，始皇問青年勇將李信需要多少兵力才可以消滅楚國，李信回答說20萬足夠，問及王翦時，卻回答說至少60萬人。於是秦始皇一面誇獎李信；一面批評王翦越老越膽小怕事。王翦既不分辨也不詆毀，不久便以自己年老多病為由，請求辭去官職，回故鄉頻陽養老。

但王翦在家鄉沒待多久，秦始皇卻親自登門，向他誠懇道歉，因為李信剛開始進攻楚國時還打了幾個大勝仗，但深入腹地後反倒一再被破秦軍大敗。王翦當即答應即刻出山，但還是那句老話 —— 非要 60 萬士兵。秦始皇不僅爽快地答應了他，出征那天還親自為大軍壯行。臨行前，王翦卻向秦始皇提了一個額外的要求，那就是請秦始皇賞賜給他大量土地宅院和園林。

秦始皇不以為然地說：「老將軍只管領兵打仗，哪裡用得著為富貴擔憂呢？」

王翦說：「當國王的大將，往往立下了赫赫戰功，卻得不到封侯。因此，我想趁大王還寵信我，請大王多賜老臣一些良田美宅，讓子孫們將來的日子好過些。」

秦始皇付之一笑，心說這還不是小意思嘛，當即滿口答應。不料之後王翦一路行軍，心裡始終惦記著賜地的事兒，他不斷地派人向秦始皇提出要求，大有一日不賞一日不甘休的勁頭。這下，連王翦手下的將領們都覺得不好意思了，他們勸王翦說：「我們跟隨將軍多年，從來不認為將軍是貪財之人。況且將軍如今率大軍出征，將心思全用在戰事上還嫌不夠，您怎麼能三番五次戀戀不忘田宅呢？這是不是有點過分了？」

王翦答道：「你們哪知道我的用心啊！秦王這個人生性多疑，不信任別人，現在他把秦國的主力軍隊全部歸我統領，我不借此機會多要求些田宅，讓他誤以為我是個貪圖利益的庸人，一旦他懷疑我有二心，我豈不是很危險嗎？」將領們這才如夢初醒，暗暗佩服。

到達前線後，王翦並不急於與楚軍死磕，而是以逸待勞，整整一年堅壁不出，直到楚軍失去警惕心才抓住時機發力猛攻，最終大破楚軍，平滅楚國。秦始皇十分高興，當即滿足了他的請求，封他為武成侯，賞賜良田

美宅、財寶無數。後來，秦始皇又先後命王翦和其子王賁攻打趙國、燕國、魏國、齊國，父子倆勢不可當，戰必勝、攻必取，但每次得勝都是只求財物，不求權力，直到秦國一統天下，秦王都不曾對王家父子表示過絲毫懷疑，王家父子得以在兔死狗烹的封建年代安逸終老，「王翦請田」遂成明哲保身的代名詞。

反觀白起，他未必不懂得「伴君如伴虎」的道理，也並不是因那常規意義上的不謹慎導致了什麼重大的失誤，而只是賭一時之閒氣，而且在秦王一再給機會的情況下不知道見好就收，最終導致了個人命運的悲劇。更可悲的是，直到臨死之前，他竟然還不知道自己究竟是怎麼死的！須知人生本身就是戰場，謹慎則是個永恆的話題，不管是誰，過於驕橫跋扈、自以為是，不懂得妥協退讓，韜光養晦，最終都不免被自己的人性弱點戰勝、打敗。

第 20 堂課
制怒 —— 管好你的暴脾氣

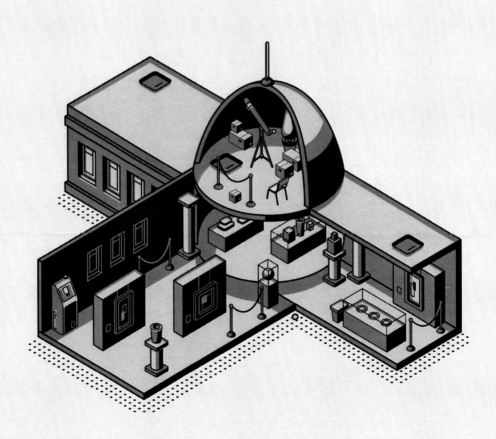

善為士者不武，善戰者不怒

> 據說林則徐有一個座右銘是「制怒」，就是說無論如何你也別生氣，更不能發怒。很多自找倒楣的事、很多傻事都是因為一怒而生的：由於一怒，說出不應該說的話；由於一怒，做出不應該做的事；由於一怒，得罪了不應該得罪的人；由於一怒，沒能做出一個最適合、最巧妙的決定。

善為士者不武，善戰者不怒 ── 這是《道德經》中的名句。

什麼叫做「士」呢？南懷瑾老先生曾在《老子他說》中解釋道，「士」並不是現代人所謂的知識分子或文人，在古代，地方上每十個青年中，要推行出一個青年來為國家和百姓服務，這個青年就叫做「士」。這個士不僅要學文，還要學武，以便在需要時候拿起武器保衛國家。因此，古代的知識分子皆文武兼備。代表人物如孔子，絕對是文人，但他的畫像上也帶著劍。

那麼「善為士者不武」又是什麼意思呢？難道是說士不習武嗎？或者是沒有武功？我們前者不是說過每個「士」都要文武兼備嗎？其實老子說的「善為士者不武」，並不是說他們不會武功，而是說「士」由於長期受文化的薰陶，雖然身懷絕技，但絕不恃技凌人，不會粗暴地對待別人。

喜歡武俠小說的朋友看到這裡估計會眼前一亮：這不是武俠小說中強調的武德嗎？然而鮮為人知的是，其實武俠小說中的每個主角即各個大俠，其最初的原型都來自於上古的「士」。為此，據說本身武學修為就頗為了得的南懷瑾還在書中寫道：「另一種觀念，所謂『士』，代表了『士卒』，就是作戰的戰鬥成員，後來古書上叫做『俠客』。另外武功好的人，古代稱為『壯士』或『勇士……現在寫武俠小說的人不一定懂得武功，更少了解『士』的修養，只是憑他們自己的想法去寫，所以並不一定

正確。有一次大家聚會，差不多著名的寫武俠小說的人都在座，大家在談笑之間，我說你們不要寫太外行的話好不好！據我所知，學生有愛看武俠小說的，簡直入了迷，還照著小說上描寫的拳法去打，比手畫腳伸拳出去，結果第二拳兩個人背靠背，向空氣亂打一陣。當時那本小說的作者也在座，他說我們本來不懂武功，所以亂寫，把想得到的以及聽來的武術名詞都寫上去。他又說：『現在我們武術名稱都寫光了，把建築工程也寫上去了，很多化學藥品也寫上去，簡直沒有東西寫了。』但是，他們寫小說還算能為社會服務，寫到最高的武功，看不到粗暴的行為。」

荊軻刺秦王為何會失敗？原因很多，但最重要的一點，荊軻的武功還沒達到最高境界。憑什麼這麼說呢？史料記載，與荊軻同時代有一個真正的武學高人名叫蓋聶，荊軻曾經去找他討教過。一見面，荊軻見蓋聶個子又矮又小，便輕視他言不壓眾，貌不驚人，便想在氣勢上壓倒他，於是荊軻把手搭在劍柄上，故意作出一副威武的樣子，雙眼圓睜，呲牙咧嘴。蓋聶卻站在那裡一動不動，只用兩隻眼睛盯住荊軻，荊軻的劍就拔不出來了，最後他只好把拔了一半的劍還進鞘裡，轉身走了。究其原因，就在於荊軻的神還沒有練好，蓋聶眼睛那麼一看，就把他看垮了。這便是「善戰者不怒」的大意。此外，「善戰者不怒」也意味著不易被對方激怒，不崇尚武力，不動輒與人爭鬥、盡量避免與人正面衝突等意思，就像蓋聶對待荊軻那樣。

不僅中國武術家注重制怒，外國武術家也重視。比如英國歷史上有個著名的劍客叫奧瑪爾，早年他曾經與一個水準相當的劍手連續比劍，二人前後比劍二十餘年，但一直沒有分出勝負。這一天，二人再次對決，奧瑪爾福到心靈，忽然悟到了對方的軟肋，於是招招緊攻，但在他就要戰勝對手、結束對手的性命之際，情急之下的對手居然像他吐了一口唾沫。奧瑪

爾稍微閃開身子，稍微停頓了兩三秒鐘，然後收回自己已經刺到對手咽喉上的劍，說：「你起來吧，我們明天再打。」對手登時一愣，不知他為什麼要這樣做。奧瑪爾說：「二十多年來，我一直在修練自己，要求自己不帶一絲怒氣比劍，無論是誰，無論什麼情況。靠著這種修練，我擊敗了除你之外的所有人。剛剛，我本來也可以擊敗你。但是在你向我吐口水的瞬間，我的心中浮起了一絲怒氣。所以，我並沒有勝利。我希望你調整心態後，明天重新再戰。」

　　比劍如此，做人又何嘗不是如此呢？當一個人怒髮衝冠的時候，他與一頭野獸並無本質上的區別，他所有的理智都已經被憤怒所代替，隨怒氣而走，他只能像雙面刃一般，既傷害別人，又使事情的發展向不利於自己的方向發展。

　　即便是在占據絕對優勢的情況下，憤怒帶來的戕害仍不容小覷。一個總是被憤怒支配的人，不僅意味著人品有問題，其人生結局也往往不會太圓滿。比如被很多人視作商戰偶像的清代官商胡雪岩，有一次他路過一家裁縫店，見門口站著的苗條女子很漂亮，便多看了幾眼。女子覺察後，厭惡地白了他一眼，便急忙關門入屋。就這一眼，令胡雪岩的自尊心大受傷害，當天他便請媒婆拿了數千兩白銀向那個女子的父親提親，要納其女為妾。女子之父見錢眼開，當即答應。胡雪岩擇日將女子娶回，洞房花燭之夜，胡雪岩讓新娘子裸體躺在床上，並讓僕人在一邊舉著蠟燭，來回踱步看著新人，看過放聲大笑，說：「前幾天你不讓我看，我偏要看。現在你還有什麼辦法阻止我？」說完推門而去。第二天便派人對這女子說：「胡家沒有你的位置，你另嫁他人吧！」儘管此事並不足以說明胡雪岩從貧窮中來又回到貧窮中去存在必然的邏輯，我們也不能單憑此事就斷言他為富不仁，應該被武俠小說中的大俠們視為「殺富濟貧」的物件，事實上胡雪

岩一度是那個年代最著名的慈善家。但這件事至少是胡雪岩人生的敗筆、靈魂的污點，而不僅僅是制不制怒的問題，也絕對應該被後來人視為教訓力戒之。

總之，人一憤怒，就會短路，學識、修養、經驗、見識、智慧、理性，統統都會在一瞬間蕩然無存，多麼粗暴、多麼無恥的事兒都幹得出來。只有制住怒氣，理性和人性才會回歸。

‖ 生氣是缺乏智慧的表現 ‖

人生人世間，接觸的事情那麼多，接觸的人那麼複雜，不可能不生氣，但絕不能輕易動怒。也就是說，動怒是萬不得已的，動怒是沒有其他方法時的唯一選擇。如果有更好的方法，我們為什麼也發怒呢？所以說，發怒是一種無能的表現。

如果一個人脾氣不太好，是不是可以透過吃一些食物改善呢？是不是因為體內缺乏某些微量元素，才會導致一個人易怒呢？有人曾經這樣問過我。這一問倒把我給問愣住了。回家查了一下電腦，得出結論：某些食物如芹菜、茼蒿、番茄、蘿蔔、柳丁、柚子、柑橘等，確實有一定的疏肝理氣的作用。但也只是具備「一定」作用而已。一個人之所以容易生氣，最根本的原因在於他缺乏智慧，而不在於缺乏某種元素。不然的話，這世上恐怕就沒有人會生氣了。

來看一個歷史故事：

楚漢戰爭時期，劉邦與項羽長期對峙於滎陽。空有匹夫之勇的項羽漸漸失去了耐心，有一天，他在兩軍陣前對劉邦說：「天下戰亂不止，百姓遭難，都是因為我倆。況且我們對峙了這麼久，也決不出個勝負，我們不

如單打獨鬥，決出勝負，別再讓老百姓跟著受苦了。」劉邦笑著說：「你以為我傻啊？你力拔山兮氣蓋世，我可不跟你比力氣，你要願意比，我們就比比智慧。」項羽接受了挑戰，二人約定隔著廣武澗水談話鬥智。一見面，劉邦便歷數了項羽的十大罪狀：「當初我倆一起受命於懷王，說好了誰先入關中誰就是關中之主，但你違背了約定，讓我在蜀漢為王，這是你的第一條罪狀；你假託懷王之命，殺了卿子冠軍宋義，自任上將軍，這是你的第二條罪狀；你奉命援救趙國後，本應回報懷王，但你卻擅自劫持諸侯的軍隊入關，這是你的第三條罪狀；懷王明令入關後不准燒殺擄掠，你卻焚毀秦朝宮室，挖了始皇帝的墳墓，搶劫秦人的財物，這是你的第四條罪狀；強橫地殺掉已經投降的秦王子嬰，這是你的第五條罪狀；採用欺詐手段在新安活埋了 20 萬秦兵，卻封賞他們的主帥，這是你的第六條罪狀；把各諸侯的將領都封在好地方，卻遷移趕走原來的諸侯王等，使得他們的臣下為爭王位而反叛，這是你的第七條罪狀；把義帝趕出彭城，自己卻在那裡建都，又侵奪韓王的地盤，把梁、楚之地據為己有，這是你的第八條罪狀；派人在江南祕密地殺了義帝，這是你的第九條罪狀；為人臣子卻殺害主人，殘殺已投降的俘虜，處理政事不公平，主持盟約卻不守信用，天下不容，大逆不道，又算是你的第十宗罪。如今我率領義兵和諸侯們來討伐你這個凶惡的危害人民的傢伙，派幾個受過刑的罪人就能殺掉你，根本用不著自己動手，跟你單挑！」項羽聽了勃然大怒，俯身用弩箭射向劉邦，劉邦躲閃不及，正中胸口，但他卻按著自己的腳說：「你這匹夫竟敢射我的腳趾！」回營後，劉邦疼痛難忍，臥床養傷，但謀士張良執意要他裝作沒有受傷的樣子慰勞部隊，安撫士兵。劉邦強忍傷痛，在軍中巡視了一番，總算穩定了軍心。

　　史學家說項羽「是個缺心眼的人」，為什麼這麼說呢？因為兩軍對

壘，歷來是大將壓後陣，而項羽作為軍中主帥，卻要與劉邦單挑，這說明他已經對劉邦無可奈何，除了拚命再也想不出更好的辦法。而我們知道，拚命這種事情只有那些山窮水盡、被逼無奈的人才會做。而且我們還知道，後來被劉邦合圍在垓下時，項羽原本是有機會逃走的，當然更有機會拚命，然而他竟連拚命的機會也沒給自己，就選擇了自盡，怎麼看都不是明智之舉。

反觀劉邦，他的明智有目共睹。他其實比項羽更有理由生氣：鬥力，不是項羽的對手；鬥智，也沒有絕對的優勢。僥倖逞口舌之利勝了一陣，卻當即被對方隔著澗水射中一箭，這更加凸顯了項羽的威力和他的無能。但劉邦明白一點兒，那就是只要他這個主心骨兒沉住氣，不露出破綻，項羽一時之間便奈何不了自己。反之，一旦被項羽和將士們看出自己身受重傷，項羽立即就會發動強攻，自己沒准就會死在亂軍之中。而只要能渡過眼前的危機，憑自己的頭腦和手下強大的智囊團，剛愎自用的項羽必敗。

很多古裝戰爭片中都有這樣的橋段：實力強的一方動輒到對方城下罵戰，什麼難聽罵什麼，沉不住氣的人往往一氣之下披掛上馬，結果沒幾個回合就被對方「刺於馬下、斬於馬下」、或者「走馬生擒」，至少也要折些兵將，總之沒好下場。而明智的守將，往往會選擇堅守不出，你罵由你罵，你在城下頂著太陽罵我，我在城頭喝著小酒罵你，反正你不敢直接攻城，否則滾木檑石伺候、弓弩手伺候、熱油開水伺候。你送我一件女性內衣，我就穿上它扮給你看；你笑我像女人一樣膽小，但膽小的人總比死人強。不過，一旦你糧草不濟，軍心不穩，我就乘勢出擊，反客為主。至於像王朗那樣的，被諸葛亮一頓臭罵，就氣得死於馬下，原本就不適合出征。

有人也許會說，你講的這些案例，那些不生氣的人都是性格使然，如果同樣的事情遇到一個脾氣暴躁的人，他能不生氣嗎？江山易改，本性難

移啊！其實不然，中國古代就有很多本身脾氣暴躁但卻非常能克制自己的人，比如魏晉名士王述。史料記載，有一次王述吃水煮雞蛋時突發奇想，試圖用筷子紮住雞蛋，但雞蛋光溜溜的，他怎麼也刺不中。王述因而大怒，抓起雞蛋擲於地下，但雞蛋竟不巧地沒被摔爛，而是繼續在地上滴溜亂轉。這下王述更加惱怒，便伸腳去踩雞蛋，踩來踩去仍踩不中。王述怒不可遏，竟彎腰撿起雞蛋，直接放進口裡，狠狠地咀嚼一番，然後「呸」地一聲吐在地上，這才算解氣。然而這樣一個性情中人，忍功卻非常了得。有一次，他因為一件小事得罪了謝安的哥哥謝奕，謝奕也是個性情粗暴的主，他直接找上門去，對著王述破口大罵，王述卻始終一言不發，最後他還轉過身去，面對著牆壁。直到謝奕罵夠了，離去很久了，他才問左右的小官說：「安西將軍（謝奕的官職）走了沒？」答曰：「走了好一會兒了。」王述這才坐回座位。

　　脾氣暴躁到王述那種程度的人，生活中想來不會太多，那麼，王述都能制怒，我們又為什麼不能呢？

▍天子之怒與匹夫之怒 ▍

> 千百年前流傳的「和氣生財」、「和則興」、「和為貴」、「和則
> 兩利，惡則兩害」等詞語，早就深諳經商大義，足以為訓。在今天，
> 做到一團和氣雖說未必能生財，但至少不會讓人進一步生氣。

　　「天子之怒」與「匹夫之怒」出自《戰國策》一書。書中記載，西元前 225 年，秦將王賁率大軍滅亡了魏國。緊接著，秦始王把目光瞄準了魏國的附屬小國安陵。由於安陵與秦國的實力遠不是一個級別，因此秦始皇包藏禍心，想簡單地以一場政治騙局不戰而屈人之兵，於是他便派使者對

安陵君說：「我想用五百里土地和您交換安陵，您一定要答應我啊！」安陵君怎能不明白秦國的心思？但又不好直接拒絕，於是他便委婉地說：「秦王給予我恩惠，肯用大片的土地交換安陵，我銘感五內，然而土地畢竟是我從先王那裡的封地，恐先人地下不安，因此我實在不敢交換啊！」秦國來使走後，安陵君又及時派唐雎出使秦國。

唐雎當時已經 90 多歲，但為了國家安危，他毅然赴秦。見到秦王后，還沒等他開口，秦王便倒打一耙，歷數安陵君的不是：「我想用方圓五百里的土地交換安陵，安陵君卻不肯，這是為什麼呢？要知道，我們已經滅了韓國、亡了魏國，而安陵不過方圓五十裡，它之所以能倖存下來，是因為我把安陵君當作長輩看待，從未打過他的主意。現在我用十倍於安陵的土地，讓安陵君擴大領土，他卻違背我的意願，這難道不是輕視於我嗎？」

有備而來的唐雎早就料到了這一點，他不卑不亢地回答：「大王，事情並不像說的那樣。安陵君是從先王那裡接受的封地，即使您給他方圓千里的土地他也不敢交換，何況僅僅五百里呢？」

秦始皇見他還是老一套，當即勃然大怒，問道：「您曾聽說過天子發怒嗎？」

唐雎說：「我未曾聽說過。」

秦王說：「天子發怒，百萬具屍體倒下，血流千里。」很明顯，這是在威脅唐雎：再不同意，立即派兵消滅安陵。

唐雎說並不害怕，他反問道：「大王但知天子之怒，可聽說過平民之怒嗎？」

秦始皇不屑地撇撇嘴說：「平民發怒，也不過是摘掉帽子、光著腳，把頭往地上撞罷了。」

　　唐雎搖搖頭說：「大王說的是平庸無能的人發怒，不是有才能有膽識的人發怒。想當年，專諸刺殺吳王僚時，彗星的尾巴掃過月亮；聶政刺殺韓傀時，一道白光直沖上太陽；要離刺殺慶忌時，蒼鷹突然撲到宮殿上。這三個人都是平民，他們心裡的怒氣還沒發作，上天就降示了凶兆。現在，專諸、聶政、要離再加上我，就成為四個人了。如果您一定要迫我發怒的話，結果只能是我們一起倒在這裡，血流五步，天下戴孝。」說完，唐雎起身拔劍，要與秦始皇同歸於盡。

　　秦始皇沒想到唐雎有這樣的勇氣，他臉色沮喪地向唐雎施禮道：「先生請坐回原位，哪裡至於如此啊！我總算明白了韓國、魏國為什麼會滅亡，而安陵卻僅憑五十里土地能夠存在的原因 —— 都是因為安陵有先生你啊！」

　　學術界普遍認為，《戰國策》只是一部歷史小說，因此，包括這個故事在內的書中很多內容都值得懷疑。其實想想也是，秦國哪有那麼好對付？再者說了，唐雎當時都 90 多歲了，秦王還需怕他拚命？但這個故事背後的道理卻實實在在。

　　我們再來看一個歷史上的「老闆之怒」與「員工之怒」。趙簡子是春秋末期晉國六卿之一，也是戰國七雄之一趙國的奠基人。有一次，他心血來潮，帶領眾臣上山遊獵。山路難行，趙簡子的馬車舉步維艱，同行的大臣們見了，紛紛上前為趙簡子推車，一個個汗流浹背，有的甚至光著膀子，赤裸著上身。唯有一個叫虎會的大臣不僅不推車，還悠閒自在地邊走邊唱。

　　趙簡子很不高興，他鐵著臉對虎會說：「群臣都在推車，你不僅不推車，還高興地唱歌，這不是欺君罔上嗎？臣欺君，該當何罪？」

虎會恭恭敬敬地回答：「臣欺君，犯雙重死罪，自己處死，妻子也處死。不過，您既然知道為人臣欺其主的應得之罪，那麼您是否也想了解一下，為人君輕慢臣下會有什麼樣的後果呢？」

趙簡子冷冷地說：「君主侮辱了臣子又會怎樣？你講吧！」

虎會說：「倘若君主輕慢了臣子，時間一長，就會出現這樣的局面：有才智的人，不肯為國君出謀劃策；能言善辯的人，不肯給國君做使臣；能征慣戰的人，不願為國君戰死疆場。內政、外交、國防都無人出力，國家自然就會滅亡。」

趙簡子聽了，趕緊下車向虎會道歉，同時下令眾臣不必推車，自己步行上山。回宮後，趙簡子擺酒設宴，與群臣共飲，尊虎會為上賓。

最後要說的是，無論是天子也好，布衣也罷，亦或是上司與下屬，在實際生活中，都還是盡量不要發怒的好。生命如此脆弱，生活如此美好，誰都沒有生氣的資本。即使有再大的怒火，也應盡可能地息怒，盡可能地用智慧去解決。

第 21 堂課

堅守 —— 你自己就是陣地

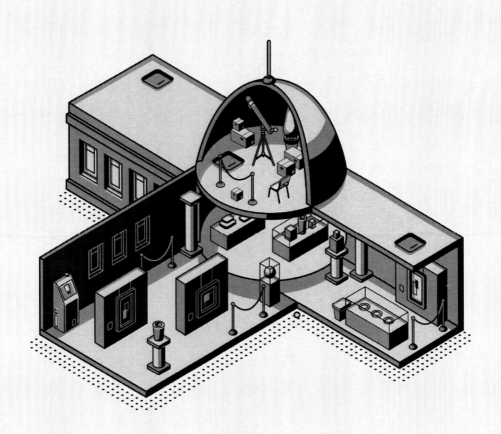

任憑風浪起，做好你自己

> 隱，不是生存狀態，更多是處事心態。能抵擋住誘惑，堅守自己的
> 本性，這就是大隱。

元初，戰亂頻仍，人禍不斷。有一年夏天，傑出的思想家許衡與很多難民一起南逃。經過河陽（今河南省孟州市）時，因長途跋涉，加之天氣炎熱，大夥兒都感到飢渴難耐。這時，突然有人發現道邊有一棵大梨樹，樹上結滿了清甜的梨子，大家不管三七二十一，爭先恐後地爬上樹去摘梨解喝，唯獨許衡端坐於樹下，不為所動。

人們都覺得許衡很奇怪，便啃著梨子問他：「你怎麼不摘個梨解解渴？」許衡說：「不是自己的梨，豈能亂摘！」對方笑著說：「時局這麼亂，人們各自逃難，這棵樹早就沒有主人了。既然梨樹沒了主人，吃個梨又有何妨？」許衡說：「梨樹沒有了主人，難道我們的心也沒有主人嗎？」任憑別人怎麼說，他始終不肯摘梨。

一個逃難的人，因為口渴吃了一顆無主的梨子，在大多數人看來，這是人之常情，不值得苛責。但這實際上是沒有法律意識的表現。我們用一個很簡單的設問便可證明：設若梨樹的主人沒有逃難，他會不會日夜不停地守在梨樹下？肯定不會。世上又有哪個小偷會趁主人在時明目張膽地去偷？套用一句經典詩歌：你碰，還是不碰，道德底線就擺在那裡。

美國前總統林肯說過，你可以永遠欺騙一個人，也可以暫時欺騙所有人，但你不能永遠欺騙所有人。這話不儘然，因為即便你能永遠欺騙所有人，你也時刻都不能騙過你自己。

都說當今時代道德淪喪，人性的流失比水土流失更嚴重，我們不能簡單地苟同，但社會上不堪入目的事情越來越多，苦苦堅守的人越來越少，

也是個不爭的事實。

比如「愛情」這個世界各民族的終極信仰之一，如今就越來越顯得光怪陸離，近些年更是催生出了「剩女經濟學」、「丈母娘經濟學」等新名詞。比這些名詞更令人諱莫如深的是「援交」和「兼職」。其中不少援交女孩提到，跟陌生男人「在一起」，總感覺有點不好，但也僅僅是不好而已，從沒有人說她們悔恨，有的只是對自己的感傷。儘管她們都說自己曾經傷心了很久，但在她們眼裡，自己絕不是賣淫，而是「兼職」！

當真是天大的笑話！如果賣淫也可以兼職，那麼偷盜可不可以兼職？殺人可不可以？！

這不是刻薄，而是必要的警醒。我們從來不提倡大家都像春秋時期的尾生一樣，為了一個諾言白白犧牲大好青春，從一定程度上來說，一些愛情中的不堅守還應受到法律保護，但我想上述被採訪的女孩至少是沒有資格談什麼愛情的，除非她們心有所悔。

禪宗史上曾有一個「風動幡動」的典故：

六祖慧能從五祖弘忍處得到衣缽，為避免紛爭，連夜逃往南海。有一天，慧能聽到周圍的人奔相走告，說廣州法性寺著名的印宗禪師今天要開講《涅槃經》，慧能於是隨僧眾來到法性寺聽經。只見講壇上豎起了五彩的蟠旗，迎風招展，有兩個和尚見了，其中一個隨口說：「今天風大，幡都吹動起來了。」另一個反駁道：「不，這不是幡動，而是風動。」兩人各不相讓，爭論不休，引得周圍一大群人駐足圍觀。慧能瞅準時機，朗聲說道：「不是幡動，也不是風動，而是你們二位的心在動。」兩個和尚一聽立刻恍然大悟。這件事迅速傳到了印宗禪師耳中，印宗禪師大驚，立刻明白慧能的一番話正是自己正要開講的《涅槃經》的中心思想，於是馬上拜慧能為師，並請他升壇說法。

　　眾所周知，佛法是唯心的，與受現代教育多年的我們不太相容。但佛法中關於心靈修練方面的內容，在也有其意義。人們都說現代社會物欲橫流，其實自從人類文明產生，物欲就從未有過片刻止息，關鍵在於你能不能守住自己。

　　現代人常說，錢不是萬能的，沒有錢卻是萬萬不能的。誠然，沒錢是痛苦的，對一個年輕的心來說更是如此。這世界貴到令人太自卑，這時代到處酒綠燈紅，歌舞昇平的背後，難免沉渣泛起，如果你守不住自己，把那些迷茫又瘋狂的人們的追求當成自己的追求，那你遲早會聽到自己靈魂的悲泣。

　　生活中的我們往往為什麼悲涼呢？至少有很大一部分人是看到別人開著 BMW 自己卻騎著摩托車，便突然鬱悶起來。但別人開寶馬與你有多大的關係呢？我們總是執著於外界的現象而忽略了自己的內心，而現代社會的很多問題的產生卻又偏偏出自於我們的內心。所以我建議，大家心態上要知足，行動上要永不知足。或者說，大家做事情時要盡量實事求是，但在生活方面，還是唯心一點的好，千萬別看到風動幡動就心動。

‖ 寧在直中取，不向曲中求 ‖

> 聖賢人說「積財傷道」，傷的便是做人的道。一個人去做傷天害理的事情，請問他的孩子學到了什麼？學到貪婪，學到自私。後代子孫學到這個，請問他的家運還會延續下去嗎？人算不如天算，遵循財富之道和人生之道，家運才能不敗。

　　說到「寧在直中取，不在曲中求」，很多人立即會聯想到那個相關的歇後語 —— 姜太公釣魚，願者上鉤，話裡話外多少有點讓人心甘情願地上當的意思。其實這是區解了先哲的本意 —— 沒有無私的人，只有高尚

的人。無論是誰，活著就需要追求基本的物質；無論是誰，追求更好的生活都是一種本能。但無論追求什麼，都應該堂堂正正的，透過正直、合理的途徑去爭取，而不能超越道義、不擇手段地謀求。

歷史上有一個「公儀休愛吃魚，可不受魚」的典故：

公儀休是春秋時期的魯國人，他因為德才兼優被任命為宰相。他有個嗜好──愛吃魚，幾乎達到了無魚不歡、無魚不食的地步。看到公儀休做了宰相，一些別有心機的人便千方百計地送魚給他吃，但全都被公儀休婉言謝絕，失望而歸。

不久，公儀休的一個學生聽說老師當了宰相，特地買了兩尾鯉魚登門祝賀，公儀休一如既往，拒不收納。

學生非常奇怪，問道：「老師一向喜歡吃魚，今天學生來看望老師，為什麼卻不接受呢？而且我聽說很多人都曾經送魚給老師，老師為什麼一概不收呢？」

公儀休回答說：「我身為宰相，理應廉潔奉公，所以他人送魚一概不收。」

學生想了想，說道：「我送魚是盡師生之誼，別無所求。再說老師身為一國宰相，收兩條魚又算得了什麼？」

公儀休搖搖頭說：「正因為我喜歡吃魚，所以更不能接受你的魚！我現在做宰相，買得起魚，自己可以買來吃，如果我因為接受了你送的魚而被免去宰相之職，我自己從此就買不起魚了，你難道還會再給我送魚嗎？到那時，我這個喜歡吃魚的人就不能常常有魚吃了。與其這樣，我不如現在不接受別人的魚，做個廉潔奉公的好宰相，魯君就不會隨隨便便地免掉我的職務。這樣雖然不能吃別人送的魚，但我自己的俸祿能保證我天天有魚吃。因此，我不會接受你送的魚。」

　　公儀休愛魚，而不受魚，表面上看來是不肯徇私受賄，值得稱讚，但是他的論調並不見得有多高尚 —— 因為他是為了保住相位，同時保證自己有魚可吃，歸根結底還是為了保持自己的地位 —— 但即便是這樣，這仍然是很多人難以企及的高度。更多的人，雖然明白有得必有失的道理，但在誘惑面前往往心存僥倖，最終只顧眼前，不顧長遠，看似收下了鮮魚，實則吞下了魚餌！所以，哪怕是為了「自愛」，我們也要學會自己約束自己，遠離任何形式的蠅營狗苟。一旦在名利面前耐不住寂寞，不滿足直鉤所得，你設法製造的曲鉤，終究會讓你得不償失。

　　當然，我們不能，也不應該僅僅從得失的角度去看待這個問題。古人云「君子愛財，取之有道」，這個道不僅是指途徑、管道，也包括道德。有句俗話叫「條條大路通羅馬」，但是無論如何，你都必須走正道，搞陰謀詭計、搞歪門邪道，掩耳盜鈴的人，到頭來終究不免摔到自己挖掘的陷阱中。在這裡，東漢名士楊震為我們做了好的榜樣。

　　楊震自幼聰敏好學，精通典籍，是當時著名的儒學大師，人稱「關西孔子」。年輕時，他曾多次婉拒過朝廷官員的舉薦，不肯做官，只以教書和租地務農為生。後來，大將軍鄧騭三番五次地邀請他做官，楊震不好拒絕，便出任了荊州刺史一職，後因政績卓著調任東萊太守。

　　在上任東萊太守途中，楊震路過昌邑縣城。昌邑縣令王密本是楊震的學生，王密做官也是楊震做荊州刺史時舉薦的。為了感謝老師的舉薦之恩，半夜時分，王密懷揣著十斤金子，悄悄來到楊震住處，雙手奉上，感激地說：「我本是荊州的無名書生，多虧老師一手提攜，才有今天。此恩此德，學生終身難忘。」

　　楊震先是一愣，繼爾笑道：「你我師徒多年，也算得上彼此了解了。可是我了解你，你並不了解我呀！」

　　王密再次懇求道：「請老師理解，這只是學生的一點心意，沒有別的意思。而且這些金子都是自家之物，絕非貪賄所得。再說，半夜三更的，也沒人知道⋯⋯」

　　「怎麼沒人知道？」還沒等王密說完，楊震已勃然大怒，「天知、地知、你知、我知，趕緊收回去吧！」

　　楊震的當頭棒喝，弄得王密既慚愧又尷尬，只得灰溜溜地收起黃金離去。

　　楊震所說的「四知」，實質上是指社會道德準則，也就是俗話所說的「天地良心」。雖然看不見，摸不著，然而確實存在於人們的心中。如今，許多人的價值觀念日益偏離，本該放棄的，拚命攫取；本該追求的，偏偏又毫不猶豫地放棄。這種人生方向、價值觀念的悖離，極易使人沉淪其中，最終自取其辱，甚至自取滅亡。

　　堅守需要勇氣，但有時候堅守並不是一個人的事情，不管是歷史上，還是現實生活中，都不乏一些近水樓臺先得月的人，他們或是老闆的夫人，或是老闆的兒女，或是其他親朋好友等等，對此，除了必不可少的教育，有時候還需要智慧出馬。在這方面，王安石做得就很有創意。眾所周知，王安石不僅不修邊幅，而且稱得上是個邋遢大王，而他的妻子偏偏是個有著嚴重潔癖的人。因此，兩個人每每合不來。王安石自江寧任上退休後，家裡原來借了一張官署裡的藤床，王夫人不想還，公差們前來索取藤床時，又不好意思跟王夫人說。王安石知道後，並沒有批評夫人，而是故意光著腳在地上走了一會兒，然後站在藤床上，接著又在上面休息了一會兒。王夫人看見後，立即命人將藤床送還給了官署。

　　王安石的做法其實也是一種「曲中求」，但這種「曲中求」無疑多多益善。只要我們光明正大，胸懷磊落，這樣的「曲中求」多些，那些令人

欲說還休的「曲中求」必然會少些。另外，王安石既達到了目的，又不至於為一張藤床傷害夫人的自尊心，從而引起夫妻不和，這無疑也是一種非常適宜的策略。所以，具體實踐中，具體用什麼方法堅守自己、挽救他人，並沒有什麼一定之規。

第 22 堂課

精微 —— 只有細節，沒有魔鬼

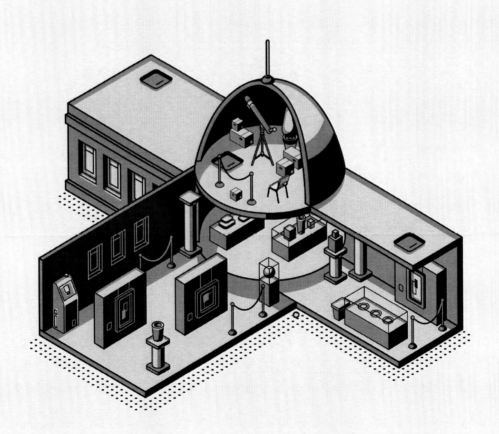

‖天下大事，必做於細‖

大膽的假設，小心的求證；認真的做事，嚴肅的做人。

宋神宗趙頊是北宋的第六個皇帝。他在位時，曾支持王安石進行了著名的「熙寧變法」，雖然這對憤青與怪才的君臣配最終以失敗告終，但至少神宗的改革決心毋庸置疑。從某種程度上說，36 歲去世的宋神宗也是為變法憂勞而死的。

不過在變法後期，越來越多事與願違甚至截然相反的事實，也令神宗日漸對王安石的「三不足」口號（天變不足畏，祖宗不足法，人言不足恤）產生了懷疑。與此同時，兩件很偶然的小事也起到了推波助瀾的作用，最終促使神宗罷黜了王安石，結束了自己一手宣導的改革路。

有一次，宋神宗到後花園裡散步時，遇到一個小太監正在放牧公豬。神宗很好奇，便問小太監養這些豬有什麼用處。小太監說：「自太祖以來，就命令宮裡養小公豬，養大後便把它殺掉，再換養小的，幾朝下來都沒有改變，但我也不知道做什麼用。」宋神宗也沒多想，就命令此後宮中不許再養豬了。但一個月後的一天，宮裡突然抓獲了一個所謂的「妖人」，禁衛軍按照慣例向太監索要豬血澆「妖人」的頭，但倉促之間到哪裡去找豬血？宋神宗這才領悟到即使是養一隻小公豬，也是祖宗的深謀遠慮。

還有一次，負責管理兵工廠的官員向宋神宗上奏說，由於兵工廠內的門巷彎彎曲曲、狹窄逼仄，工人們進進出出很不方便，希望皇上允許改修一下，把門巷修直、拓寬，不僅便於通行，還能提高生產效率。對於祖宗為什麼要把門巷修成這樣，神宗也是百思不得其解，但受前不久的「小公豬事件」影響，他認為，門巷乃太祖所創，必有遠慮，因此不准改建。結果後來，很多兵工廠內的工人因為工作太苦，不堪忍受，竟一起拿起武

器，意欲奪門而出，造反起事，誰知由於門巷過於狹窄，大家你擠我，我擠你，誰也擠不過去，最後被門口唯一一個老兵全部擒獲！神宗這才恍然大悟：原來是為了設險固守！

相對而言，宋神宗主導的「熙寧變法」就顯得過於草率，也過於急於求成。而到後期，他的態度又顯得過於搖擺。加之他任命的改革派主力王安石「個性剛愎、不通人情」，在關鍵時刻不懂得通融和包容，新法運行起來勢必會事事掣肘，最終夭折。

歷史上失敗的變法不止「熙寧變法」一例，歷史上同樣不乏成功的變法案例，比如先秦時期的齊管仲變法、楚吳起變法、魏李悝變法、秦商鞅變法、韓申不害變法，南北朝時期的北魏孝文帝變法，明朝張居正變法，等等，但最為後人激賞的，還是戰國時期趙武靈王的變法。之所以如此，並不在於趙國透過那場變法最終成為了戰國七雄之一，而在於趙武靈王在變法之前做足了功課，從而使得極有可能釀成政治風雨的變法運動變得溫情脈脈。

當初，趙武靈王命令國人「胡服騎射」時，不僅老百姓不願意穿胡服，連其叔叔公子成也持不合作態度，稱病不來上朝。趙武靈王派人前去說服他：「古人云：家事聽從父母，國政服從國君，現在我要人民改穿胡服，而叔父您不穿，我擔心天下人會議論我徇私情。治理國家，要以有利於人民為根本；處理政事，要以施行政令為重；宣傳道德，要先讓百姓議論明白；而推行法令，必須從貴族近臣做起。所以我希望能借助叔父您的榜樣的力量來完成改穿胡服的功業。」公子成說：「我也曾聽說，我們中原是在聖賢之人的教化下，讓採用禮樂儀制，令遠方的國家前來遊觀、學習效法的地方。現在君王您捨此不顧，還要去仿效外族，這是違背人心的舉動，我希望您慎重考慮。」使者回報後，趙武靈王又親自登門解釋說：

「我國東有齊國、中山；北有燕國、東胡；西有樓煩、秦、韓，如今不令百姓吸收胡人的優點，騎馬射箭，憑什麼守住江山？先前弱小的中山國依仗齊國的強兵，都能侵犯我領土，掠奪我人民，又引水灌鄗城，如果不是老天保佑，鄗城幾乎就失守了。此事連先王都深以為恥，所以我決心改穿胡服，學習騎射，以此抵禦四面的災難，一報中山國之仇。而叔父您一味依循中原舊俗，厭惡改變服裝，忘記了鄗城的奇恥大辱，我對您深感失望啊！」公子成幡然醒悟，第二天便穿著趙武靈王賜給他的胡服整齊入朝，趙武靈王借機正式下達改穿胡服的法令，變法得以順利開始。

應該承認，趙武靈王沒流一滴鮮血便變法成功，在很大程度上利益於他既然是最高權利者，又是變法主導人，而且這個主導人當時的政治地位非常穩固。將他與歷朝歷代那些變法的成功者或失敗者相比較都沒有實際意義，但老子說，「天下大事，必做於細；天下難事，必做於易」，如果我們在生活中遇到類似的事情時，都能像趙武靈王一樣，盡最大可能，把該做的功課做足、做好、做透，即便最終的結果不是皆大歡喜，相信也能在一定程度上避免矛盾激化，導致不必要的悲劇。

然而，趙武靈王亦有其人生敗筆。史載趙武靈王曾假裝成趙國使者的隨從人員，到秦國見了自己最佩服的對手秦昭王一面，並安然離開，這種情況就好比美國總統歐巴馬在利比亞戰爭期間化妝成間諜潛入利比亞去見格達費上校，唯一的區別就是當時的趙武靈王與秦昭王誰也不知道誰長什麼樣，但這麼做的風險無疑也是巨大的，對一個身負家國使命的國王來說更是如此。然而趙武靈王最大的敗筆並不在於他的冒險精神，而在於愛江山也愛美人的他感情用事，在愛妃吳娃臨死前答應了廢掉長子公子章，改立吳娃的兒子何為太子，從而為他自己和趙國埋下了禍根，最終釀成了趙國的王位之爭，導致公子章被誅殺，他自己也被活活餓死。

　　接班人問題歷來是一個從上到下普遍關注的問題，也是一個多麼注重細節都不為過的問題。雖說歷史上機關算盡仍不免為「他人」做嫁衣裳的例子，比如我們前面提到過深謀遠慮的趙匡胤，也有「燭影斧聲」之事，但在理論上說總是有百利而無一害。「燭影斧聲」的總導演趙匡義的「身後事」就是最好的例子。宋太宗病危時，宦官王繼恩串通皇后、副宰相李昌齡等人，圖謀廢掉太子，改立楚王趙元佐，無奈宰相呂端每次都親自陪著太子去探視趙匡義，趙匡義死後還果斷地將前來拉攏自己的關鍵人物王繼恩鎖在自家書房中，嚴加看守，然後隻身進宮，將皇后等人的「意見」毫不客氣地頂回，接著趁熱打鐵率領群臣共保太子繼位。太子登基前，坐在大殿上垂簾接受朝拜，呂端為防萬無一失，跪拜前還堅持走上前去，捲起簾子，確定是太子無疑，才走下臺階，率群臣三跪九叩，從而留下了「呂端大事不糊塗」的美名。這麼說來，宋太宗的智慧，在於他懂得樹立接班人要緊，但樹立一個像呂端一樣懂得「天下大事必做於細」的影子接班人更為緊要。同時它也警示生活中的我們，既為大事，便不是一個人的事，這也正是很多人注重細節最終卻沒能成就大事的人根本原因。

▎先掃一室，再掃天下 ▎

上窮碧落下黃泉，動手動腳找東西。

　　何謂掃一室？何謂掃天下？它們源自一個著名的典故：

　　東漢時，有個叫陳蕃的少年，他出身世家，自幼喜好讀書，志向高遠。陳蕃十幾歲時，陳家逐漸中落，不再顯威鄉里，但陳蕃仍躊躇滿志，日夜苦讀。後來為排除干擾，他乾脆獨自搬進一處僻靜的庭院，潛心詩書。不過陳蕃生活上比較懶散，連自己的書房都懶得收拾，更別提偌大

的庭院了。時間一長，自然是雜草叢生，穢物滿地。有一天，陳蕃正在讀書，他的父親帶著自己的朋友薛勤前來看他。看到屋裡屋外狼藉不堪，薛勤問他：「你怎麼不打掃打掃呢？」陳蕃振振有詞地說：「大丈夫處世，應當掃除天下，豈能只掃一室？」薛勤聽了不禁一愣，暗嘆陳蕃年小志大，但轉念一想，掃除天下可不是發發豪言壯語那麼簡單，於是勸導他說：「你連一室都不肯掃，又怎麼能掃天下？」陳蕃張口結舌，再也說不出話來。

陳蕃也是留名青史、被後世敬重的人物。不過也有古人對陳蕃當年的言行做出過批評，宋代詩人楊萬里就是其一，他在《讀陳蕃傳》中寫道：「仲舉高談亦壯哉，白頭狼狽只堪哀。枉教一室塵如積，天下何曾掃得來？」他認為，陳蕃當年僅僅高談「掃天下」是毫無用處的，自己家中的灰塵如積都不打掃，又怎麼會、怎麼能去掃除天下的灰塵呢？這是再簡單不過的邏輯。

所謂「掃一室」，其實就是打掃屋子之類的小事，而「掃天下」，主要指轟轟烈烈的偉業，泛指大事業。但成就一番偉業，往往需要從身邊的小事做起。因為不積跬步，無以致千里，只有把小事情做好，才能保證做好大事業。可惜，無論是歷史上，還是生活中，時常可以看到一些人談理想、談志向，談得慷慨激昂、滔滔不絕，但在實際工作中卻眼高手低，難有作為。由此看來，楊萬里對陳蕃的批評可謂一針見血，擊中要害。

所謂的大事業，其實也是一件件小事構成的。所謂的大人物，一生中驚天動地的時候也不是太多。只是由於他們所處的地位不同，他們所做的事情才會顯得重要些。然而若以平常心看待之，其本質又沒有什麼不同。

大人物之為大人物，並不在於其幹什麼，而在於其能不能幹好。常言道，把每一件簡單的事做好就不簡單，把每一件平凡的事做好就是不平凡，把每一件小事都做好就是很多人難以做到的大事。

　　現代人常說：工作之中無小事。小事，只有在那些不負責任或者說不諳小事重要性的人那裡才是小事。

　　瞧不起小事的人，也往往瞧不起小錢、小物，然而世上所有的富翁無一不是透過一分一厘的積攢才最終成為富翁的，至於小物，那更是一種片面認識。所謂尺有所短，寸有所長，高射炮雖火力強大，是說到打蚊子，還不如一個蒼蠅拍管用。在那些懂得物盡其用的人眼中，世上沒有任何小物、廢物。

　　三國早期，有一次，曹操帶兵攻打袁紹，部隊整裝待發時，將領們發現地上還剩有一些竹片，每片長不過幾寸，怎麼看也算不上「貴重物資」。但當負責的將官命人將其燒毀時，卻被湊巧趕到的曹操阻止了。主帥留這些破竹片有何用呢？大家照例去問曹操肚裡的蛔蟲 —— 楊脩，楊脩稍一思索便得出答案：主公是想用它來做竹排上的榫釘。事後證明，楊脩的答案正與曹操的意思相吻合。

　　南北朝時期的陶侃也是一個懂得物盡其用的人。陶侃任荊州刺史時，有一年，朝廷命令他督造戰船，陶侃不僅一再地交待工匠們要節約材料，不能浪費，還特意囑咐大家把鋸木頭產生的木屑全部收藏起來，這一舉動別說工匠們猜不出來，連平常與他最要好的同僚也想不明白。直到正月初一那天，當地下了一場大雪，雪後初晴，府衙前的臺階上雖然掃了雪但還是很溼滑，這時陶侃便命人把儲備的木屑抬來，鋪上厚厚的一層，這樣，人們在臺階上行走時便一點也不溼滑了。

　　還有一次，官府營造房子時，工匠們留下了很多竹子的下腳料 —— 竹根，陶侃見到後也命人將它們全部收集起來，最後竟堆積如山。後來大將軍桓溫要討伐後蜀，需要組裝戰船，這些竹根全部被用來做了竹釘都還不夠。

　　萬物皆有其用，一些不起眼的「廢物」在關鍵時刻還能發揮難以取代的大作用，曹操與陶侃的故事恰恰說明了這一點。同樣的道理，生活中的很多事情並不小，而只是某些人缺乏把它做大的智慧而已。人們口中所謂的小事，不外乎那些所謂的「沒出息的事」、「沒前途的事」、「誰都能做的事」、「受苦受累的事」，等等；自己不願意做不說，還動不動就說自己「懷才不遇」、世上「沒有伯樂」，等等。其實真正的千里馬未必需要大草原，我們前面講過的陳平，年少時也是個貧家子弟，因其勤奮好學、品行端正，有一次村上祭祀土地神，大家推舉陳平做主持割肉的人，陳平細心地算來算去，最終把祭肉分配得很均勻，鄉親們都誇讚道，陳家的孩子真會分割祭肉。陳平笑著說，這算什麼，將來即使讓我主宰天下，我也會像這次分肉一樣！陳平成年後，還因為幫一位鄰居幫忙料理喪事，贏得了一位叫張負的富翁的認可。當張負得知陳平心儀自己的孫女後，當即做主將孫女許配於陳平，並且借錢給他行聘，幫他置辦酒宴。出嫁那天，張負還對孫女說：「不要因為陳家窮，就不好好侍奉人家。像陳平這樣的人，是不會長久貧寒卑賤的。」

　　佛經上也說：「獅子搏象，用全力；獅子搏兔，亦用全力。」有些小事雖小，但稍微掉以輕心，就會辦砸，進而影響全盤。所以真正的有心人，做事時無論大小，都會全力以赴地做到最好。有些小事還往往是大錯的根源。所以，欲掃天下者，必先掃一室。只有從大處著眼，小處著手，思想上重視，行動上落實，才有可能把小事做大，把大事做好，做圓滿。

不盡精微，難致廣大

致廣大而盡精微，極高明而道中庸。

「致廣大而盡精微」是儒家經典《中庸》裡的名句，大意是說，我們做學問，既應著眼於宏觀博大，又必須深入其中，只有把廣度和深度上的功夫都做到位，才是做學問的最高境界。毫無疑問，這一理念也可以用來指導人生這個大課題。

所謂廣大，其實就是現代人常說的戰略，而精微，則指現代人常說的細節。具體到一個人的人生戰略上，簡單來說就是人生方向、目標、志向，等等；而細節，簡單說來就是細心、細緻、細化、精確、精細、精准，與粗心、粗糙、粗放、大意、疏忽、馬虎、好像、幾乎、大概、差不多相對相反。都說戰略決定命運，細節決定成敗，二者永遠都是相輔相成的。沒有戰略引領，南轅北轍，再注重細節也沒用；光有戰略引領，沒有具體執行和得力的舉措，戰略也沒法保證。換言之，「盡精微」的目的是為了「致廣大」，因此這句話反過來說比原話可能更貼切些。

不管怎麼說，先哲們是既注重廣大，又強調精微的。然而由於傳統文化的價值取向一向立意高遠，要求每個士大夫都以修齊治平為己任，也更側重於國家的興衰和民族的存亡，因此自然而然地造成在一定程度上注重廣大而忽略精微。如果將二者作為一個整體的話，那麼精微在思維裡至多能占到 30%。

還是返回古代吧！

潔靜精微 —— 這是孔子在整理《易經》後，對《易經》這門學問作的評語。眾所周知，《易經》是一部玄而又玄的古籍，那麼，孔子為什麼會以這四個看似失之簡單的字來總結《易經》呢？這是因為孔子在經過長

259

達二十餘年的《易經》學習後，認為《易經》是一本很了不起的書，他自己學了《易經》後，心理活動、思維情緒等都變得非常清淨，又絕不壓抑，也即他所說的「七十而從心所欲」，這是指學易的效果。而精微則是指學習《易經》的態度，因為我們前面說過，《易經》是一門玄而又玄的學問，研究它，需要非常冷靜的頭腦和周密的思慮。

毫無疑問，這一理念同樣可以用來指導人生。

就說孔子本人，他從十五歲便有志向學，因父親早亡，在向學的同時，他不得不面對貧賤的生活，但這也過早地激發了孔子對人生意義的思考。一開始，孔子的理想跟大多數人都一樣，不外乎出人頭地，光宗耀祖，擺脫貧賤，謀求富貴。但隨著年齡的增大和學術上的精進，孔子逐漸擺脫了這種庸俗的人生觀，認為一個人應當堅持走正道，透過正當的方式和管道去獲取財富和地位，而不能為富貴而富貴。孔子為什麼要周遊列國？主要是因為他做魯國大司寇時觸犯了既得利益者的利益和權威，想想看，如果孔子當時選擇與他們同流合污，他用得著周遊列國嗎？所以，孔子做人，絕對稱得上「潔淨」。

至於「精微」，在孔子身上更是體會得淋漓盡致。

首先，史料記載，早年時，孔子為謀生文武兼習，精學苦練「六藝」（禮、樂、射、御、書、數），熟讀「五經」（《書》、《詩》、《易》、《禮》、《樂》），其後他在別人的推薦下，先後做過管理倉庫和牛羊的小官。管理倉庫時，孔子說：「我要把倉庫的帳目計算得一清二楚。」管理牛羊時，他又說：「叫我管牛羊，我就要把牛羊養得肥胖強壯」。總之，孔子做事無論大小，都會一絲不苟地努力做好。其次，孔子還是個大音樂家。有一次，孔子去齊國，很偶然地聽到了「盡善盡美」的《韶》樂，當即學之，並痴迷至「三月不知肉味」的程度。當然最著名的還是孔子研

究《易經》的典故：孔子五十歲才開始學易，數年間，他花了很大的精力，先後將《易》讀了三遍，此後，他一邊講解給弟子們聽，一邊繼續深入研究，不知翻閱了多少遍，竟然把串竹簡的牛皮帶子磨斷了好幾次，饒是如此，孔子仍說：「假如讓我多活幾年，我就可以完全掌握《易》的文與質了。」

我們前面說過，學易需要非常冷靜的頭腦和周密的思慮，其實這也正是易學在實際生活中最具應用性的特點之一。時下生活中有很多人仍就很迷信，並且往往認為易學就是一本算卦書，下面我們就來看一個與之有關的故事：

某年冬日，下午酉時，北宋易學大師邵康節和兒子正在家中圍著火爐烤火，有人敲門，先敲了一下，接著又敲了五下，開門一看，原來是一個鄰居，說想借點東西。邵大師忽然興起，說你不要說你借什麼，今天就讓我兒子給你免費起一卦，算算你借的是什麼東西。關於《梅花易數》的起卦法和小邵具體怎麼起卦，我們略過不提，總之小邵掐來算去，算到鄰居不是借鋤頭，就是借斧子。小邵試探著問鄰居：「你要借的東西應該是鋤頭吧？」鄰居還沒開口，邵大師就說：「不是鋤頭，而是斧子。」鄰居也在一旁表示自己想借的就是斧子。小邵趕緊請教老邵其中緣故，邵大師說：「這還不簡單 —— 數九寒天的，天也快黑了，他借鋤頭幹什麼？一定是借斧子劈柴取暖。」

這就是大師與非大師的區別。其實易學遠沒有人們說得那麼玄，易學就是為了指導人生的，只是很多人不具備基本的分析能力，臨事又往往慌手慌腳，才會動輒請教那些所謂的大師指導人生。何必呢？周易八八六十四卦，包羅萬象，窮盡了人生的各種境遇，臨事自己給自己把一下脈，豈不是更為靠譜？當然，八八六十四卦並不是一成不變的，而是

卦卦有變卦，爻爻有不同，如果你學藝不「精」，難免像故事中的小邵一樣。所以，前提還是精微。

第 23 堂課
借力 —— 成功路上的唯一捷徑

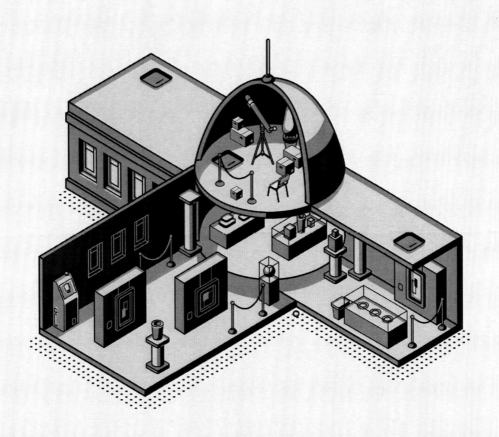

君子善假於物，智者借力而行

古人說：「登高而招，臂非加長也，而見者遠；順風而呼，聲非加疾也，而聞者彰。假輿馬者，非利足也，而致千里；假舟楫者，非能水也，而絕江河。君子生非異也，善假於物也。」智者借力而行，善用資源是人生的重要智慧。

君子善假於物，智者借力而行 —— 此話源出《荀子·勸學》，原文為：吾嘗跂而望矣，不如登高之博見也。登高而招，臂非加長也，而見者遠；順風而呼，聲非加疾也，而聞者彰。假輿馬者，非利足也，而致千里；假舟楫者，非能水也，而絕江河。君子生非異也，善假於物也。翻譯成現代話就是：登上高處招手，手臂並沒有加長，但人們在遠處也能看見；順著風向呼喊，聲音並沒有增強，但聽的人卻聽得更加清楚。借助車馬的人，腳步並不快，卻能到達千里之外；借助船舶楫槳的人，不一定善游水，卻能夠橫渡江海。所以說，君子與一般人並沒有本質的差別，只是善於借助外物罷了。

古文中的君子，與現代意義上的君子有著本質的區別。現代人口中的君子，大意是好人，而古人所說的君子，尤其是此處所說的君子，說白了就是今天的成功人士的意思。因此，古往今來的善借者，絕不僅限於正人君子。但這也不意味著借力就一定可恥，事實上，放眼天下，都離不了一個「借」字。下面我們就來看兩個與借力相關的歷史故事：

明朝開國重臣劉基曾經做過一首詩，詩云：東山導騎出岩阿，能使枯蒲貴綺羅。卻恨卞和無祿位，中宵抱玉淚成河。什麼意思呢？大意是說，東晉時，有一個製造蒲扇的鄉下小作坊主，不知怎麼的就跟當時的名士謝安拉上了關係，他讓謝安做自己製造的蒲扇的形象代言人，儘管他賣的不過是些蒲草編成的扇子而已，但借助謝安的名氣地位，這麼個小生意三做

兩做竟然做得異常火爆，他的蒲扇價格也是一漲再漲，最後竟跟別的商販用絲綢做的高級扇子相差無幾。

而另一位歷史人物的命運就顯得太悲慘了。戰國時候的楚國人卞和，有一天發現一隻鳳凰停在一塊石頭上，按照當時的說法，「鳳凰不落無寶之地」，卞和見了趕緊跑過去，結果發現鳳凰停過的石頭果然是一塊璞玉。可惜的是，由於卞和人微言輕，原本指望得到賞賜的卞和把璞玉獻給楚王，反倒被說成是騙子，被斬斷了雙腳，趕出王宮。卞和無奈又無助，抱著那塊璞玉在宮外哭了數日，最終感動了一位識貨的老玉匠，老玉匠將璞玉琢磨成了一件價值連城的名器，也就是後來的和氏璧。劉基最後兩句詩的意思就是說：這個卞和真傻，他怎麼就不會拉上個著名人物當他的代理人，或者至少幫他說兩句求情的話呢？還不就是請個明人嘛！但就是這麼簡單的一件事，很多人偏偏學不會。

不要一談到「借」字就不好意思。這個世界上，誰敢說自己沒借過？尤其是那些成功人士，誰敢說他的成功不需要借力？誰敢說他的成功中沒有借力？其實不僅人離不開借，即使是孫悟空也離不開借。有人做過統計，在《西遊記》中，孫悟空先後借過 150 多次，借人、借法力、借法寶、借雲、借雨、借風、借雷……只要是自己需要的，孫悟空基本上都借過。而且到了取經末期，孫悟空越來越擅長借，遇到妖怪，自己都懶得打了——一個跟頭直接跑到南海找觀音解決問題！

當然有人會說，窮幫窮，富幫富，官面幫財主，我倒是想借，沒人借給我怎麼辦？這倒也是現實。就說孫悟空吧！有時候也難免借不到，有些情況下還會借來害處，比如借芭蕉扇時，初時鐵扇公主根本不想借他，在被他施計謀鑽進肚子一番折騰後，又借了個假的給他，結果不僅沒把火扇滅，反倒越扇越大，把猴毛都燒焦了。這就值得我們沉思，為什麼唯獨鐵

扇公主不肯借扇子給孫悟空？其實原因我們都知道：先者鐵扇公主的孩子紅孩兒被觀音收服，在神仙界看來，這是寬大處理，但在妖精界看來，這絕不是什麼好差事。別說孫悟空還跟紅孩兒惡鬥過，即使他沒跟紅孩兒惡鬥，鐵扇公主也絕對有理由牽怒於他。這樣說來，想借遍天下，首先得有天下人都感佩的德行。

　　孫悟空犯的另一個錯就是在鐵扇公主明確表示不借的情況下用強硬手段，從而借來了一把假芭蕉扇。其實在鐵扇公主不借的情況下，孫悟空並非沒有別的方式可供選擇，比如請自己的結義大哥也即鐵扇公主的前夫牛魔王去借，請與鐵扇公主關係好的人借，或者乾脆請觀音等人去借，再或者想一些別的辦法過火焰山也行，但他偏偏選擇了用強，最終使問題複雜化，再想故伎重施騙鐵扇公主的難度也大大增加。所以說，孫悟空雖然可親可愛，可敬可佩，但他就像現實生活中的很多正人君子一樣不智，不值得效仿。

　　是不是對方不願借，我們就一定借不到呢？當然不是。《三國演義》中，諸葛亮為了借力，前往東吳遊說孫權聯合抗曹，結果引得周瑜妒火中燒，使盡陰謀陽謀，欲致諸葛亮於死地，但被諸葛亮一一巧妙化解，其中最為膾炙人口便是「草船借箭」。有人會問，諸葛亮明知是陷阱，能不能不答應？能，但是逃開這個陷阱，還有別的陷阱，對真正的智者來說，有陷阱並不可怕，兵來將擋、水來土掩而已。再者說，當時的東吳也確實需要箭，而且只有成功地與東吳聯手擊敗曹操，早離是非之地，才有絕對的安全。當然最重要的一點是，熟知天文氣象的諸葛亮早就成竹在胸，並且成功地從曹操那裡借來了 10 多萬支箭。至於其之後的「借東風」之舉，不過是演戲而已。所以說，對於真正的智者來說，天下就沒有借不到的東西。只有不斷領悟借力的思想，學習借力的方法，掌握借力的技巧，我們才能借出一個好人生。

┃內力外力，一個都不能少┃

> 曾有學者說過，時下很多企業家並不像人們想像的那麼厲害，只是
> 因為他們下海下得是時候，潮起時又恰好被推至風口浪尖，從而變
> 成了人們眼中的「幸運兒」。時間長了，有些人就真以為自己是游
> 泳高手了。但時過境遷，潮起潮落，驀然回首，卻發現自己全然不
> 會游泳，待到「潮落」時，別說再到風口浪尖，能否跟上潮流都很
> 成問題。所以，我們的企業家要注意修練內力。

其實無論是對企業家來說也好，還是對個人來說也好，內力也即實力
都殊為重要。但上述企業家們善於借助外力、駕馭外力的優點，無疑也
是值得普通人學習的。潮起潮落或許是某些人的悲哀，但更大的悲哀莫
過於一個人從始至終未曾潮起過 —— 儘管他相比很多「弄潮兒」都更有
實力。

中國歷史上也不乏借力高手，我們無數次提到過的劉邦就是典型代
表。關於劉邦的借力之道，我們此前已經從不同角度進行了側面闡釋，這
裡沒必要重複。總之一點，本身並沒什麼過人之處的劉邦靠著借力最終借
來了諾大的家產。然而這也給劉邦帶來了新的煩惱，那就是選誰做繼承人
的問題。

史料記載，劉邦早在稱帝之初，就立了嫡子劉盈為太子，但是後來劉
邦發現劉盈過於「仁弱」，擔心他日後無法執掌江山。事實證明，劉盈也
確實過於「仁弱」。而劉邦寵愛的年輕漂亮的戚夫人所生的兒子趙王劉如
意，卻顯得機靈活潑，有見識、有決斷，讓劉邦覺得很像自己。但劉如意
畢竟是妃子所生，廢嫡立庶可是件大事，一時之間，劉邦實在委決不下。

劉邦在為難，其他人也沒閒著，尤其是戚夫人和呂雉。相比來說，戚
夫人更有優勢，她年輕漂亮，且多才多藝，會鼓琴、會唱歌，精於舞蹈，

劉邦最喜歡的娛樂節目就是看她跳「楚舞」或「翹袖折腰之舞」。此外，戚夫人還粗通文墨，又對劉邦極為體貼，因此深受劉邦的專寵。

一開始，戚夫人並沒有想過跟呂雉競爭，沒見過什麼世面的她天真的以為，只要自己安安分分，不要得罪別人，自己就會在皇宮裡相安無事。然而沒過多久，她就發現，皇宮裡的一切都是那麼錯綜複雜。尤其是呂雉打著劉邦的旗號誅殺了功臣韓信、彭越、英布等人後，戚夫人逐漸意識到自己的處境很危險，正在此時，戚夫人為劉邦生下了一個兒子，也就是趙王如意。戚夫人順理成章地打起了小算盤：要是我的兒子當了太子，將來就會登上皇帝的寶座，而我就成了皇太后，那時候誰還會拿我怎麼樣？豈不妙哉？於是她便挑了個時機向劉邦哭訴，說擔心日後被呂雉所害云云。據野史中說，劉邦當時還聽到了備受冷落的呂雉紅杏出牆勾搭了審食其的傳聞，總之在多方面因素綜合作用下，劉邦動了廢嫡立庶的念頭。

於是劉邦在一次早朝時正式提出要廢掉劉盈，改立趙王劉如意，大臣們大吃一驚，都說太子並無過錯，不可無端廢立。但劉邦不聽，命令詞臣趕緊擬詔，御史大夫周昌大喝一聲「不可」，準備勸諫，但他是個結巴，越是著急越說不上來，最後把劉邦和滿朝文武都逗笑了。劉邦一笑，反倒不再催促立寫詔書，只說日後再議。這就給呂雉留下了一線生機。

多年夫妻，呂雉深知劉邦的個性 —— 他已經鐵了心廢長立幼。但她自己實在想不出辦法，便求助於張良。張良說：「如果能請到一些賢良而且卓有名望的人輔佐太子，皇上就會覺得太子既賢明又得人心，從而重新考慮廢立一事。這樣或許能夠保全太子。」呂雉忙問到哪裡找這樣的人，張良便向呂雉推薦了「商山四皓」。呂雉不敢怠慢，立即派人千方百計地請來了「商山四皓」。不久，劉邦召太子宴飲，借機考察太子。「商山四皓」聽說後，便與太子一起進宮。當劉邦聽說眼前四個鬚眉似雪的老者就

是「商山四皓」時，不禁驚愕地問道：「我多次訪聘幾位，你們都不肯出山，今天怎麼會跟我的兒子交遊呢？」「商山四皓」回答：「久聞陛下輕賤士人，隨意辱罵，我們怎肯受辱？如今太子仁厚愛士，天下人都願意為太子效命，所以我們特意遠道而來，輔佐太子。」劉邦聽罷，嘆息不已。宴會剛剛結束，劉邦便叫出戚夫人，指著太子等人的背影說：「不是我不想改立如意，實在是太子羽翼已成，不能廢立了。」戚夫人聽了非常絕望，當即悲泣欲絕。劉邦見了也很傷感，當下即景生情，為戚夫人作了一首《鴻鵠歌》：

> 鴻鵠高飛，一舉千里。羽冀已就，橫絕四海。
> 橫絕四海，又可奈何？雖有矰繳，尚安所施？

後來，劉邦再也沒有提過廢立一事，劉邦死後，呂雉獨攬大權，先後殺害了劉如意和戚夫人，惠帝劉盈也因此鬱鬱寡歡，憂鬱而死。

同是皇帝的妻子，而且戚夫人還占有更多的優勢，但她只知道一味地哀求劉邦，最終不敵善於借助外力的呂雉，不僅大事未成，反而賠上了自己和兒子的性命。拋開權利與人性，我們應該注意的是，他山之石，可以攻玉，每個不甘平庸的人都應該學會借助外力，團結一切可以團結的力量並巧妙地借力打力，從而贏得自己的成功。

┃順勢而為才能大有作為┃

對一個人的一生來說，創業的時機也是可遇而不可求。年輕的時候，有熱情有精力，但沒人脈沒資金，個人能力也不夠。等能力、資金、人脈這些都有了，年紀也大了，熱情和精力都不如年輕的時候。那麼，一個矢志創業的人，如何才能成為幸運的佼佼者？順勢而為是關鍵。

看歷史小說，有一個出勤率非常高的句子：「天下潮流，浩浩蕩蕩，順之則昌，逆之則亡。」這裡面所說的潮流，就是我們下面將要談到的「勢」。

簡單來說，勢就是一種強大到一定程度的力量，或普遍到一定程度的趨勢。舉例說明，水大到一定程度叫水勢，火大到一定程度叫火勢，風大到一定程度叫風勢，權大到一定程度叫權勢。上述任何一種勢，都不是普通老百姓所能抗拒、扭轉的。所以人們常說：形勢比人強。至於大人物，自然也有「大勢」為難他。項羽力拔山兮氣蓋世，怎一個厲害了得，但到了「大勢」已去之時，他也只能唱唱「時不利兮騅不逝，虞虞兮我奈若何」的小曲兒。

《呂氏春秋》有云：「使烏獲疾引牛尾，尾絕力勯，而牛不可行，逆也。使五尺豎子引其棬，而牛恣所以之，順也。」意思是說，讓當時最著名的大力士烏獲去牽牛，如果不管三七二十一，抓住牛尾巴就往後拽，那麼就算用盡全身力氣，把牛尾巴都拉斷，也不能使牛移動半步；但是，如果順應牛的習性，牽著牛鼻子上的圓環，即便是一個小孩子，也能讓牛聽任使喚。大力士都不能奈何一頭牛，我們這些普通人又能奈「勢」何？所以，我們辦任何事情，都不能蠻幹。

　　《周易》六十四卦中的睽卦卦象也與牛有關：一個漢子趕著一輛牛車，走上了岔路口，漢子趕緊跳下車，想叫牛朝後退幾步，但他不吆喝牛，而是用雙手扳住車子向後拖。而牛沒聽到往後退的命令，仍拚命朝前走。於是，一個向後拖，一個朝前走，就在大路上頂起牛來。當然漢子再有勁也沒牛勁大，因此被牛拖著走，他越來越生氣，但仍不放手……毫無疑問，這不是牛的錯誤。牛不喝水不能強按頭。卦象中的漢子是不懂駕車（實際上駕馭拉車的牲口）之道，空費了不少蠻力，生活中的很多人則是不懂得駕馭生活，不懂得因勢利導，把本來輕而易舉的事情搞得越來越費勁，或者把本來不太糟糕的事情搞得無法收拾，回頭還要像那個跟牛較勁、跟牛生氣的漢子一樣，跟生活較勁，跟生活生氣。

　　生活需要智慧。歷史上關於順勢而為的例子不在少數，但最經典的莫過於齊桓公智若箭鏃的典故。

　　西元前 697 年，齊國第十四位國君齊襄公繼位。他在位期間，窮兵黷武，殘酷好殺，並且因與其妹文姜私通謀殺了妹婿魯桓公，導致齊魯關係惡化。他的兩個弟弟公子糾和公子小白，擔心遭受迫害，先後出逃他國。公子糾的母親是魯國人，於是他帶著兩個師傅管仲、召忽逃到了魯國，得到了魯莊公的庇護；公子小白則帶著師傅鮑叔牙逃到了莒國。

　　西元前 687 年，齊襄公派大臣連稱和管至父於瓜熟時節率兵駐守葵丘，允諾來年甜瓜再熟時派人換防。但到了第二年，齊襄公爽約，拒不批准連、管二人換防的請求。二人懷恨在心，便勾結齊僖公的姪子公孫無知，乘齊襄公出遊受傷之機謀殺了他。弒君後，公孫無知自立為齊君。第二年，公孫無知出遊雍林，雍林人對其弒君行為痛恨不已，便在雍林襲殺了這個亂賊，並告知齊國大夫：「公孫無知弒君自立，臣等誅殺了他，請大夫從齊國諸公子中挑選當立者，我們定會惟命是聽。」

　　公子小白因為與齊國大夫高傒等人交往密切，所以高、國兩家大夫在眾臣商議立國君之初，便暗中派人去莒國接小白回國即位。魯國國君聞訊後，決定親自率兵護送公子糾回國爭位。管仲對魯莊公說：「公子小白在莒國，離齊國很近。萬一他回到齊國，事情就不好辦了。讓我先帶一支人馬在路上截住他。」結果，公子小白一行在路上被管仲發現，拈弓搭箭射向小白，只聽小白慘叫一聲，倒在了車裡。管仲以為小白已死，便報告公子糾說：「主公，公子小白已經死了，您現在可以安安穩穩地登上齊國的王位了。」可他哪裡知道，他射中的不過是公子小白的衣帶鉤，小白大叫倒下，其實是假裝的。等到公子糾和管仲進入齊國國境，公子小白早已在高傒等人的擁立下做了齊國國君，是為齊桓公。

　　齊桓公本來沒被射中，卻將計就計倒下裝死，在於他對當時的情勢有清醒的認識 —— 對方早有預謀，自己不死，必不會善罷甘休。只有自己暫時如了他們的願，他們才會放鬆警惕，自己也才有逃出生天並搶得先機登基的機會。而這一切思緒，都是在幾秒鐘內完成的，不能不令後人折服。

　　總之，順勢是最高明的借力方式之一。不過，「順勢而為」並非無往不利的四字真言，在股市等投機市場尤其如此。一支股票看起來挺「牛」的，但你剛剛買完，它就毫不客氣地「熊」了；當你咬牙切齒自認倒楣把它賣了，它卻開始反彈，讓你後悔不迭又百思不解……「勢」不會憑空出現，你眼中的「強勢」和「弱勢」很多時候是那些莊家和大戶們炒作的結果。但仔細想來，這種炒作的結果的反面不就是我們追求的「勢」嗎？這麼說來，順勢而為終究沒錯。

第 24 堂課

兼愛 —— 愛人者，人恆愛之

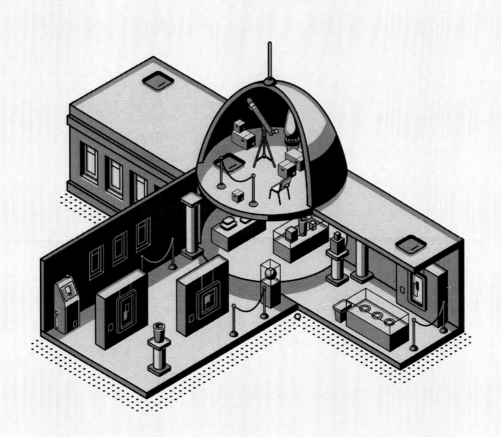

有一種愛叫狹隘

人與人之間，部落與部落之間，種族與種族之間，國家與國家之間，
為什麼會仇恨？因為利益的爭奪，觀念的差異，隔膜，誤會，等等。
一句話，因為狹隘。一切恨都溯源於人的局限，都證明了人的局限。
愛在哪裡？就在超越了人的局限的地方。

戰國時，燕國有位相國被國君炒了魷魚，他想去別國另謀出路。臨走前，他把原先在自己手下混飯吃的三個士大夫找來問：「你們當中有人願意和我一道去別國嗎？」一連問了三遍，也沒有一個人表示願意追隨他。於是這位失落的相國大人長嘆一聲：「唉，沒想到士大夫也有不值得養的啊！」話剛說完，就有一位士大夫走上前說：「只有您不能養士大夫，哪有士大夫不能養的道理？記得那年鬧災荒，我們連糟糠都吃不飽，您的狗卻有肉吃！還有一年冬天，天降大雪，我們連一件像樣的禦寒衣服也沒有，四肢都無法遮蔽，您的屋門上卻掛了好幾層錦繡做的簾子，您寧可讓它們在寒風中吹破吹爛，也不願意給別人。對您來說，錢財早就不是重要的東西了，因為您擁有的太多！您連這些不重要的東西都捨不得分給我們，現在卻要求我們跟您去別國冒著生命危險打天下，您說，如果您也是個士大夫，會怎麼想？」那位相國大人聽了滿臉羞愧，獨自灰溜溜地離去，從此湮沒在歷史中。

因為不懂得關愛別人，而湮沒在歷史中或者成為後人的反面教材的歷史人物，可謂比比皆是，現實生活中也不乏其人，甚至可以說是廣泛存在。可笑的是，這些人也動輒像故事的相國大人一樣，抱怨身邊的人不關愛自己，抱怨社會冷漠，人心不古。其實人心向來如此，你對他好，他未必會對你也好；但你若對他不好，他卻絕對會對你也不好。一個不懂得關

愛別人的人，卻要求別人去關愛他，邏輯上就說不通。

　　老百姓常言：人心都是肉長的。客觀地說，人心不都是肉長的，古今中外，都不乏鐵石心腸的人。但從整體上來看，大多數人還是懂得並且願意以自己的善念回報別人的關愛的。無數成功人士的經歷也都表明，「愛人者，人恆愛之」是一個顛撲不破的真理，那些懂得關愛別人的人，或許會遇到一兩個負心之人，但總會贏得大多數人的愛戴。我們在前面提到過的孫叔敖就是這樣一種人。

　　如前所述，孫叔敖一生做了幾十年的楚國最高軍事長官──令尹，那麼他為什麼能當上令尹呢？這還要從他小時候說起。孫叔敖童年時，因為祖輩受了政治牽連，他只能隨母親在雲夢澤一帶隱姓埋名，相依為命。有一次，他在野外遇到了一條雙頭蛇。放在如今，大家都知道，這不過是條畸形蛇。但迷信的古人卻認為，看到這種蛇是非常不吉利的事情，基本上就等於大難臨頭，難以再看到明天的太陽了。

　　小小年紀的孫叔敖沒有理由不害怕，但他卻勇敢地走上前去，撿了個木棍，將雙頭蛇打死，然後就地掩埋了起來。打死蛇後，孫叔敖又有些後怕，便慌慌張張地地跑回家，在母親面前放聲大哭。母親趕緊問他為何如此傷心，他便告訴母親自己遇到了傳說中的雙頭蛇。母親又問他蛇在何處？孫叔敖回答道：「我怕別人看到它也會死，就把它打死，然後埋了。」母親聽後安慰他說：「我聽別人說，暗中幫助人們做好事的人，上天是會給他賜福的。你看到雙頭蛇，不顧自己的危險，殺了它，這可是人們都應該記住的好事，你絕對不會死。」

　　孫叔敖當然不會因為殺了一條蛇而死，這事傳開後，人們不僅感念他的好心，而且也為他殺了雙頭蛇而不死感到驚奇，於是孫叔敖小小年紀便

成了當地的名人。他成年後，正趕上朝廷遍訪賢人，於是他順理成章地被推舉為地方賢人，走上了仕途。

　　像孫叔敖這樣的人，用現在的話說叫「愛心人士」，或者叫「感動人士」也未嘗不可，然而像前面講到那個失寵的相國大人，他就沒有愛心嗎？也不是，他和生活中的很多人一樣，自有他的愛心，只不過他們只懂得愛自己、愛錢、愛權、愛上層樓，愛自己所愛的人、愛自己的寵物、愛自己那個可憐的小圈子。這種愛，無疑是一種小愛，或者說是狹隘，絕不值得提倡。

　　與之相對的是大愛，簡言之就是超越自己的愛。人們總是說，人不為己，天誅地滅，這沒錯，但一個人若只知道為己，也不免天怒人怨，自食惡果。夏桀、商紂、周幽王、秦二世以及數不清的昏君們之所以亡國滅家，都不外乎過於以自我為中心，置天下於不顧。相反，大禹能成為舜的接班人，在於他歷盡千辛萬苦，疏通天下河流，使水患不再發生，讓天下的百姓都從中受益，唯獨算成「三過家門而不入」；商湯之所以能取代夏桀，不僅在於他曾在《湯說》上說：「天下有了災害，都是我湯的過錯，上天如果有什麼懲罰，只對我一個人就行，不要傷害我的百姓。」而在於他切切實實地做到了以實際行動關愛百姓。比如有一次，商湯到郊外散步，發現有人在張網捕鳥。其所張之網，不是一張，而是四張，有從四面八方合圍之勢。只要鳥進入網中，就再也沒有逃生的路了。而且捕鳥的人還在那裡念念叨叨：天啊，祈求您讓天下所有的鳥都進入我的網中吧！這激起了湯的憐憫之心。他感嘆道，這樣捕鳥豈不是要把天下的鳥一網打盡？於是他命令捕鳥的人把四面網撤掉了三面，並跪下祈禱說：「鳥兒們，想往左飛的就往左飛，想向右飛的就向右飛，想往回飛的就往回飛，不聽勸告的就飛到他的網中吧。」從而有了「網開三面」的成語，只是不

知在傳承中出了什麼差錯，傳到今天竟傳成了「網開一面」。而在具體執行過程中，「網開一面」也往往很難辦到，趕盡殺絕、斬草除根的事情歷史上不勝枚舉，而且直到今天以及可以想像的未來，也還將是全人類的終極挑戰。可謂讀書人一聲長嘆！

獨善其身，兼愛天下

> 人生境界有四種：自然境界、功利境界、道德境界和天地境界。這四種人生境界之中，自然境界、功利境界的人，是人現在就是的人；道德境界、天地境界的人，是人應該成為的人。前兩者是自然的產物，後兩者是精神的創造。自然境界最低，往上是功利境界，再往上是道德境界，最後是天地境界。它們之所以如此，是由於自然境界，幾乎不需要覺解；功利境界、道德境界，需要較多的覺解；天地境界則需要最多的覺解。道德境界有道德價值，天地境界有超道德價值。

窮則獨善其身，達則兼善天下 —— 這是眾所周知的孟亞聖的名言，後世普遍稱之為「窮則獨善其身，達則兼善天下」，大意都是說，一個人在窮的時候，應潔身自好，修養個人品德；如果能夠富貴，那麼就要努力為天下人造福。

毫無疑問，這是儒家「仁愛」思想的具體展現，是當之無愧的大愛。但「仁愛」也好，「大愛」也罷，它們都不是愛的終極境界。愛的終極境界是「兼愛」，是先秦時期唯一可與儒家抗衡的顯學 —— 墨學的核心思想。

那麼仁愛與兼愛的差別在哪呢？簡單來說，兼愛是一種無差別、無等級的愛，仁愛則是一種有差別、有等級的愛。兼愛不分親疏遠近、貴賤貧富、人我彼此，強調尊卑長幼之間都要互相愛護。而仁愛則不同，它建立

277

在「親親」的血緣關係之上，有親疏、有厚薄、有層次，愛或不愛，愛到什麼程度，具體要看對方與自己關係的遠近，因此核心還是自己，還是「自私之愛」。

據史料記載，墨家的創始人墨子在自立門戶之前，也曾是儒家子弟。他之所以革了自己的命，為的就是要革儒家的命，反對儒家的學說，推行自己的「兼愛」理論。而儒家學派的弟子們當然不會坐視，因此墨家與儒家之間的辯爭勢不可免。

據說墨子曾與一個名叫巫馬子的儒生，為「兼愛」進行過專門辯論。有一次，巫馬子找到墨子家中，不客氣地說：「聽說您博愛天下，但並沒因此給天下人帶來什麼實質性的好處；而我不愛天下人，也沒有什麼害處。愛與不愛都沒什麼效果，你怎麼能肯定自己的說法而否定我們儒家的『仁愛』呢？」

墨子沒有直接回答，而是反問巫馬子：「假設有三個人，一個人放火，第二個人端水滅火，第三個人端著油要助燃，都沒做成，你比較贊成端水的還是端油的？」

「這……肯定是端水的對，端油的人不對。」

「我與你的看法一樣。我兼愛天下的主張是正確的，儘管沒能辦成什麼好事，但我的心是好的，辦不成也值得稱讚，辦了壞事也值得肯定。」

巫馬子說不出話來，悻悻而走。

然而巫馬子在辯論中戰敗了，並不等同於墨學就在實際生活中戰勝了。別的不說，現代人知道「仁愛」的遠比「兼愛」的多就是明證。用某學者的話說，這是因為墨子的「兼愛」雖好，卻難以實行。而孔子的「仁愛」，卻較易轉化為實際，實在不行還能「獨善其身」，進退自如，因此較易為人們所接受。

　　然而「兼愛」真的難以實行嗎？墨子曾經在文章中以問答的形式來闡明自己的觀點。墨子說，天下人都覺得兼愛是一種好的學說，但卻它又充滿爭議。其中很有一批人認為，兼愛沒有可操作性，不知如何應用。其實我們舉兩個例子就能駁倒這種觀點。比如有兩個人，一個大公無私，愛護別人，總是像對待自己一樣對待朋友，朋友有了困難會主動去幫助；而另一個卻自私自利、憎恨別人，總是只顧自己過得好，「朋友」有了困難只會冷眼旁觀。現在如果你要去打仗，或者出使蠻荒之地，生死無從預知，你會把家人託付給哪種人呢？即使是再蠢的人也知道託付給第一種人。這就是兼愛在擇友上的應用。不光如此，兼愛也是選擇君主的標準。比如現在有兩位君主，一位主張兼愛，像愛自己一樣愛護天下百姓，百姓有了疾苦，他就想辦法解決；另一位則主張相惡，覺得人生苦短，有好吃的、好用的自己先吃先用，不顧百姓死活，即使百姓們處於水火之中，他也只顧自己舒服。如果你要選擇一位作為自己的君主，即使是再蠢的人也知道選擇第一種吧！這就是兼愛在擇君上的應用。

　　那麼，如何才能使天下人都做到兼愛呢？墨子認為，這也不是什麼難事，只要執政者大力提倡就行。墨子舉例說，攻城掠地，殺身成名，這是很難做的事吧，但只要君王一聲令下，眾將士一定義無反顧。兼愛總比這容易吧！以前楚靈王喜歡細腰，不僅宮中的妃子們拚命節食，連楚國的士人也每天吃飯不超過一次，最後就連起身都頗為吃力，要先扶著牆壁然後才能走路。這也是普通人難以做到的，但是楚靈王喜歡，所以沒多長時間就形成風氣了。再比如越王勾踐訓練他的將士時，曾故意放火燒船，擂鼓命令將士們前進。他的將士們則前仆後繼，倒身於水火之中而死的不計其數。赴火是違背人性的難事，但越王有令，將士們都能做到。又比如先前晉文公喜歡穿粗布衣服，所以晉國人大都穿著粗布衣服和羊皮，戴厚帛做

的帽子，穿耐磨的鞋子。因為文公喜歡，這樣的穿著也成了時尚。因此，不管什麼事，只要君主喜歡，且身體力行，同時對人們或獎賞或懲罰，用不了多久就可以形成社會風尚，那麼兼愛為什麼不能呢？

誠哉是言！兼愛之所以到今天只剩一副軀殼為國人憑弔，根本原因就在於對封建統治者來說，推廣儒學尤其是被改造後的儒學更符合他們的利益！如今，封建社會早已一去不復返，然而在孔子學院開遍世界的同時，為什麼沒有任何人去建一座墨子學院呢？這實在值得我們深思。

我們這麼說，並不是說孔子的「仁愛」就一定不好。事實上，歷史的腳步前進至今天，儒學早已不再是最初的儒學，而兼愛也沒有隨著墨家的凋零而凋零。對今人來說，只要他有愛心、有善舉就行，至於他究竟是「仁愛」還是「兼愛」，遠沒有必要區分得那麼嚴格。

▎愛需要實力去保障 ▎

> 我們總是說，愛是很簡單的事，在大多數情況下的確如此，比如扶老人過馬路、給小孩讓個座、撿到錢交給員警等等，但有的時候，愛卻需要實力甚至是武力去保障。因此，墨家創始人墨子從一開始就沒有將墨家的「經營範圍」局限於普通的學派範疇，墨家名為學派，實為一個武裝政黨。

身為墨家學派的創始人的黨首，墨子與其他幾派的黨首有著本質的不同。比如儒家的孔子，其周遊列國為的什麼？為的就是推銷自己的學術和治國理念，以便透過影響一國之君而影響一國之民，以間接的方式實現自己的政治主張。其他學派如法家、兵家、縱橫家、名家、農家也是如此，唯獨墨家不同。墨子雖也做過官，但他後來創立墨家學派後，實際上已經

成為了一股可與諸侯國抗衡的力量。史載墨學是與儒學並駕齊驅的顯學，當時人不墨即儒，因此墨家弟子可以稱得上遍天下，而且由於墨子本人的道德修養非常高，在他過人的領導魅力的號召下，墨家弟子往往「赴湯蹈火，死不旋踵」。

此外，墨子本人還是一位傑出的科學家，在數學、物理學、力學等方面，墨子都有獨到的研究。據《韓非子》記載，墨子曾經製造了世上第一架自動飛行器械 —— 人工飛鳶。但墨子並不以此為傲，因為這類自動飛行器械，對當時的人們沒有多大好處。墨子認為，對人們最有用的器械就是軍火，尤其是守城方面的軍火。仗著發達的軍事科技，墨子每每挫敗那些意欲吞併周邊小國的大國，而且從不為牟利出售任何進攻性武器於大小諸侯。

與墨子同時，還有一位科學家，他就是被今人奉為「木匠祖師」的魯班。能被人奉為「祖師」，自然有其過人之處，魯班就是墨子最強有力的競爭對手。史載魯班在墨子之後，也製作了一隻可以飛三天的人工飛鵲，並專門拿到墨子處炫耀，墨子淡定地說：你這還比不上木匠的車輪，他們削三寸的木頭，就可以載重五十石。他們是有利於人的，是巧，而你這是不利於人的，是拙。墨子的本意，是委婉地勸誡魯班致力於對民眾有利的建築機械的研究製作，然而魯班卻因諸多原因做了楚王的軍火設計師，並成功地開發出了攻城利器雲梯，並且想把它立即架到鄰國宋國的城牆上。

聽說楚國要發動這樣一場非正義戰爭，尤其是聽說是自己的老對手魯班在背後助紂為虐，當時身在齊國的墨子當即命令大弟子禽滑釐率領三百墨家子弟，攜帶守城器械火速趕往宋都商丘，協助守城，他自己則日夜兼程連續十天十夜到達楚都，把腳板都磨破了，終於在楚國發動戰爭之前見到了魯班。魯班明知故問：「先生找我，有什麼吩咐嗎？」墨子也假裝說：

「北方有人欺侮我，我希望你幫我殺了他，我給你十兩金子。」魯班很不高興，說：「我遵循『義』，從不殺人。」墨子見他上鉤，當即站起來，對魯班拜了一拜說：「既如此，那就請讓我來說一說『義』吧。我在北方聽說你為楚王製造了雲梯，將被用來攻打宋國。宋國有什麼罪過呢？如果它沒有罪過而攻打它，算得上『義』嗎？況且楚國土地有餘，而人口不足，去爭自己本身多餘的土地，這不能說有智慧。您不可能不知道這些道理，而知道了這些卻不去據理力爭，也算不上忠誠。即便您據理力爭了，但沒有成功，便不能說明你的能力夠強……」墨子強大的邏輯當即令魯班表示折服，並且答應帶墨子去見楚王。

墨子見到楚王後故伎重施：「大王，有這麼一個人，他捨棄自己的彩車而想去偷鄰居的破車，捨棄自己的錦繡衣裳而去偷鄰居的粗布衣服，捨棄自己的精肉而去偷鄰居的糟糠。您覺得這是一個什麼樣的人呢？」楚王不知是計，當即說：「這人必定有偷竊的毛病。」墨子說：「很遺憾，這個人就是您。您想想，楚國方圓五千里，宋國才五百里，這好比彩車與破車；楚國有雲夢澤及犀、兕、麋、鹿，長江、漢水裡的魚、鱉、黿、鼉天下最多，而宋國所有的無非是野雞、野兔和狐狸，這好比精肉與糟糠。楚國有松、柏、楠、樟，宋國連大樹都沒有，這就好比錦衣與粗服。我認為大王一定不能成功。」

楚王根本不聽墨子這一套：「就算您說得對吧，但我已造好雲梯，一定可以奪取宋國。」事已至此，墨子只好請求楚王讓他和魯班進行一次軍事演習，楚王同意後，墨子解下腰帶當作宋國的城牆，用細小的木片作守城器械。魯班使勁渾身解數，九次利用各種器械和戰術攻城，九次都被墨子擋在城下。他的辦法用盡了，墨子的裝備和韜略還綽綽有餘。

　　但魯班不服輸，他話裡有話地說：「我知道用什麼辦法對付你，不過我不說。」墨子說：「我也知道你用什麼辦法對付我，我也是不說罷了。」楚王便問他們到底是怎麼回事。墨子說：「魯班的意思，不過是想殺掉我，他以為殺了我宋國就守不住了，然而我在南下之前，早已派我的學生禽滑釐等三百人，帶著我的防禦器械，在宋國京城上等待侵略者了，即便殺了我，也不能殺盡防禦的人。」楚王一聽趕緊假惺惺地說：「先生說的哪裡話，我不攻打宋國就是了。」

　　闡釋這個故事對今人有何意義呢？在於彰顯墨子的偉大。在墨家看來，世界本是平的，人與人之間也就應該公平相待，兼愛彼此，只有這樣，才有全人類的幸福和尊嚴。世界需要和平，世界也在不斷呼喚和平，然而正是由於當今世界沒有一個像故事中的墨家那樣既有愛心又有實力保障全人類和平的國家，因此世界和平直到今天仍是一個美好的願望。行文至此，或許已超出歷史的範疇，但所有善良的人相信都會希望這種狀況早一天成為歷史，即使它比墨子的「兼愛」學說還更理想化一些。

讀歷史哪有這麼燒腦：

鑑古推今、幽默評論、深入剖析，二十四堂歷史課讓你不只博學多聞，還能使你不再身無分文！

作　　者：山陽，高春天

發 行 人：黃振庭

出 版 者：財經錢線文化事業有限公司

發 行 者：財經錢線文化事業有限公司

E - m a i l：sonbookservice@gmail.com

粉 絲 頁：https://www.facebook.com/
　　　　　sonbookss/

網　　址：https://sonbook.net/

地　　址：台北市中正區重慶南路一段六十一號八
　　　　　樓 815 室

Rm. 815, 8F., No.61, Sec. 1, Chongqing S. Rd.,
Zhongzheng Dist., Taipei City 100, Taiwan

電　　話：(02)2370-3310

傳　　真：(02)2388-1990

印　　刷：京峯彩色印刷有限公司（京峰數位）

律師顧問：廣華律師事務所 張珮琦律師

定　　價：375 元

發行日期：2022 年 11 月第一版

◎本書以 POD 印製

國家圖書館出版品預行編目資料

讀歷史哪有這麼燒腦：鑑古推今、
幽默評論、深入剖析，二十四堂歷
史課讓你不只博學多聞，還能使你
不再身無分文！/ 山陽，高春天著 .
-- 第一版 . -- 臺北市：財經錢線文
化事業有限公司 , 2022.11
面； 公分
POD 版
ISBN 978-957-680-525-7(平裝)
1.CST: 中國史 2.CST: 通俗史話
610.9　　111015872

電子書購買

臉書